佛教與中國書法

刘灿辉 著

文物出版社

图书在版编目（CIP）数据

佛教与中国书法 / 刘灿辉著 . —北京：文物出版社，2020.10

ISBN 978－7－5010－6836－4

Ⅰ.①佛… Ⅱ.①刘… Ⅲ.①佛教－关系－汉字－书法－中国 Ⅳ.①B948②J292.1

中国版本图书馆 CIP 数据核字（2020）第 200831 号

佛教与中国书法

著　　者：刘灿辉
封面题字：陈振濂
责任编辑：许海意
装帧设计：谭德毅
责任印制：张道奇

出版发行：文物出版社
社　　址：北京市东直门内北小街 2 号楼
邮　　编：100007
网　　址：http：//www.wenwu.com
邮　　箱：web@wenwu.com
经　　销：新华书店
印　　刷：北京京都六环印刷厂
开　　本：710mm×1000mm　1/16
印　　张：17
版　　次：2020 年 10 月第 1 版
印　　次：2020 年 10 月第 1 次印刷
书　　号：ISBN 978－7－5010－6836－4
定　　价：98.00 元

本书版权独家所有，非经授权，不得复制翻印

佛教與中國書法

陳振濂 題

新華英中醫書店

"佛教书法"概念的梳理与样式的界定
——《佛教与中国书法》序

一

关于中国佛教书法史的讨论,其实有许多过往的经历值得回忆。少年时痴迷经典二王,对当时书法史学者谆谆教诲我们要临摹六朝写经和唐人写经云云,这些十分重要的专业提示,我还很不以为然。习惯上的南帖北碑、锺张二王、篆隶行草,在艺术语汇表达上要比之精彩几十倍,写经书法也许只是一种书写行为而已,算不上大宗。后来在日本看到有一堂十二屏吴昌硕写的篆书《心经》,偶然触动一个想法。其实我们概念中所谓的佛教书法或写经书法,应该有几个不同的歧义:

(一)是高僧写的书法,如怀素、智永、弘一法师,是以书写人的身份定。

(二)是用于佛教用途的书法,如龙门石窟刻造像时加以题记、如译经抄经,乃是以书写的环境与功用定。

(三)是以佛经内容为题材的书法,不仅小楷,篆隶行草皆可,如泰山《金刚经》、赵孟頫楷书《心经》、吴昌硕篆书《心经》,是以书写的文辞内容定。

(四)是为一目的而特设:如日本的镰仓时期禅宗面壁参禅所面对的"墨迹",室町江户时期茶道茶室中的"茶挂";而在中国,甚至还有为消灾祈福而刺血写经,一事一用,也可归为此类,这是以书法时心态与行为定。

2019年6月21日,中国佛教协会举办2019佛教书画高级研修班,我应邀作过一个学术报告,题为《"佛教书法"概念的缘起:源与流》。其实在过去,各种场合也讲过佛教与书法的因缘,但这次因为有一个"中国佛教书画艺术交流基地"的授牌仪式,所以显得更见严肃郑重。我还特意事先拟了一个演讲提纲，做了一个课件。从六朝写经、刻经到摩崖石刻，再到唐代的《圣教序》刻石、《雁塔圣教序》《伊阙佛龛碑》《道因法师碑》和著名的《怀仁集王羲之书圣教序》；狂草书家僧怀素、僧高闲，宋元明的书家如黄庭坚等，虽非出家人，却书写佛教内容题材《诸上座帖》等书法长卷。还有著名的如赵孟頫楷书《心经》，文徵明、董其昌所书佛经，清末吴昌硕的石鼓文篆书《心经》，再到弘一法师李叔同、赵朴初；还涉及佛教书法在日本书法史上的大盛，从平安时期"三笔"到镰仓时代禅僧"墨迹"派独特的样式，以及我所归纳出来的日本"三系四段说"等等，通过讲解，勾画出了一个庞大的宗教书法世界。

"佛教书法"作为一个含糊笼统的书法概念，人人都略知一二。但作为一个有体系的特殊书法领域，我们所理解的"佛教书法"，无非就是高僧大德所书偈语或善男信女的抄经，再加上佛经石刻经幢或摩崖大书之类的范围。其秩序化、学科化、细密化程度在中国书法史的诸项研究中，却处于相当落后的程度。

正因如此，对于这样一个特定的、拥有极其浓郁的文化色彩的书法对象和书法史现象，就有必要展开我们的学理思维，并进行初步的探讨和问题展开。

二

首先，我们面对的是一个关于"佛教书法"概念界定的难点，这牵涉到在学术上能否成立的问题。从艺文兼胜的角度上说：我们的分析，必须分为"文"与"艺"两个方面来进行思考。

第一是"文"。"佛教书法"的覆盖面不是涵盖整个书法史的全部，它只是书法史诸类型中的某一个特定类型。这个类型的划分和确立，首先是基于文字内容的界定：佛经。但与书风、技巧、艺术语言没有太直接的关系。这个判断的含义是：即使是不入佛门的俗家人，比如我们今天的书法家，只要抄佛经偈语等佛家内容，就应是"佛教书法"。再比如，如果用王羲之（道家）、颜真卿（儒家）、苏东坡（名士）、米芾（狂士）的书法风格来写佛教内容；道、儒、士、狂这些非佛家的因素，丝毫也不影响他们作为佛教书法的参与者甚至是主张者。典型的例子如《怀仁集王羲之书圣教序》，集者怀仁是佛家高僧，《圣教序》的文字内容是佛家内容，但被集的"王书"即右军书风与佛教并无关系。从这点上，我们可以得出结论：只指身份和文辞的"佛教书法"在习惯上即可成立，而无关乎风格技法等艺术内容。又比如，赵孟頫、文徵明、董其昌等书法家写的《心经》极著名，但他们自己并非佛教徒也未有久居空门修道参禅的记载，其书风也是笔法精熟气息儒雅的士大夫格调，但诸公各自传世的这卷《心经》仍然可算为"佛教书法"。更极端的例子是吴昌硕，他的篆书《心经》铿鏘雄阔、大气浩瀚，但检诸历史，在先秦石鼓文与秦小篆时代，佛教尚未进入中国，那么可以说篆书的艺术风格与技法，与佛经文字内容本来是风马牛不相及，完全是冲突矛盾的；但照样不妨碍吴昌硕《心经》是佛教书法的珍品典范。

这就是说，只要内容是佛家专属即可，形式技巧风格却未必专属，而作书者的身份，则在两可之间。可以有怀素、高闲，也可以有董其昌、王铎，并没有严格的分野和界定。

第二是"艺"。我们今天探讨佛教书法，更多的却是把它当作一种表达样式来对待——文字内容是自古以来即有的题中之义，毋庸赘辞；但作为书法史专业研究，面对"佛教书法"这一书法史定义而不是佛教文献学定义，我们更应该接受的学术挑战，却是"佛教书法"中形式、风格、技巧等等的艺术方面的内容。

这其中，包含了可能有的（一）技巧的界定，（二）形式的界定，（三）风格的界定。

首先，是"技巧的界定"：写经书法，是抄写和传播佛教教义，因此必用当时通用的楷书以求恭谨和易识易写。篆书、隶书、草书甚或是行书，都不利于表现崇敬恭谨和易识易写。于是"佛教书法"，首先必须是楷书而不涉篆隶行草。更进一步说，它也不是我们习惯上的"楷书"通常是指大字正楷或丰碑巨额的唐楷，而是多着落在小字的经卷书法。为多抄经，讲究速度，技法就要趋于简化，比如起笔顺势尖起露锋，又比如收笔以顿笔代回锋。这些技法，都是与正楷和唐碑楷书的技法要领规范完全相反，第一是动作简化，操作简便，而位置固定；第二是尽量在线条效果上不求变化丰富、而便于识读。

其次，是"形式的界定"，佛经抄写都是案上之书，多取手卷、亦有册页。石刻有摩崖造像记，更有如泰山《金刚经》之尺寸超巨，但这些都出于偶然；佛家的出家人和在家人的日常书写，不是特殊情况，一般不从丰碑大碣、巨壁峭岩，而是以手卷册页为主，多取横式。在中国，佛家书法一般不取中堂立轴与对联，而日本书法史中的禅宗"墨迹"却是以挂轴为主，结合茶道号为"茶禅一体"。故其禅书又称"茶挂"，这种风气却是中国所无。

再次，是风格的界定。佛家书法中虽然也有怀素《自叙帖》这样的狂草，还有黄庭坚《诸上座帖》追随其后，但通常我们在"佛教书法"里较少提草书尤其是狂草。除非作者是书法大师，本身即有书名，只是偶写佛语而已。写经抄经是一个大端。过去不为人关注，以为就是日常小字书写，后来因"敦煌写经"而闻名，又以六朝写经至唐成为《砖塔铭》之类的晋唐小楷和更端正工细的唐人写经卷册，成为"佛教书法"在中世纪的典型风格样式。而同为佛教题材的，如褚遂良《伊阙佛龛碑》《雁塔圣教序》《孟法师碑》、欧阳通《道因法师碑》、《怀仁集王羲之书圣教序》《兴福寺碑》、颜真卿《多宝塔碑》、柳公权《玄秘塔碑》等众多佛教内容的杰作佳构，却因其风格样式过于靠近正规的唐楷甚至本身就是唐楷的核心组成部分，后世习惯以唐代楷书的标准样本对待之，反而对其中充盈遍至的"佛教书法"因素不再关注了。称之为"佛教题材书法"可，简单地称"佛教书法"似乎则不可。

三

以风格、形式、技巧为核心的"佛教书法"作为一个艺术史进程中的学术概念，在现在还处在一种很含糊的状态。文字内容、作者身份、艺术风格体式，三者互相交融，很难在稳定的学理上以同一个逻辑起点而定于一尊。每个学者在研究和运用这一概念时，都会有自己的定义、独特的诠释立场以及特定的理论视野。用同一个术语在展开时，看看讨论的表面上是同一个概念，其实彼此间分歧极大。正因如此，特别需要有一部读本，站在"佛教书法"的相关立场上，建立起一个学理构架，搜集翔实基础资料，勾勒大致发展脉络和历史分期，梳理出代表性作家和作品，基本清晰地勾画出作为一个门类的"佛教书法"的基本知识轮廓。

灿辉学弟从2011年起，以专业书家的资质条件和独特的地方资源，毅然决然，重起炉灶，再专程赴杭州学习两年多，系统学得了"学院派"书法创作与教育模式的精髓，成为团队中的佼佼者。又在河南洛阳这个文物荟萃和书法文化遗存最集中的古都，从事书法相关创作和研究，积累深厚。东汉明帝时东都洛阳有高僧受命赴西域白马驮经，故洛阳白马寺被佛教奉为"祖庭"；又有白马寺译经即首部汉译《四十二章经》；还有佛教造像龙门石窟和《龙门二十品》等，古都洛阳，"经生书"（写经译经抄经讲经）和"佛造像记"作为两大佛书载体样式，均集于此，宜其洛阳应为"佛教书法"之策源地和发扬光大之地也。《佛教与中国书法》这样的著述，出在洛阳，自有其文化历史上的必然性，是一点都不奇怪突兀的。

希望灿辉学弟这部《佛教与中国书法》读本，能够为"佛教书法"的内涵、概念、定义的获得及真正确立，新硎初试，导夫先路，激起更多的感兴趣有积累的学者投身于此，引出更多更深入更系统的"佛教书法"方面的研究成果！则作者幸甚，读者幸甚，大家都与有荣焉！

是为序。

中国文联副主席
中国书法家协会副主席　陈振濂
中国文艺评论家协会副主席
2020年6月

凡　例

一、本书研究的中心，是基于佛教文化基础上的中国书法内容，以书法及书学作为研究的主要对象。

二、文中所言佛教书法，范围概定为以汉字书写的佛教经典如经、律、论等相关内容；与佛教三宝佛、法、僧有关的墨迹及刻本。涵盖佛教写经、造像题记、佛寺碑刻、造像碑、造像塔题记题铭，纪年佛像铭文、摩崖刻经、经幢、钟铭、匾额、楹联、善业泥文字等相关佛教文化书迹。

三、涉及僧侣及佛教居士之书迹，以书写者为中心，如僧智永《千字文》、怀素《自叙帖》等，均列入佛教书法范围；僧侣所作书论，如僧智果《心成颂》等，亦重点收录。

四、佛教文化特别是禅宗思想影响下的禅宗书迹，特别是宋元以来，受"禅悦""禅意"风尚影响之书迹，亦择其有代表性者遴选录入。

五、因近现代佛教的变革及学者化特征，对近现代在佛学研究领域具有显著成就，且列入佛教辞典传记的学者之书法，亦予以选录。

六、文中涉及历史纪年者，凡古代帝王年号纪年后皆括注公元纪年，民国以来则直接采用公元纪年。

七、录文中缺字或不可辨识者以"□"表示，补充说明、补字及错字勘误内容以"（　）"表示。

八、注释中之经典文献如《魏书》《旧唐书》《高僧传》等，常用文献如《历代书法论文选》等，只标注书名和简要信息，详细注释列于文末"参考文献"。

目 录

绪 论 ·· 1

第一章 汉代佛教与书法 ·· 5
    第一节 佛教初传中国 ·· 5
    第二节 汉代佛教译经的主要人物及流派 ················· 8

第二章 佛教与三国两晋南北朝书法 ······························· 11
    第一节 三国至南北朝译经与写经的发展 ················ 11
    第二节 王羲之等名士与高僧的交游 ······················· 17
    第三节 佛道"华夷之辨"与北朝"二武灭佛" ········ 20
    第四节 南北朝佛教与书法的融合发展 ···················· 21

第三章 隋代佛教与书法的复兴 ······································ 57
    第一节 隋代佛教复兴的背景 ································· 57
    第二节 佛教书法在隋代的发展 ······························ 58
    第三节 《龙藏寺碑》与隋代佛教碑刻 ···················· 61
    第四节 隋代写经与房山刻经 ································· 68
    第五节 隋代的僧侣书家 ·· 70

第四章　鼎盛的唐代佛教与书法 ······ 76
第一节　唐代佛教与书法文化综述 ······ 76
第二节　《集王羲之书圣教序》及"集王"系列刻石 ··· 79
第三节　唐代佛教书刻中的名家与名品 ······ 84
第四节　唐代的僧侣书法与高僧写经 ······ 116
第五节　唐代敦煌写经及写本风格 ······ 136
第六节　唐代名家写经与刻经及题记书法 ······ 142
第七节　唐代僧侣与书法的域外传播 ······ 146

第五章　五代佛教与书法的衍变 ······ 162
第一节　禅宗文化源流及对中国书法的影响 ······ 162
第二节　杨凝式与"禅意"书风的萌芽 ······ 165
第三节　五代的僧侣书家 ······ 167

第六章　宋辽金元佛教与书法之发展 ······ 172
第一节　宋辽金元佛教与书法综述 ······ 173
第二节　欧阳修与"尚意"书法之发端 ······ 176
第三节　苏轼、黄庭坚与"尚意"书风的形成 ······ 177
第四节　王安石《楞严经旨要》写本 ······ 182
第五节　南宋张即之佛经墨迹 ······ 183
第六节　宋代的僧侣书家及禅宗墨迹 ······ 184
第七节　赵孟頫与虞集的佛教书迹 ······ 190
第八节　元代画家居士与佛教书法 ······ 194
第九节　元代的僧侣书法述要 ······ 197

第七章　明清佛教与书法 ······ 200
第一节　明清佛教书法综论 ······ 200
第二节　祝允明《北禅大兰若募修雨花堂疏卷》 ······ 202

第三节　文徵明佛教书法墨迹 …………………… 203
第四节　董其昌佛教书法及其禅宗思想 …………… 204
第五节　张瑞图《心经》墨迹两种 ………………… 207
第六节　王铎《临圣教序》等佛教书刻 …………… 208
第七节　傅山与佛教书法文化 ……………………… 211
第八节　金农漆书《金刚般若经》 ………………… 213
第九节　清代《心经》主题佛教书迹 ……………… 214
第十节　明清的僧侣书家 …………………………… 218

第八章　近现代佛教与书法 …………………………… 229
第一节　近现代佛教书法简述 ……………………… 229
第二节　近现代佛教书法代表人物及书迹 ………… 230

参考文献 ………………………………………………… 246

后　记 …………………………………………………… 253

绪　论

　　佛教是世界上三大宗教之一，起源于古代印度，于两汉之际经西域传入中国。在与中国传统思想与文化的碰撞和交融中，对中国的政治、经济、宗教、哲学乃至文学、艺术等领域，产生了极其广泛而深刻的影响，特别是与书法艺术的结合，更是密不可分。佛教初传中国，佛经以抄写作为主要的传播方式，使得佛教自传入中国起，便注定要同中国书法一起，在历史文化的长河中，留下璀璨的印记。佛教以书法为载体广泛传播，书法伴随佛教薪火相传。

　　佛教创始人释迦牟尼，姓乔达摩，名悉达多。"释迦"是古印度的种族名；"牟尼"则是梵文"明珠"的音译，喻为圣人。"释迦牟尼"是佛教徒对乔达摩·悉达多的尊称，意为释迦族之圣人。释迦牟尼成道之后，又称佛陀，或直接称其为佛。佛陀为梵文音译，也译为浮图、浮屠等，意指觉或觉悟者。随着佛教的发展，佛的含义由初始时仅限于对释迦牟尼的尊称，而转化为泛指一切觉悟成道、觉行圆满者。

　　据汉译《善见律毗婆沙》"出律记"中记载的"众圣点纪"法推算，释迦牟尼的生卒年月为公元前565年至公元前486年。据汤用彤《印度哲学史略》所述，释迦牟尼生于公元前565年，卒年在公元前490至公元前480之间，相当于中国的东周时期，据考证与孔子为同一时期人物，略早于中国的孔子（前551~前479年）。[①] 释迦牟尼是印度北部迦毗罗卫国的王子，他在14岁时驾车出游，出城东、南、西三门，分别看到世间的生、老、病、死等人生

---

① 汤用彤：《印度哲学史略》，中华书局，1960年，第59页。

痛苦现象，十分困惑，后出北门时遇见一位出家修行的沙门，听闻出家修行可以从生老病死的痛苦中解脱，便萌发出家修行的想法，在释迦牟尼29岁时，他剃去须发，披上袈裟，成为一名出家修行者。

释迦牟尼在经历了学习禅定以及在尼连河畔的森林中独修苦行六年之后，却一无所获，于是放弃苦行的修行方法，在尼连河中洗净积垢，接受一位牧羊女所供养的乳糜，恢复体力，并在荜钵罗树（菩提树）之下，发下誓言，若不证得天上正等正觉决不起座。最终释迦牟尼大彻大悟，悟出宇宙与人生的本质、洞察出人生痛苦之本源、去除贪、嗔、痴等烦恼，从而得以解脱。其年释迦牟尼35岁。

在释迦牟尼悟道成佛后，开始向大众宣扬佛法，其中主要是四圣谛、八正道、十二因缘等法门要义。最初释迦牟尼弘扬佛法的地点在鹿野苑，听讲的有弟子五人，组成僧团，这次弘法在佛教史上称"初转法轮"。至此，佛教中的佛、法、僧三宝皆备，标志着佛教已正式形成。

释迦牟尼开悟后，很少参与政治及世俗事务，潜心讲道四十五年，足迹遍布恒河两岸，最终逝于末罗国拘尸那城外的娑罗双树林中。相传其遗体火化后，遗骨舍利被八位国王分去，分别建塔安葬。后来，随着佛教的东传，也有印度高僧带佛舍利到中国传教。

佛教的"经""律""论"是佛教文化中的重要内容，在中国书法写本中也常见到。佛教文献记载，释迦牟尼逝世后，其大弟子迦叶召集五百比丘在七叶岩毕波罗窟集会，共同忆诵释迦牟尼之说法要义，这是佛教史上的第一次集会，也称"五百结集"。集会中弟子阿难背诵出了释迦牟尼关于教义的解说，被称之为"经"；弟子优婆离背诵出了关于戒律方面的系列教导，被称之为"律"；弟子迦叶背诵出了释迦牟尼的弟子们对佛教教义的相关论述，被称之为"论"。这三部分内容成为佛教的原始经典，又称为"三藏"。其中"经"在佛教传入中国后，成为佛教最主要的书写内容，也产生了大量的书法艺术精品。在随后的章节中将分别展开论述。

在释迦牟尼逝世后约100年间，佛教教团较为统一，有关教义及佛教徒的修行也都大致与释迦牟尼在世时相同。到了公元前4世纪到公元前1世纪，也就是释迦牟尼逝世后100~400年，佛教教团出现了分裂现象，起初分为上座部和大众部两大派，史称佛教的"根本分裂"。后来两大派又多次分裂，史称"枝末分裂"。分裂后佛教被统称为部派佛教，在"根本分裂"前的佛教，则称为原始佛教。之后，佛教又形成了"大乘佛教"和"小乘佛教"两大流派。大乘和小乘在教义和认识及实践方面均有区别，小乘佛教一般认为佛只有一个，即释迦牟尼；大乘佛教则认为三世十方有无数的佛存在。在修行目标方面，小乘注重个人修养与解脱，以证得阿罗汉果为最高之目标；大乘则致力于普度众生，并修持成佛，建立佛国净土为修行的最终目标。

在古印度阿育王时期，佛教在帝王的支持下，不断向外传播，并形成了南北两条路线：南传佛教先传入斯里兰卡，然后传入缅甸、泰国、柬埔寨、马来西亚、老挝、印尼等国家，以及我国云南省的傣族、布朗族等少数民族地区，南传佛教经典用巴利文写成，并以小乘上座部佛教为主；北传佛教又可分为两条路线，一条从印度北部起始，穿越阿富汗，到达新疆地区，并进一步传入中国内地，并由中国传向朝鲜、越南及日本等国；另一条则从印度到尼泊尔，再到西藏地区，形成了藏传佛教，并由西藏传入到了蒙古以及俄罗斯西伯利亚等地，北传佛教以大乘为主，佛教经典多用梵文写成，并翻译为汉文和藏文，其中译为汉文的佛教经典，在中国书法史上有不可替代的重要地位。佛教在中国的传播与发展，为中国书法的留存与传播做出了巨大的贡献，成就了中国佛教文化与书法艺术的华丽篇章。

国学大师季羡林在《我的佛教研究》一文中说："现在大家都承认，不研究佛教对中国文化的影响，就无法写出真正的中国文化史、中国哲学史甚至中国历史。佛教在中国的发展是一个非常有意义的研究课题。佛教公元前传入中国后，经历了试探、发展、改变、渗透、融合许许多多阶段，最终成为中国文化、中国思想的一部分。"[①]

纵观中国书法发展的历史长河，便可发现自佛教传入中国并与书法结缘后，便成为中国书法不可分割的一部分。出现了诸如以敦煌写经为代表的写经书法；以龙门石窟题记为代表的造像题记书法；以山东地区摩崖刻经为代表的佛教摩崖刻经书法；隋唐时期佛教文化题材的《龙藏寺碑》《怀仁集王羲之书圣教序》《雁塔圣教序》《多宝塔碑》《玄秘塔碑》《集王金刚经》等诸多碑刻书法；宋元禅宗墨迹及禅意书法；明清时期以《心经》为代表的系列佛教书迹；近现代的学者的佛教文化书法等等。可谓灿若星辰，在中国书法史上熠熠生辉。同时，也涌现出了以智永、怀素、湛然、梦英、担当、八大

---

① 季羡林：《我的佛教研究》，引自汤一介选编《季羡林佛教论集》，山西教育出版社，2010年，第2页。

山人、石涛、髡残、弘仁、虚谷、弘一等为代表的一大批擅长书法的高僧,在宣扬佛教文化的同时也对书法艺术进行了弘扬和传承。佛教与中国书法的结合是历史的必然,正如之前季羡林先生评价佛教对中国文化影响的那样,中国书法作为中国文化的重要组成部分,不研究佛教对中国书法的影响,就无法写出完整的中国书法史。

佛教典籍,浩如烟海;书法文献,亦蔚为大观。有关佛教文化与中国书法相结合的论述,虽时有所见,然多为吉光片羽,少有体系。相关著作,亦多见资料整理及目录学文献。故试以书法学科的视角,依文献学之概要方法,以史学为主线,以不同时期的佛教文化书法遗存及人物为框架,进行系统整理、分析。时间跨度上从两汉时期至近现代时期,因佛教相关书迹数量众多,故着重整理研究各时期相对重要的佛教书法文化遗存,及相关僧侣、书家、名士、帝王等人物书迹。分析佛教文化在不同时期与中国书法之间的相互作用及意义,另注重对新见佛教文化相关书法史料的遴选与使用,以使本书能兼具专题资料文献和学术创新价值。

第一章　汉代佛教与书法

在佛教起源和传入中国之前，中国书法已经历了漫长的演进，从刻画符号的萌芽阶段，到夏、商、周时期，从甲骨文字向金文的过渡，到战国时期简牍帛书及篆书的演进，直至秦代小篆的发展……在此阶段漫长的过程中，中国书法与佛教文化之间并无直接联系可考。直至两汉年间，佛教初传中国，伴随着佛经的出现，译经和抄经日益发展兴盛，中国书法作为中国文字的载体，便毫无选择地与佛教结合为一体了。

第一节　佛教初传中国

在公元前 1 世纪左右，印度佛教即传入我国西北部的于阗、龟兹等地区。佛教传入中国，历史上有多种说法，主要有三代以前已知佛教说、周代已传佛法说、孔子已知佛教说、战国末年传入佛教说、先秦有阿育王寺说、秦始皇时有僧众来华说、汉武帝时已知佛教说、刘向发现佛经说等，众说纷纭。[①] 目前较为公认的是东汉明帝永平年间的"感梦求法"之说。据《四十二章经序》载，东汉永平年间（58~75 年），汉孝明帝夜梦神人，神人身体呈金色，散发出光芒，如日月般光辉照耀，飞至殿前。明帝感到十分惊讶和喜悦，遂召集群臣，问询梦境中是何神圣，大臣傅毅以学识渊博闻名，回答说西方天竺有神，人们称之为"佛"，能在空中飞行，陛下所梦见的应是佛。汉明帝听闻此说，甚为赞许，遂派使者张骞、羽林中郎将秦景、博士弟子王遵等十二人，前往西方寻佛（图 1-1-1）。[②]

[①] 任继愈：《中国佛教史（第一卷）》，中国社会科学出版社，2016 年，46~67 页。
[②] 《四十二章经》序文，简要记述了《四十二章经》传入中国的缘起和经过。《四十二章经》，尚荣译注本，中华书局，2010 年，经序第 1 页。

图 1-1-1　莫高窟 323 窟北壁初唐《张骞出使西域图》。图中下部为张骞辞别汉帝，左上部分是使者长途跋涉到达大夏国，右上部分为汉帝在甘泉宫拜金像。

东汉使者蔡愔、秦景到达大月氏国，得遇高僧摄摩腾和竺法兰（亦作迦叶摩腾、竺摩腾）。据《高僧传》载，摄摩腾和竺法兰于永平年间偕白马驮经与佛像来到洛阳。翌年明帝下诏在洛阳城东建寺院，供二位高僧译经及弘扬佛法。据传因佛经由白马驮回，为记其功，故将寺院命名为白马寺；亦有白马守护招提寺免遭破坏而改寺名"招提"为"白马"的说法，后寺庙多据此为名之学说。① 白马寺是我国有记载的最早的一所官办寺院（图 1-1-2）。迦叶摩腾和竺法兰在白马寺译出了中国最早的佛教经典《四十二章经》及《十地断结》《佛本生》《法海藏》《佛本行》五部佛教文献，② 白马寺又被称为"释源""祖庭"。

---

① ［梁］释慧皎：《高僧传》卷一《译经上》"正传十五人"之"汉洛阳白马寺摄摩腾篇"，朱恒夫、王学均、赵益注释本，陕西人民出版社，2010 年，第 1 页。
② 释慧皎：《高僧传》卷一《译经上》"汉白马寺竺法兰篇"，第 4 页。

图 1-1-2　河南洛阳白马寺。始建于东汉永平十一年,有"释源"、"祖庭"之盛誉。

　　《高僧传》记述蔡愔在西域得到了释迦牟尼的雕像,是古印度优填王的雕刻师以檀香木所作,回到洛阳后,明帝即令宫廷画师依据蔡愔所提供的释迦牟尼造像,重新绘制放置于清凉台及显节陵,[①]此像今已不知所踪。在近几十年间,汉代佛教造像遗迹,在全国有多处考古发现,如四川乐山麻浩崖墓,发现刻有一尊手施无畏印造型的佛像,属犍陀罗造像风格,是中国早期佛教造像之一,此崖墓石壁发现有东汉"阳嘉三年(134年)"题记。另在四川彭山崖墓出土的汉代文物摇钱树上,发现了头顶高发髻、着通肩大衣的佛教造像。[②]近年又在江苏连云港孔望山发现了汉代摩崖石刻,有释迦牟尼、涅槃图、礼佛图等佛教经典题材雕刻(图1-1-3)。[③]依据上述汉代佛教遗迹可知,至少在东汉时期,佛教造像艺术已在我国部分地区开始传播。

---

① 释慧皎:《高僧传》卷一《译经上》"汉白马寺竺法兰篇",第4页。
② 金维诺:《中华佛教史·佛教美术卷》,第一章,山西教育出版社,2013年,第12~13页。
③ 闫文儒:《孔望山佛教造像的题材》,《文物》1981年第7期,第16~19页。

图1-1-3 江苏连云港孔望山汉代佛教主题摩崖石刻 刘灿辉摄

第二节 汉代佛教译经的主要人物及流派

《四十二章经》译出后，据当时的书法与文化发展状况推论，应为书写在简牍上或缣帛上的简帛书法。佛教在两汉之际传入中国内地后，在较长的一个时期内，其发展是相当缓慢的，直到东汉末年，佛教才逐渐兴盛起来。大小乘佛教也在此时期传入中原地区，随着西域前来僧人不断增加，译经活动也日趋兴盛，有关佛教的史料也逐渐丰富起来（图1-2-1），而东汉都城洛阳作为佛教重镇，佛教译经大师安世高、安玄、竺朔佛、支谶等，都在汉末来到洛阳，并译出了大量的佛经。

摄摩腾，又称"竺摩腾"，全名"迦叶摩腾"，迦摄即迦叶，意译饮光；摩腾意译大象。据《高僧传》卷一载，摄摩腾为中天竺人。擅长礼仪，解大小乘经典，常以游化为己任。后遇蔡愔、秦景受汉明帝之委派至西域求取佛经，遂同高僧竺法兰一起偕白马驮经和佛像抵达东汉都城洛阳，明帝建白马寺令二僧译经，翻译出了中国最早汉译佛经之一的《四十二章经》。

竺法兰，东汉时期中印度人。据《高僧传》卷一载，东汉明帝派遣蔡愔至西域求取佛经，竺法兰遂于永平十年（67年）与大月氏僧摄摩腾结伴前来中国，居于洛阳白马寺，与摄摩腾合译出《四十二章经》。摄摩腾去世后，

图 1-2-1　新疆吐鲁番佛寺遗址译经壁画

竺法兰又先后译出《十地段结经》《佛本生经》《法海藏经》《佛本行经》等数部。

安清，字世高，原为安息国太子。自幼信奉佛教，其继位不久，便让皇位于其叔父，出家为僧。他精通阿毗昙学，修持禅经。安世高于东汉桓帝建和二年（148年）经西域到达洛阳译经。很快即通晓汉语，翻译了诸多佛教经典。从桓帝年间抵达洛阳起，至灵帝建宁年间（168~172年），经过二十余年，先后译出了《安般守意经》《阴持入经》《人本欲生经》《大十二门经》《小十二门经》《四谛经》《道地经》等34部40卷，多属小乘佛教经典。灵帝末年，中原战乱，安世高避居江南传教。①

支谶，又称"支娄伽谶"，东汉末僧人，原月支国人，汉灵帝年间游历于洛阳，据《出三藏记集》卷十三《高僧传》卷一记，支谶在光和、中平年间（178~189年）译出《般若道行品经》《首楞严三昧经》《般舟三昧经》《阿阇世王经》《纯真陀罗经》《光明三昧经》《宝积经》等经卷共14部27卷，②晋代高僧支敏度在《合首楞严经记》中称其"凡所出经，类多深玄，贵尚实

---

① 任继愈：《中国佛教史》，第一卷，中国社会科学出版社，2016年，第143~144页。
② ［梁］僧佑：《出三藏记集》，苏晋仁、萧炼子点校本，中华书局，1995年，第22~28页。

中，不存文饰"。支谶是在中国第一个系统翻译和传播大乘佛教般若学的僧人。

竺佛朔，或称竺朔佛，东汉末僧人。据《高僧传》卷一，原天竺人，东汉恒、灵帝时，从天竺携梵本《道行品经》到洛阳并译为汉文。竺佛朔经常与和支谶合作翻译经卷，《般若道行品经》即是竺佛朔宣读梵文，支谶口译为汉语，洛阳孟元士笔录成文。①

安玄，据《高僧传》卷一载，其原为安息国人，东汉末年居士，汉灵帝末年到洛阳经商贸易，常于沙门来往，并在朝廷受封。和高僧严佛调共同译出了《法镜经》。

严佛调，据《高僧传》卷一载，严佛调为临淮（今安徽泗县）人，东汉灵帝时期僧人，是有记载的最早的汉人出家僧侣，他和安玄合作，以安玄口头翻译，严佛调记录的方法，共同译出《法镜经》，其撰写的《沙弥十慧章句》，是中国第一部汉僧佛教著作。②

另有僧人支曜、康巨、康孟详等，都在东汉年间对佛经的翻译做出了杰出的贡献。上述人物在东汉年间译出的经卷，奠定了佛教及其流派在中国流传的基础，据《出三藏记集》卷二所记，自东汉恒帝至献帝年间，共译出佛典54部74卷。③译经的抄写与传播，也使得中国书法必然与其紧密结合。

---

① 任继愈：《中国佛教史》，第一卷，中国社会科学出版社，2016年，第149~150页。
② 任继愈：《中国佛教史》，第一卷，中国社会科学出版社，2016年，146~147页。
③ ［梁］僧佑：《出三藏记集》，苏晋仁、萧炼子点校本，中华书局，1995年，第22~28页。

第二章 佛教与三国两晋南北朝书法

三国两晋南北朝虽是中国历史上一个分裂和动荡的时期，却是思想、文学及艺术大发展的时代。书法艺术在这一时期发展迅速，多种书体在艺术水准上达到了令后来者难以逾越的高度。同时，佛教在这一时期的盛行与快速发展，极大程度上繁荣和推进了书法艺术的发展，并留下了大量宝贵的书法遗存。

第一节 三国至南北朝译经与写经的发展

三国时期，佛教得以广泛的普及与发展，出现了大批的专业译经群体，这一时期佛教的中心，北为魏都洛阳，南为吴都建业（今南京）。汉献帝末年，为避战乱游历至江南地区的月支国僧人支谦，先后译出了《法句经》《维摩经》《瑞应本起经》等49部佛经（图2-1-1）。吴赤乌十年（247年），天竺高僧康僧会来到建业传教译教，并译出了《六度集经》等佛教经典。康僧会祖籍康居南部，世居天竺，后辗转至中原。康僧会自洛阳到达江南，得到东吴孙权的接见，康僧会向孙权宣扬佛法并献上舍利子。孙权为康僧会建造了江南第一所佛寺建初寺，为佛教在江南的传播打下了基础。康僧会在建初寺译出的《六度集经》叙述了释迦牟尼前世故事，是汉魏佛学研究的重要资料。

据《洛阳伽蓝记》载，西晋永嘉年间，洛阳的寺院已达42座。[1]两晋

---

[1] ［北魏］杨衒之：《洛阳伽蓝记》，尚荣译注，中华书局，2012年，原序篇第1页。

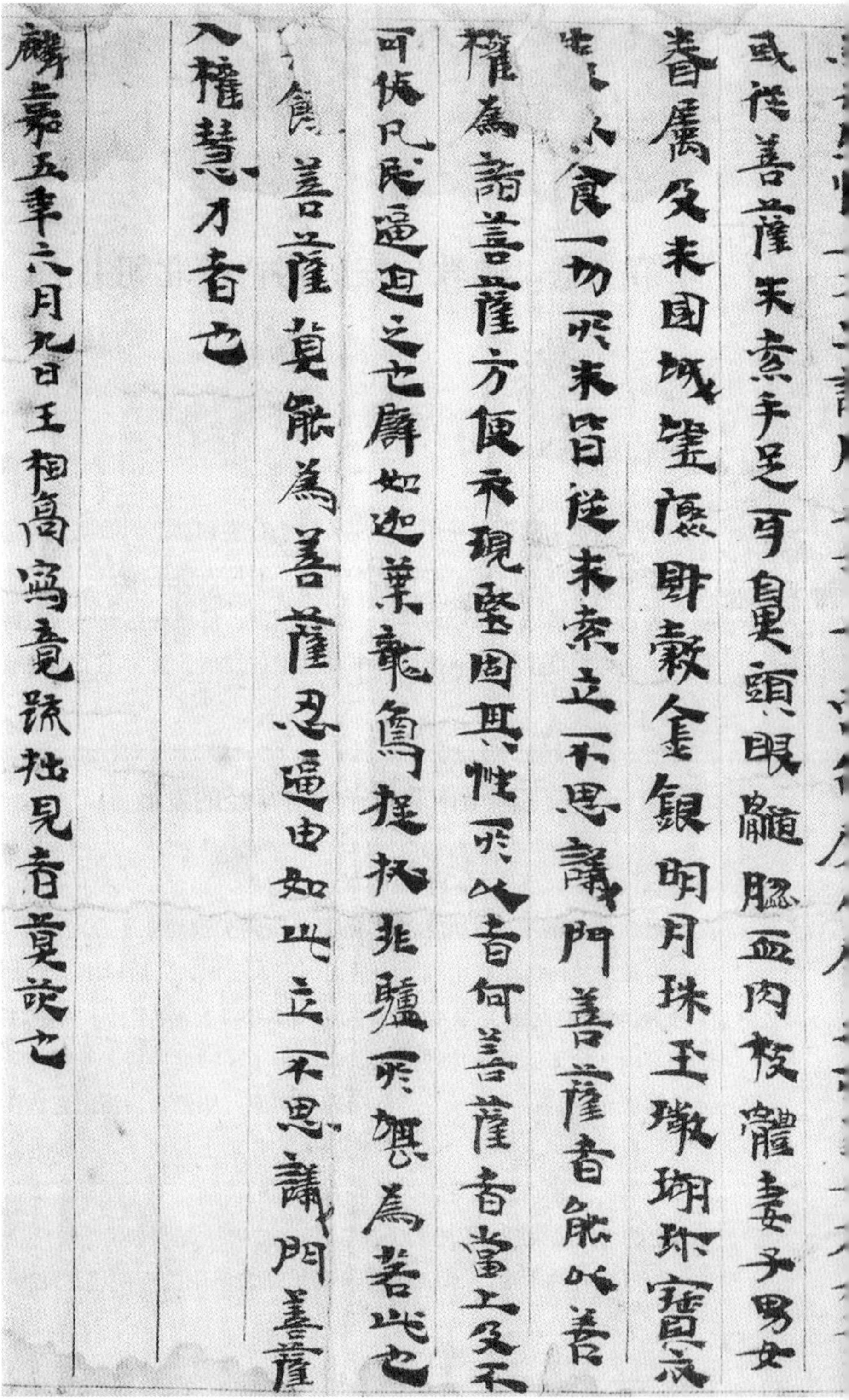

图 2-1-1　后凉麟嘉五年（393年）《佛说维摩诘经》局部
白麻纸，乌丝栏，楷书，王相高写，上海博物馆藏。

佳如佛說寔主比丘曰是生是不是紒是始久未主與當主與此兩者非无生也由是齊之不従无生得當正覺然則何用記弥勒決徔如起所徔如滅一所夫如者不起不減一切人皆如也一切法亦如也衆聖賢亦如也至於弥勒亦如也天記前无上正眞道者則一切人為得決矣天以者何天稱為已亦无他稱說如弥勒成當正覺者一切人民亦當徔覽哉以者何一切人民當徔覺道法如來者不搨衆人獨減度也无當減度諸凡人改卿弥勒與天人說莫為非時佛者无徃亦无
人民亦當減度呢以者何如來者不搨衆人獨減度

时期的佛教活动仍以译经为主，并有一批专注于译经和抄经活动的僧人和居士（图2-1-2），其中以竺法护成就最高。竺法护祖籍月氏，世居敦煌，其立志弘扬佛教大乘之道，遍学西域语言文字，并携带大批梵文经典，从敦煌到长安。竺法护共译出佛经100余部，其中影响较大的是《正法华经》，经中塑造了大慈大悲救苦救难的观世音菩萨形象，为大乘佛教进一步传播做出了贡献。

目前在写经中所见最早年号者，应为西晋元康六年（296年）所书《诸佛要集经》。

图2-1-2　新疆石窟壁画中的写经手

20世纪初，日本大谷探险队在新疆吐鲁番吐峪沟石窟寺，发掘一批佛教文物。其中有竺法护所译《诸佛要集经》抄本残卷（图2-1-3）。据抄本跋语得知，此经由敦煌月支菩萨竺法护所译，并由其弟子聂承远和竺法乘在西晋元康六年抄写，[①]是目前所见有年号记载最早的写经实物。

跋语内容为：

> 元康二年正月十二日月支菩萨法护手执□□□，授聂承远和上弟子沙门竺法首笔□□令此经布流十方戴佩弘化速成□□。
>
> 元康六年三月十八写已。
>
> 凡三万十二章合一万九千五百九十六字。[②]

据跋语可见，元康二年正月至六年三月，用了四年多的时间，竺法护和其弟子共同努力，翻译并写就了此经卷。此残卷书法，书体在楷体和八分

[①] 林梅村：《丝绸之路考古十五讲》，北京大学出版社，2006年，第286页。其中将"西晋元康六年"误作"东晋元康六年"，此已更正。

[②] （日）内藤虎次郎：《西本愿寺的出土文物》，原载大阪《朝日新闻》。转引自日本橘瑞超《橘瑞超西行记》，柳洪亮译，新疆人民出版社，2010年，第196页。

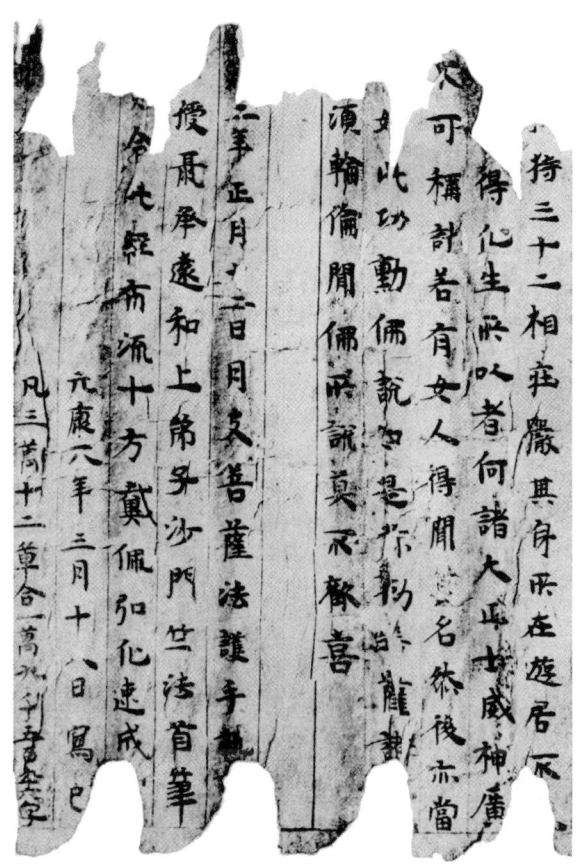

图2-1-3 西晋元康六年（296年）《诸佛要集经》写本局部

书之间，是隶书向楷书过渡时期的书体，是当时较为正式和规范的一种文书字体。另见署有"甘露之年"年号的《譬喻经》，因中国历史上使用"甘露"为年号的朝代较多，日本学者中村不折认为是三国时期曹魏之"甘露之年"（256~260年）；常盘大定则认为是前秦甘露之年（359年）；亦有学者将此"甘露之年"认定为北凉沮渠氏时期（443~460年），尚有待进一步考证。①

---

① 张永强：《十六国甘露元年譬喻经写本考》，引自刘正成主编《中国书法全集》，第14卷，荣宝斋出版社，2013年，第24~31页。

1890年，法国探险队在德兰斯的带领下，到塔里木盆地南部进行考察，在和田收购到了一部写在桦树皮上的佉卢文佛经残卷，据说出自和田牛角山一寺院遗址，并在这一地区收集到了有佉卢文和汉语的双语钱币，佉卢文是印度的一种古文字，公元前3世纪至公元2世纪流行于犍陀罗地区，即今阿富汗南部和巴基斯坦北部地区，此和田佉卢文佛经为《法句经》，书写于公元2世纪末，是目前所知年代最早的佛经之一，现分藏于圣彼得堡埃来塔什博物馆和巴黎国立图书馆。① 新疆和田地区古称"于阗"，是古代丝绸之路和佛教文明传播的交通要道，近现代考古发现了诸多佛教遗迹和珍贵的文字及书法资料。

据《高僧传》卷十所载，和书法关联较为紧密的还有西晋永嘉年间僧人安慧则。安慧则工于书法，居洛阳大市寺一代，传说他在黄绢上书写《大品般若经》，虽字小如豆但字迹清晰易读，共书写十数本，其中一本送与汝南周仲智，由其妻胡毋氏供养。后胡毋氏家中遭遇火灾，房屋烧为灰烬，胡毋氏以为大火已将经卷烧毁，大火过后人们在废墟中找到了安慧则所书《大品般若经》，但见经本毫发未损，众人甚感惊异，广为传诵，并转而信奉佛教。由此可知，其时写经已和书法艺术相结合，并被赋以神话色彩。

另据《高僧传》所记，东晋僧人康法识亦为擅长书法的僧侣书家。《高僧传》卷四载：

> 竺法蕴悟解入玄，尤善《放光波若》。康法识亦有义学之功，而以草隶知名。尝遇康昕，昕自谓笔道过识。识共昕各作王右军草，旁人窃以为贷，莫之能别。又写众经，甚见重之。②

依文中所述，高僧康法识以草隶书而知名，康昕认为自己书法比康法识写得更好，于是二人准备比试一番，就各自摹写了一幅王羲之的草书，观者认为都是王羲之的真迹，难以分辨。康法识又抄写了众多佛教经典，其书法为众人所推崇。

据此可知，东晋年间，佛教文化和书法的结合日益紧密。

---

① 林梅村：《丝绸之路考古十五讲》，第十讲第三节，北京大学出版社，2006年，第195页。
② ［梁］释慧皎：《高僧传》卷四《义解一》"竺法潜、竺法蕴篇"，第208页。

第二节　王羲之等名士与高僧的交游

佛教就其历史发展、思想内容而言，有大乘小乘之分。小乘佛教在传入中国后，影响相对有限；大乘佛教自传入中土后，先依傍魏晋玄学，后融汇儒家的人性、心性学说而蔚为大宗，发展至与儒、道鼎足而立，成为对中国社会各个方面产生着巨大影响的重要文化思想。

据史料记载，东晋名士王羲之、谢安、王珣等与佛教高僧均有交往，其中"书圣"王羲之和高僧支遁往来尤多。《世说新语》中较详细地记录了王羲之和支遁的交流：

> 王逸少作会稽，初至，支道林在焉。孙兴公谓王曰："支道林拔新领异，胸怀所及乃自佳，卿欲见不？"王本自有一往隽气，殊自轻之。后孙与支共载往王许，王都领域，不与交言。须臾支退。后正值王当行，车已在门，支语王曰："君未可去，贫道与君小语。"因论庄子《逍遥游》。支作数千言，才藻新奇，花烂映发。王遂披襟解带，留连不能已。①

所记与书圣王羲之交往的支道林就是东晋高僧支遁。支遁（314~366年），字道林，世称"支公"或"林公"。据《高僧传》所记，支道林俗姓关，河南人，幼时随家人迁至江南。支道林在玄学和佛教方面均有较高的成就。支道林在25岁时出家为僧，由于受玄学的影响，对佛典的理解更为独到，注重教义的整体理解而非咬文嚼字，虽为那些注重教条的人所反对，却为追求"得意忘言"的玄学家极力推崇。名士王濛认为支遁玄学造诣精微，赞其"造微之功，不减辅嗣"。谢安认为支道林"如九方皋之相马也，略其玄黄，取其俊逸"，褒赞支道林对佛教要义的理解。

支遁的著名学说"即色论"云："色之性也，不自有色，色不自有，虽色而空，故曰色即是空，空不异色。"支遁的这一论述，对于书法美学具有很高的学术价值。支遁兼具名僧和名士盛誉，正是两晋时期佛教与中国传统老庄玄学融合的体现。北宋时期绘画作品《白莲社图》（图2-2-1），生动描

---

① ［南朝宋］刘义庆：《世说新语·文学第四》，沈海波译注，中华书局，2016年，第45页。

绘了东晋年间佛教高僧与名士的交游场景。

传为书圣王羲之所作的《佛遗教经》刻本（图2-2-2），末尾署有"永和十二年六月旦日山阴王羲之书"。北宋欧阳修认为，此刻本是唐人假借王羲之盛名的伪作，其《集古录跋尾》卷十云：

> 《遗教经》，相传王羲之书，伪也。盖唐世写经手所书。唐时佛书今在者，大抵书体皆类此，第其精粗不同尔。近有得唐人所书经，题其一云薛稷，一云僧行敦书者，皆与二人他所书不类，而与此颇同，即知写经手所书也。①

图2-2-1 ［北宋］张激《白莲社图》局部　纸本墨笔　辽宁博物馆藏

---

① ［宋］欧阳修：《集古录跋尾》卷十《遗教经》，邓宝剑、王怡琳点校，人民美术出版社，2010年，第221页。

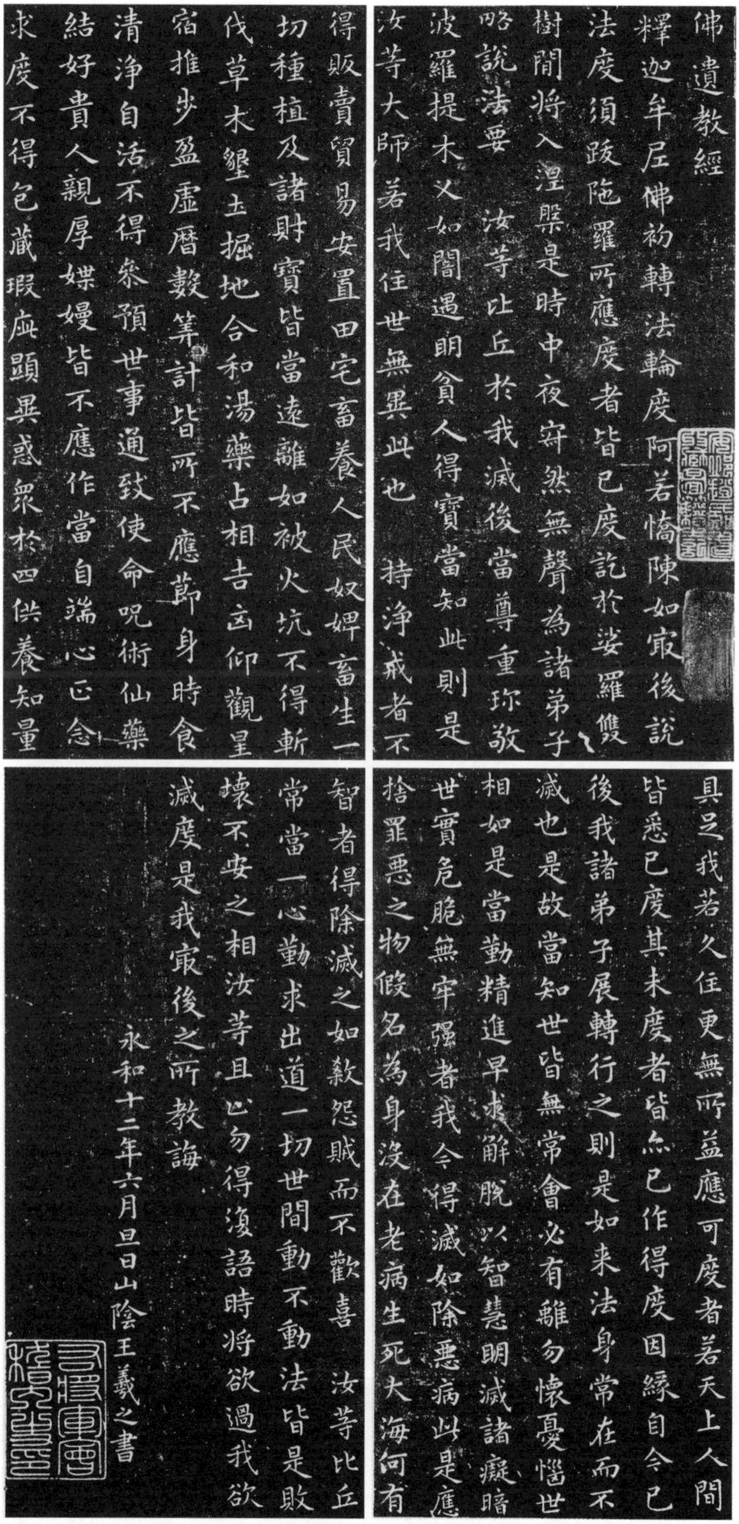

佛遺教經

釋迦牟尼佛初轉法輪度阿若憍陳如最後說法度須跋陀羅所應度者皆已度訖於娑羅雙樹間將入涅槃是時中夜寂然無聲為諸弟子略說法要汝等比丘於我滅後當尊重珍敬波羅提木叉如闇遇明貧人得寶當知此則是汝等大師若我住世無異此也持淨戒者不得販賣貿易安置田宅畜養人民奴婢畜生一切種植及諸財寶皆當遠離如避火坑不得斬伐草木墾土掘地合和湯藥占相吉凶仰觀星宿推步盈虛曆數算計皆所不應節身時食清淨自活不得參預世事通致使命呪術仙藥結好貴人親厚媟嫚皆不應作當自端心正念求度不得包藏瑕疵顯異惑眾於四供養知量

具足我若久住更無所益應可度者若天上人間皆悉已度其未度者皆亦已作得度因緣自今已後我諸弟子展轉行之則是如來法身常在而不滅也是故當知世皆無常會必有離勿懷憂惱世相如是當勤精進早求解脫以智慧明滅諸癡暗世實危脆無牢強者我今得滅如除惡病此是應捨罪惡之物假名為身沒在老病生死大海何有

智者得除滅之如殺怨賊而不歡喜汝等比丘常當一心勤求出道一切世間動不動法皆是敗壞不安之相汝等且止勿得復語時將欲過我欲滅度是我最後之所教誨

永和十二年六月旦日山陰王羲之書

图 2-2-2 《佛遗教经》拓本选页

署名王羲之书。《佛遗教经》全称《佛垂般涅槃略说教戒经》，属《大藏经·涅槃部》。传为佛祖释迦牟尼将入涅槃时，对出家弟子们最后的嘱咐与教戒，以及对佛法要义的总结。

赵明诚的《金石录》附和了欧阳修的观点："国初时人盛传为王右军书，唯欧阳公识其非也。"①

苏轼则认为《佛遗教经》具有较高书法水平，也可能是王羲之所书："以（欧阳修）其言观之，信若不妄。然自逸少在时，小儿乱真，自不解辨，况数百年后传刻之余，而欲必其真伪难矣。顾笔画静稳，自可为师法。"②

之后，有学者认为《遗教经》之译者鸠摩罗什在永和十二年（356年）时，年仅13岁，译出此经可能性不大，断定此刻本为伪作。亦有人认为其为写经手所书或为集右军书而成。

暂且不论署名为王羲之的《佛遗教经》真伪问题，就此刻本书法而言，通篇小楷古朴典雅，温润自然，章法有度，点划灵动，具魏晋神韵，右军风流，有很高的书法艺术价值，足可师法。

第三节　佛道"华夷之辨"与北朝"二武灭佛"

南北朝时期是中国佛教史上的黄金时代。北魏道武帝拓跋珪于386年建国，初称代国，同年改国号为魏。拓跋珪把佛教定为国家宗教。拓跋珪扶植佛教，亦是出于政治上的需要，意欲借助佛教的力量，来巩固自己的君主地位。

北魏初期，拓跋氏借助佛教来维护和巩固统治，取得了成效，但也产生了诸多负面影响。随着佛教的兴盛，大量劳动力和财物流入寺院，影响了政府的收入和劳役兵丁方面的需要。另外，统治者也想进一步取得汉族地主及文人士大夫阶层的支持，这些正是后来推崇儒家而排斥佛教的内在原因。

佛教作为外来宗教文化，传入中国后，与中国文化处于既排斥又融合的矛盾关系之中。从北魏开始，儒、佛、道三教之间的争论更趋激烈。释道安的《二教论》与顾欢的《夷夏论》各执己见，使佛道之间的纷争日益加剧，"华夷之辨"趋于激化状态。"华夷之辨"也是引发北魏太武帝和北周武帝灭佛的主要原因之一。

北魏太武帝拓跋焘灭佛，与道士寇谦之关系很大，寇谦之在司徒崔浩的

---

① [宋]赵明诚：《金石录》卷三十《跋尾》二十"唐、五代篇"，第253页。刘晓东、崔燕南点校，齐鲁书社，2009版。
② [宋]苏轼：《题跋176则》，引自文渊阁《四库全书》。

引荐下，来到平城向太武帝进献道经，称太上老君封其为"天师"，命其辅佐北方太平真君治理天下，这正迎合了太武帝的政治需要。于是，原本信奉佛教的太武帝转而信奉道教，封寇谦之为天师，设立了天师道场及道坛。

《魏书·世祖记》载，太武帝听取崔浩等大臣进言，于太平真君五年（444年）诏令禁佛，禁止官民供养僧人，并发布了严厉的律法。长安一带爆发了农民起义，太武帝亲率大军征伐，在长安的一所寺院中发现了大量的武器，认为寺院僧人串通起义军谋反，遂将全寺僧众杀害。之后，太武帝采纳了崔浩的建议，开始进行灭佛，"诏诛长安沙门，焚破佛像"。并指使留守都城平城的太子宣布法令灭佛，太子拓跋晃平时素敬佛道，在灭佛活动开始后，故意"缓宣诏书"，使得大多数僧尼得以逃逸，也保存了大部分佛像及经卷，但佛教建筑和一些大型佛像得到了毁灭性的打击。《魏书·释老志》记述云："土木宫塔，声教所及，莫不毕毁矣。"[①]

直至兴安元年（452年），北魏文成帝拓拔濬即位后，取消了禁佛令，佛教又恢复发展，佛教艺术特别是佛教石窟艺术取得了空前的繁荣。至北魏分裂为东西魏时，全国佛寺大概有3万座，僧尼有200万人之多。建德三年（574年），北周武帝宇文邕下令灭佛，将全国4万多所寺庙充公作为宅第使用，并强制僧尼近300万人还俗。这就是南北朝时期的"二武灭佛"事件。

在魏太武帝病逝后，继位的宣帝、静帝又相继下令，恢复佛教的地位。由于佛教具有广泛的社会基础，很快就得以复兴。

第四节　南北朝佛教与书法的融合发展

南北朝时期，虽然政治上较为动荡，但就艺术领域而言，却处于一个高速发展的时代。南北朝时期，佛教在全国范围内广泛传播，佛教艺术也有了很大的发展，其中，石窟寺艺术尤为突出。举世闻名的敦煌石窟、龙门石窟、云冈石窟均始凿于北朝时期。而魏碑书法的形成与发展，更与南北朝佛教的发展密不可分，魏碑书法涵裹南北朝时期的造像题记、摩崖刻石、碑刻及墓志等。笔者认为南北朝时期的敦煌写经也应纳入魏碑书法的范畴，因其符合

---

① ［北齐］魏收：《魏书》卷一百四十《释老志》，中华书局，第3033~3035页。

魏碑书法的结体特征和时代属性,对此问题学术界有不同的看法。著名学者华人德先生曾提出过"魏碑体不同于写经体"的观点,[①] 亦待商榷。佛教文化相关的书迹,在南北朝时期的书法遗存中,具有相当大的比重,占据了主导的地位,依此可知,在南北朝时期,佛教文化真正完成了和中国书法艺术的大融合。在此,就这一时期具有代表性的造像题记、佛教摩崖刻经、敦煌写经等方面展开论述。

一、佛教石窟造像题记书法

南北朝时期,北朝在统治者的引领下,热衷于建寺、造像、开窟。人们为父母或儿女及自身祈福,雕凿佛像,并在造像周围发愿所刻题记称为"造像题记"。北朝石窟中开凿较早的是云冈石窟(图2-4-1),始凿于魏文成帝和平元年(460年),现存石窟53个,雕像51000多尊。云冈石窟虽规模宏大,但在魏孝文帝迁都洛阳之前,开凿的石窟中鲜见造像题记,因此云冈石窟题记较少。据日本学者水野清一、长广敏雄在1950年著作《云冈石窟》中,记述有造像题记30种,47题,但所述题记拓制和流传甚少,文字内容

图2-4-1 云冈石窟北魏释迦牟尼坐像

---

① 华人德:《六朝书法》,上海书画出版社,2003年,第66页。

不甚多。其中较为重要的有太和七年（483年）《五十四人造像题记》，题刻于云冈石窟第十一窟东壁，题记长78厘米，高37厘米，主题题记计351字，魏碑楷体，通篇浑然天成，质朴自然，其书法魏楷中隶意明显，捺笔尤甚，虽不甚工整但以意趣取胜。目前发现较完整的北朝题记尚有《比丘尼昙媚造像记》等数种，1956年，云冈石窟文物保护所在修理昙曜五窟之一的云冈第二十窟时，清理露天大佛窟前积土时发现了《比丘尼昙媚造像记》（图2-4-2）。《比丘尼昙媚造像记》书刻于景明四年（503年），高30厘米，宽28厘米，砂岩石质。首尾处略有缺损，其余完好。题记存字110字左右。志文书法为魏碑楷体，其书法用笔方圆兼备，结体平中寓奇。整体感觉宽博开张，厚重雄浑，与北魏《郑文公碑》《刁遵墓志》有异曲同工之妙，为北朝云冈石窟题记之佳品。

图 2-4-2 云冈石窟北魏《比丘尼昙媚造像记》

此题记书法，在结体上中宫紧收、欹侧取势，在用笔上方整隽健，已具有魏碑书法主要特征。

在北朝石窟中最为集中且品格最高，最具代表性的北朝造像题记，当属河南洛阳龙门石窟造像题记。龙门石窟始凿于北魏太和十八年（494年），即北魏孝文帝拓跋宏于太和十七年迁都洛阳前后，之后历经东、西魏、北齐、北周、隋、唐及武周时期、五代、北宋时期均有修建，其中大规模的修建主要集中在北魏和唐代。龙门石窟位于河南洛阳市南伊河两岸，旧称"伊阙"，现存窟龛2100多个，佛教造像10万余尊，造像题记尤多，据清代学者曾炳章《石言》书载，龙门石窟有造像题记3680种，其中北魏时期的题记近千种，堪称北魏书法之碑林。1974年，龙门石窟文物所对龙门碑刻进行了普查与拓制，共统计造像题记2840品。

龙门石窟造像题记书法的艺术价值，在清代黄易访碑重新发现后，受到清代书法家、书法理论家包世臣、康有为等人的极力推崇。龙门造像题记中最为著名的是《龙门二十品》，康有为赞叹道："《龙门造像》，自为一体，意象相近，皆雄峻伟茂，极意发宕，方笔之极轨也。"①

图2-4-3　洛阳龙门石窟奉先寺唐卢舍那大佛　刘灿辉摄

---

① ［清］康有为：《广艺舟双楫》卷四，余论第十九，广西师范大学出版社，2016年版，第267~269页。

康有为在著作《广艺舟双楫》中，将龙门二十品又分为几种风格，在《余论第十九》篇中写道："《龙门二十品》中，自《法生》《北海》《优填》外，率皆雄拔。然约而分之，亦有数体。《杨大眼》《魏灵藏》《一佛》《惠感》《道匠》《孙秋生》《郑长猷》，沉着劲重为一体；《长乐王》《广川王》《太妃侯》《高树》，端方峻整为一体（图2-4-4）；《解伯达》《齐郡王祐》，峻骨妙气为一体；《慈香》《安定王元燮》，峻荡奇伟为一体（图2-4-5）。总而名之，皆可谓之'龙门体'也。"①

龙门造像题记的大量出现，正是北朝佛教繁荣的结果。造像题记

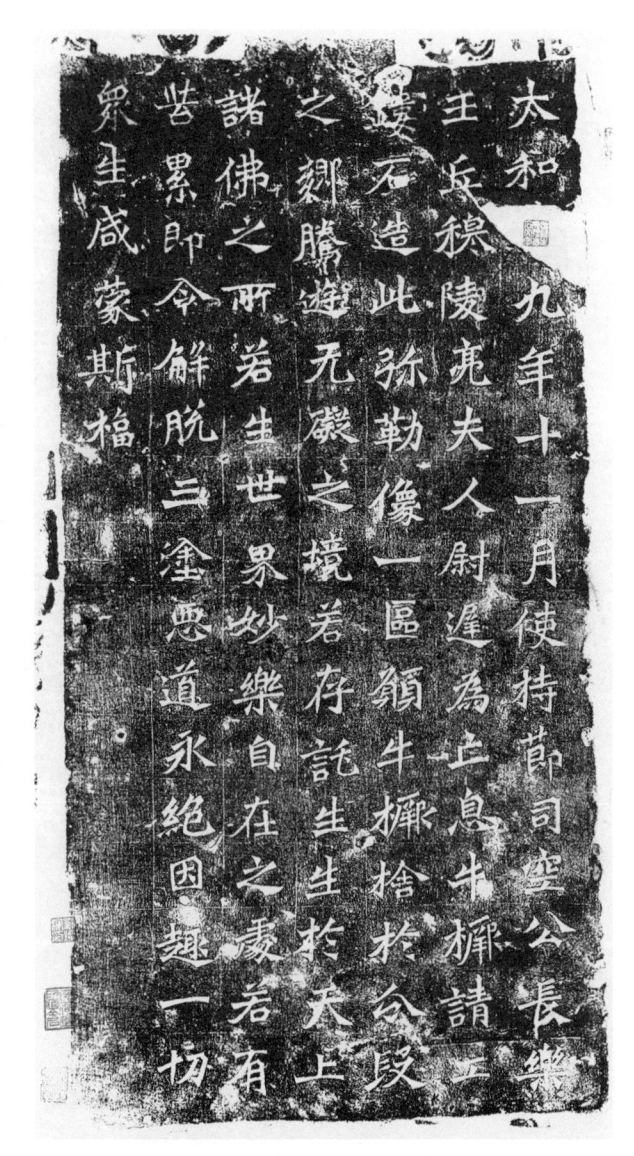

图 2-4-4　北魏《尉迟为牛橛造像记》清拓本　逸荷堂藏

书法是魏碑书法的主要构成体系之一，体现了北朝佛教文化与书法艺术的完美结合。

龙门造像题记中，最早刊印的是民国二年（1913年）关百益的线装本《龙门四品》。龙门四品是指《比丘慧成为亡父始平公造像题记》（图2-4-6）

---

① （清）康有为：《广艺舟双楫》卷四，余论第十九，广西师范大学出版社，2016年版，第267~269页。

图 2-4-5　北魏《慈香造像记》清拓本　逸荷堂藏

《孙秋生、刘起祖二百人等造像题记》（图 2-4-7）《杨大眼为孝文皇帝造像题记》（图 2-4-8）和《魏灵藏薛法绍造像题记》（图 2-4-9）。上述四品是龙门造像书法中的精品力作，后又有"龙门二十品""龙门五十品""龙门百品"等，其中最广为流传的是《龙门二十品》造像题记。龙门二十品除《慈香造像记》在慈香洞内，其余十九品皆在古阳洞中。康有为在《广艺舟双楫·体系第十三》中评云："《慈香造像》体出《夏承》，其为章也，龙蟠凤舞，纵横相涉，阖辟相生，真章法之绝规也。其用笔顿挫沈著，筋血俱露，北碑书无不骨肉停匀，笔锋难验，惟此碑使转斫折，酣纵逸宕，其结体飞扬绵密，大开宋、明之体。在魏碑中，可谓奇姿诡态矣！"

巩县石窟寺中也有造像题记和铭刻186篇，是龙门石窟之外河洛地区规

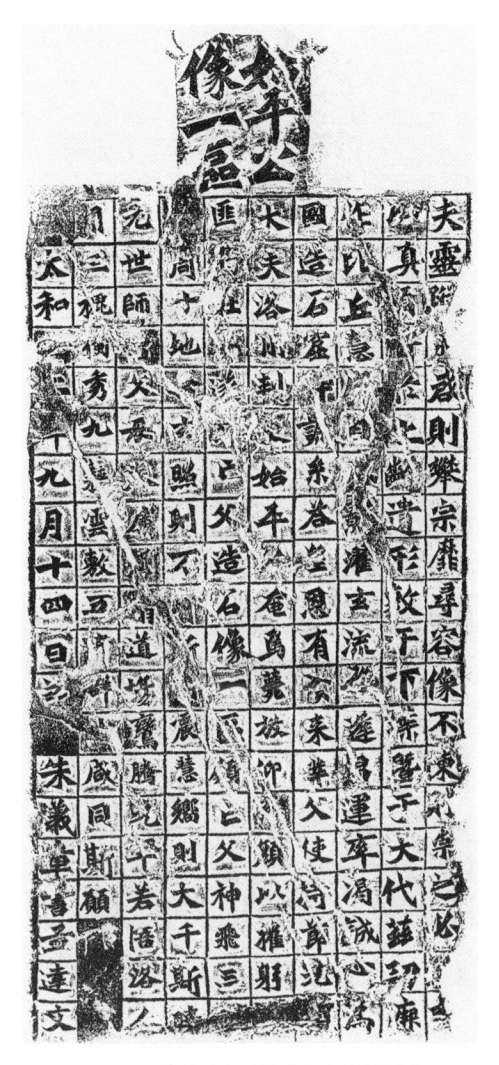

图 2-4-6　北魏《比丘慧成为亡父始平公造像题记》清拓本

图 2-4-7　北魏《孙秋生、刘起祖二百人等造像题记》清拓本　逸荷堂藏

模最大的北朝石窟寺。石窟寺位于巩县东北 9 公里处邙山之东、大力山南的洛河北岸，向西 50 公里左右即是洛阳旧城。寺院为北魏孝文帝所建，石窟第 119 窟龛下，存有唐龙朔二年（662 年）所刻《后魏孝文帝古希玄寺之碑》，碑文所载"昔魏文帝发迹金山，途遥玉塞……电转伊瀍，云飞巩洛，爰止斯地，创建伽蓝"，亦证见北魏孝文帝时期佛教之兴盛。

此寺原名希玄寺，唐宋时期称净土寺，清时称石窟寺。石窟寺有 5 座大窟，3 尊摩崖造像，328 个历代开凿的龛像，以及 7700 余尊造像，亦甚可观。

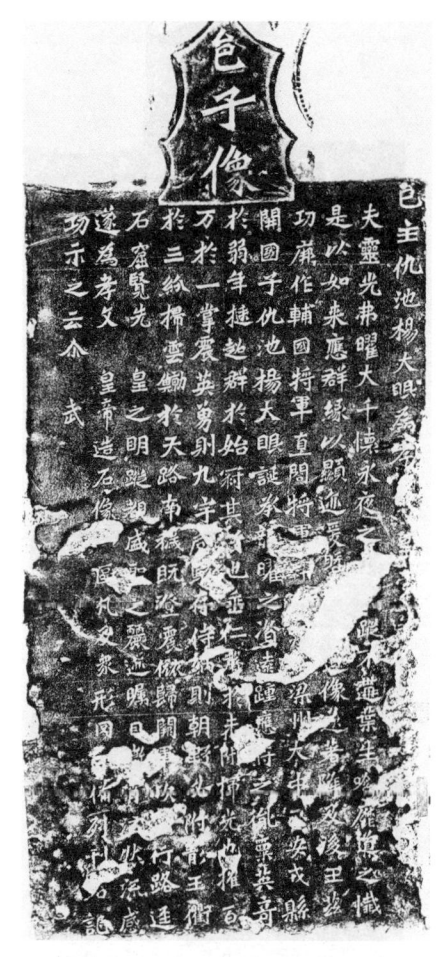

图 2-4-8　北魏《杨大眼为孝文皇帝造像题记》清拓本　逸荷堂藏

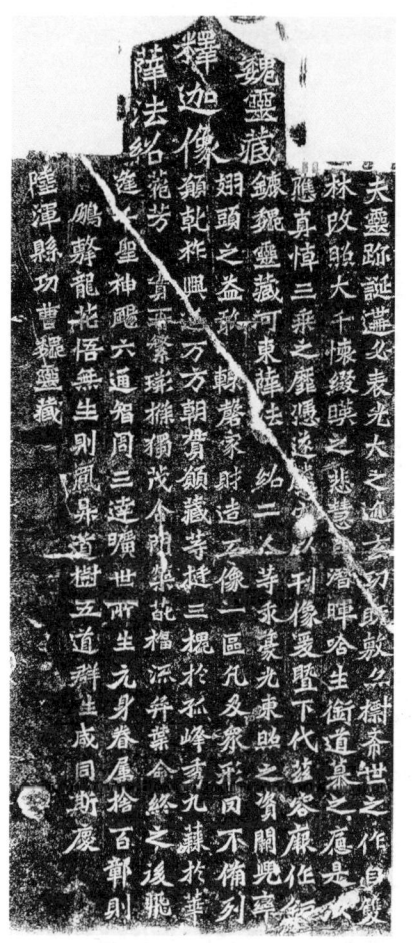

图 2-4-9　北魏《魏灵藏薛法绍造像题记》清拓本　逸荷堂藏

图 2-4-10　龙门石窟北魏《皇帝礼佛图》浮雕　现存美国大都会博物馆　刘斐然摄

其中，有 186 篇造像题记和铭刻，现存北朝题记有 49 品，除北魏普泰元年 1 品外（图 2-4-12），多是东魏、北齐、北周年间所刻，以北齐为最多。题记篇幅不大，结体也较龙门石窟造像题记松散和随意，但仍具有较高的书法价值，特别是在研究北朝河洛地区造像题记风格演变方面，具有很高的学术价值。

巩县石窟最为人称道的是浮雕艺术，巩县石窟中保存有精美而完整的帝后礼佛图、飞天、伎乐等浮雕（图 2-4-13）。尤其是《帝后礼佛图》，被

图 2-4-11　巩县石窟寺东魏天平四年《惠庆造像记》　刘灿辉摄

图 2-4-12　巩县石窟北魏普泰元年（531 年）造像题记清拓本　逸荷堂藏

誉为至今所存北朝浮雕"最精美者"，在中国美术史上具有非常重要的地位。

响堂山石窟是北齐的皇家石窟，位于古邺城地区，即今河北省邯郸市境内。响堂山石窟由北齐高氏皇亲、大臣及高僧开凿，主要包括北响堂、南响堂、水浴寺石窟三处。因其伴随东魏迁都邺城而建，故与洛阳龙门石窟一脉相承。北响堂石窟位于鼓山西坡半山腰间，为高氏皇室所开凿，雕刻精美，有皇家造像之风。主要洞窟有北洞、中洞、南洞 3 座大窟，另有 5 座小型洞

图 2-4-13　巩县石窟北朝飞天浮雕拓本（两局部）

窟和分布在北洞、中洞下方的 10 余处小窟。其中书法内容丰富的是南洞窟，南洞窟内以三壁三龛式雕刻三世佛，在窟顶覆钵内有一小窟，正壁雕刻释迦多室二佛并坐，两侧各雕一佛像，窟内外皆为北齐唐邕所刻佛经。据南洞之外的北齐《晋昌郡公唐邕刻经记》记载；有《维摩诘经》《胜鬘经》《孛经》《弥勒成佛经》各一部，窟前廊柱上还刻有《三十五佛》《二十五佛》《如来妙色声》之偈语。

南响堂山石窟与北响堂山石窟相距 15 公里，有主洞窟 7 个，为北齐天统元年（565 年）灵化寺僧慧义兴凿。其中一、二窟内刻有大量佛教经典，有《文殊般若经》《华严经》等。

敦煌莫高窟以造像、写经、壁画著称于世，但其中北朝造像题记书法甚少。仅知在第二八五窟内题有"大代大统五年"，另一侧题记为"大统四年"字样等。隋唐时期壁画题记则相对较多。

其他诸如甘肃麦积山石窟、安阳宝山石窟、偃师水泉石窟（图 2-4-14）等均有造像题记，虽题记数量相对较少，但均具有较高的书法价值。

图 2-4-14 洛阳偃师北朝《水泉石窟造像题记》 刘灿辉摄

二、佛教造像碑及造像塔题记书法

除石窟寺造像题记和佛寺碑刻外，造像碑书法和造像塔铭书法，也具有很高的艺术价值。因数量众多，这里择其较有代表性者加以阐述。书法较有特色的有《汝南王修治古塔铭》《索阿后造像塔记》以及《刘根等人造像碑》《翟兴祖造像碑》《高海亮造像碑》《刘碑寺造像碑》等。

《汝南王修治古塔铭》，又称《元悦修治古塔铭》（图 2-4-15），原存洛阳古代艺术馆，现存洛阳博物馆。此铭刻立于北魏正光五年（524年），主要记述古佛塔毁坏后汝南王元悦率众修复古塔之事。元悦是孝文帝拓跋宏的第

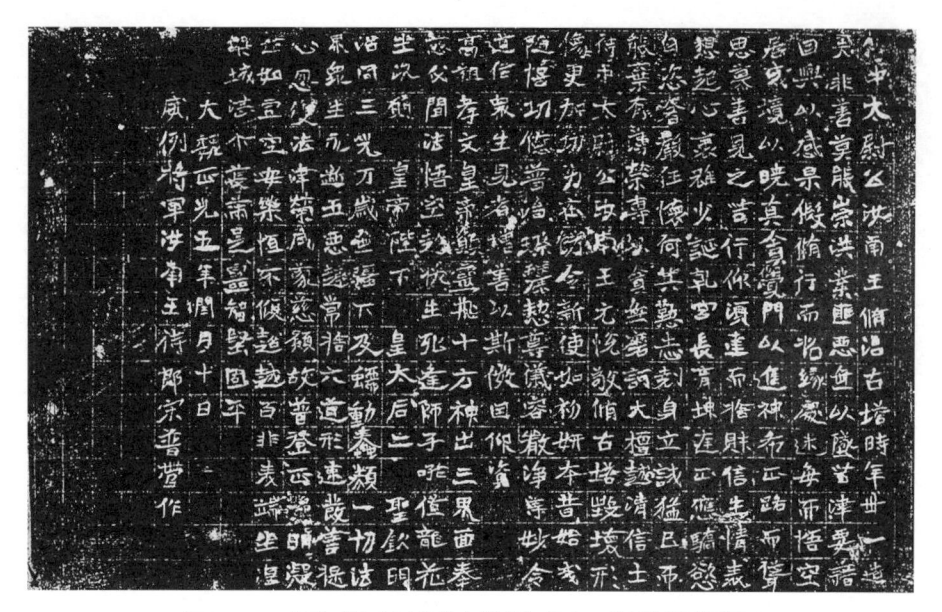

图 2-4-15　北魏《汝南王修治古塔铭》拓本　洛阳博物馆藏石

五子。据《魏书》记载，元悦笃信佛教，喜读佛经、览书史，并在洛阳城中的汝南王宅中译佛经。《汝南王修治古塔铭》铭文共 22 行、行 17 字，其书法古拙浑朴、变化多端而不失法度。铭石尺寸不大，高 31 厘米，宽 47.5 厘米，书风古朴率真，结体自出新意，在魏碑书法中独树一格。中国书协原主席沈鹏先生对此铭书法更是赞誉有加，认为此是区别于方魏和圆魏外的另一种魏碑风格。[①] 此铭书法被当代诸多书家所取法学习。

《索阿后造像塔记》为十六国北凉缘禾四年（435 年）所立，与《北凉且渠安周造佛寺碑》同为北凉时期造像书法之代表作。此塔塔身圆柱形，为经幢式造像塔，刻《增一阿含经结禁品》一段并发愿文。书法古拙紧密，以隶书的笔法书写楷体，方峻之余可得意趣。但结体尚欠推敲，以风格取胜，原石今藏于美国克林富兰博物馆。

《翟兴祖造像碑》为北魏正光四年（523 年）所刻（图 2-4-16）。1964 年出土于河南偃师，1984 年在偃师县南蔡庄宋湾村被文物部门发现并征集。此碑高 110 厘米，宽 40 厘米，厚 11 厘米，呈长方形，系扫逆将军翟兴祖等

[①] 《汝南王修治古塔铭》原石藏于洛阳古代艺术馆，未引起学术界重视，1986 年，时任中国书协主席沈鹏先生及其他京华书法家到洛阳发现后，认为此铭书体风格独具，艺术价值很高，引起国内外书坛高度关注，并掀起一股研究和学习此铭书法的热潮。

图 2-4-16　北魏《翟兴祖造像碑》题记拓本局部　洛阳偃师商城博物馆藏石

人所立造像碑。碑前、后、左、右均有造像，造像形式分高浮雕和浅线刻两种，造像内容分佛龛、佛传故事和施主肖像。此碑正面中间为造像题记，主要叙述以翟兴祖等人发愿造像之内容（图2-4-17）。该碑保存甚好，造像艺术精湛，线条灵动有力，笔法简练精熟，刻工细腻精美，对于研究北魏洛阳寺院分布、佛教造像艺术、文字书法、民族融合等方面有着重要价值。北魏正光年间（520~525年）是魏碑书法的成熟时期，此造像碑书风遒劲精美、点画精到，为造像碑书法之上品，与同为正光四年（523年）的著名的《元秀墓志》《常季繁墓志》《元倪墓志》《高猛墓志》等石刻魏碑书法风格相

图 2-4-17　北魏《翟兴祖造像碑》拓本
逸荷堂藏，原石藏于河南洛阳偃师商城博物馆

近。造像碑刻原石现存于洛阳偃师商城博物馆。

　　《刘根等人造像碑》为横式，中间部分为线刻造像释迦说法图，左右两侧为造像题记和题名（图2-4-18）。造像中释迦牟尼居中座于须弥方座之上说法，有五重图形头光与单莲瓣形火焰纹式背光，顶悬宝盖、释迦牟尼左右两侧各立四菩萨，皆有图形头顶佛光，以减地阴线雕刻，非常精美。题记19行，满行17字，其书法结体茂密，中宫紧收，是典型的"洛阳体"魏碑书风。清光绪年间出土于洛阳城东韩旗屯村，原石现藏河南博物院。

图2-4-18　北魏正光五年（524年）《刘根等人造像碑》拓本与局部　河南博物院藏石

北齐《刘碑寺造像碑》（图2-4-19）刻于北齐天宝八年（557年）。通高398厘米，宽158厘米，厚45厘米，尺寸较大，可称鸿篇巨制。此碑位于河南登封市东南20公里的刘碑村。由时任豫州刺史刘碑等人刻立，形制为螭首扁体造像碑，是目前所知河南现存尺寸最大的佛教造像碑刻。刘碑寺造像碑碑阳以浮雕为主，题记不多。中部左侧榜题"阳大像敕授豫州刺史刘碑"，右侧榜题"发心造像主前奉朝训洛州平正刘方兴"等几处题名。造像题记集中在碑阴，刻有刘碑造像铭，楷书42行，满行13字。铭下刻题名7列，每列49行。书法古朴精劲，浑厚端庄，是北齐书法的扛鼎之作。《金石萃编》等金石书籍对此碑文亦多有记载。

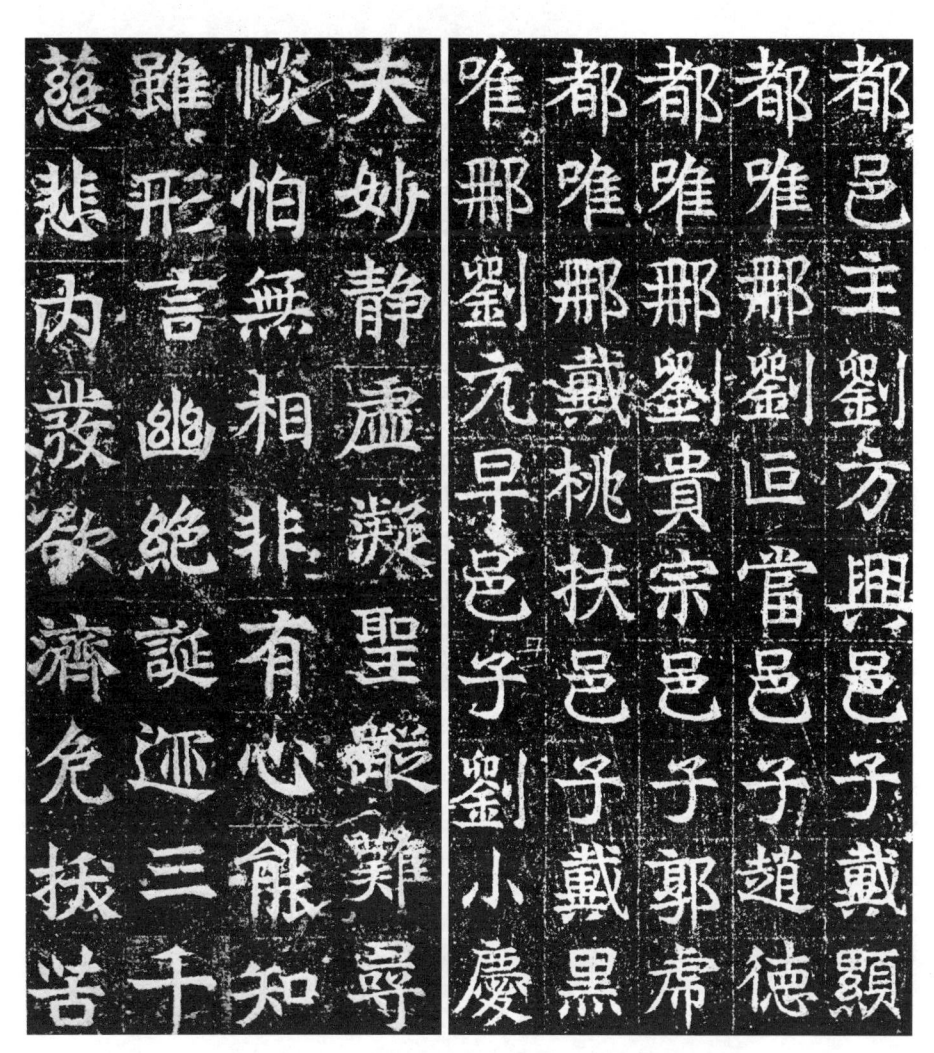

图2-4-19　北齐《刘碑寺造像碑》拓本局部　逸荷堂藏

《高海亮造像碑》（图2-4-20）于1957年10月出土于河南省襄城县汝河西岸，同时出土的还有北齐天统四年（568年）《张伏惠造像碑》、北齐天统五年（569年）《张睒鬼造像碑》，因出土较晚且保护及时，保存较为完整。《高海亮造像碑》碑阳为高浮雕造像，碑阴碑首刻浅浮雕"太子逾城出家"佛传故事，其造型生动，线条优美，主体部分刻造像题记20行，满行17字，题记书法以魏碑体为结体，参以浓厚的隶书笔法，劲健庄重之中饶具变化，是较为典型的北齐书风。

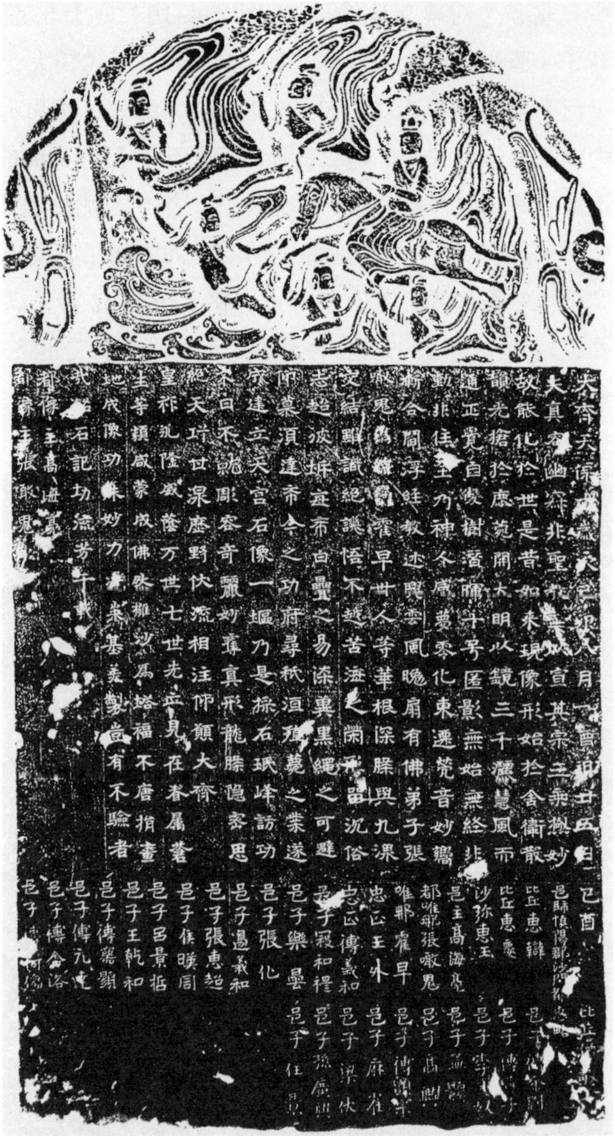

图2-4-20　北齐天保十年（559年）《高海亮造像碑》碑阴题记拓本原石高108厘米，宽57厘米，厚8厘米。1957年出土于河南襄县，现藏河南博物院。

另外，《李道赞等五百人造像记》（图2-4-21）《高神婆一族造像碑》（图2-4-22）《陈廻党等造释迦佛石像》（图2-4-23）和《程段儿造像塔记》《鲍篆造石浮图记》《宋德兴造像碑》《尹受国造像碑》《比丘僧欣造像碑》《韩山靖造像碑》《陈天宝造塔记》《薛安颢造像碑》《吉芶命造像碑》《李显族造像碑》《牛景悦造石浮图记》《强独乐建

图 2-4-21　东魏武定元年（543 年）《李道赞等五百人造像记》原石局部
美国大都会博物馆藏石　刘斐然摄

图 2-4-22　北魏永安元年（528 年）
高神婆一族造像碑局部　刘灿辉摄于美国纽约

图 2-4-23　西魏大统六年（540 年）
《陈廻党等造释迦佛石像》原石局部
上海博物馆藏石　刘灿辉摄

周文王佛道造像碑记》《杨仵女造像碑》《河清三年造像题记》《姜纂造像碑》《敬造无量寿像题记》等造像碑书法，均具有较高的书法艺术价值。

造像塔及造像碑书法，与石窟造像题记是姊妹篇，以和而不同的形式，在竭力弘扬与传播佛教的同时，也传播与留存了中国书法艺术。与石窟造像题记相比，造像碑、造像塔书法因其不受地域和石质的限制，而得到更广泛的传播。

三、佛寺碑刻

佛寺碑刻多为铭记建寺或修造石窟寺所立碑刻。其形制与内容和造像题记不同，亦区别于造像碑与造像塔铭文，是立于佛寺或石窟较为独立的碑刻。佛寺碑刻多为皇家或王公大臣所立，故多见鸿篇巨制，书刻亦较多精心之作，为佛教书法中较具代表者。

北魏《晖福寺碑》（图2-4-24），全称《大代宕昌公晖福寺碑》，是北魏时期具有代表性的佛寺碑刻之一，刻立于北魏太和十二年（488年），原石刻立于陕西澄城县晖福寺内，今藏于西安碑林博物院。此碑刻高299

图2-4-24 北魏太和十二年（488年）《晖福寺碑》拓本

厘米，宽 90 厘米。螭首方座，额题"大代宕昌公晖福寺碑"。以富有装饰意趣的篆书题刻。正面碑文以魏碑楷书书刻，计 24 行，满行 44 字。碑文记载了晖福寺的修建情况及赞誉之辞，碑阴刻有较多少数民族姓氏，颇具史料价值。《晖福寺碑》书法方整端庄，古朴淳厚。在魏碑书风的基础上，略见隶意。康有为《广艺舟双辑注》卷四，将《晖福寺碑》评为妙品上，并称《晖福寺》书法"宽博若贤达之德"。①

北魏永平三年（510 年）刻立的《南石窟寺之碑》（图 2-4-25），碑通高 225 厘米，宽 105 厘米。碑额篆书题写"南石窟寺之碑"，额上又以楷书

图 2-4-25　北魏永平三年（510 年）《南石窟寺之碑》

---

① ［清］康有为：《广艺舟双楫注·碑品第十七》崔尔平校注，上海书画出版社，2006 年，173 页。

题写"石窟寺主僧斌"。碑文为魏碑楷书，计23行，每行30余字。碑文记述其加造者奚康生等人修建石窟寺的功德，碑阴另见50余人题名。民国初年，此碑出土于甘肃泾川王家沟。此碑碑文以魏碑写就，书体古朴茂密，用笔方圆兼备，以方笔为主，具有很高的艺术价值。

《马鸣寺碑》刻立于北魏正光四年，全称《马鸣寺根法师碑》（图2-4-26），原石立于山东省广饶县人王镇（原乐安县大王桥），现已移至山东石刻艺术博物馆保存。额首竖题魏碑楷书"马鸣寺"三字，之下又题"魏故根法帅之墓碑"，再下方刻碑文23行，满行30字，题额及碑文均为魏碑楷体，碑文记述了根法师的生平及事迹。

图2-4-26 北魏《马鸣寺碑》拓本

《马鸣寺碑》之书法结体欹侧取势，用笔方圆兼备，点画间已开隋唐楷体之先河。康有为《广艺舟双楫·碑评第十八》云："《马鸣寺》若野竹过雨，轻燕侧风。"①并认为苏东坡书风取法类于此碑，云："《马鸣寺碑》侧笔取姿，已开苏派，'在''汶''北'等字，与坡老无异。"事实上唐代徐浩书风与此碑最为接近，而苏东坡又取法于徐浩，可见书道此一脉之传承也。

刻立于东魏兴和二年（540年）的《敬使君碑》（图2-4-27），亦在佛寺碑刻书法中颇具代表性。此碑又称《禅静寺刹前铭》《敬显㑺修禅静寺碑》

---

① ［清］康有为：《广艺舟双楫注·碑评第十八》，崔尔平校注，上海书画出版社，2006年，182页。

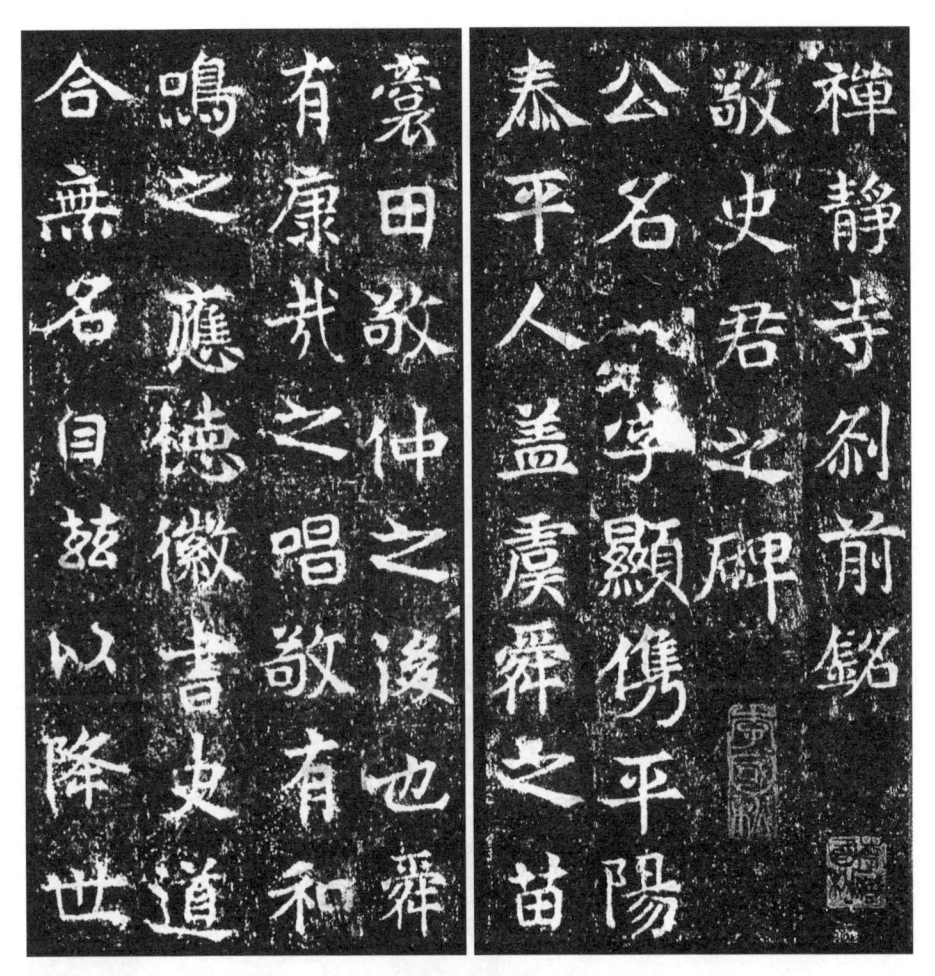

图 2-4-27 东魏兴和二年（540 年）《敬使君碑》

等。此碑在河南省长葛市，清乾隆三年（1738 年）出土，后移至陉山书院。此碑书法于魏楷中见篆意，劲健中藏典雅，独具风貌。碑文计 2500 余字，书刻俱佳。清王昶《金石萃编·东魏一》载："《敬使君碑》，碑高六尺八寸，广三尺五寸。二十六行，每行五十一字，正书。在长葛县陉山书院。"又载"碑阴分六列，第一、二、三列各三十行，四列五行，五列二十八行，六列六行，并正书。"[①]杨守敬赞此碑书法云："化方为圆，暗用篆笔，而流美无对。"又云"余谓六朝正书多隶体，此独有篆意，古意精劲，不肯作一姿媚

---

① ［清］王昶：《金石萃编·东魏一》，陕西人民美术出版社，1990 年。

之笔,自是老成典型。若谓欧、褚前驱,恐不相及,而亦不必祖欧、褚也。"康有为亦赞云:"《敬显儁》若闲鸥飞凫,游戏汀渚。"将其称为静穆茂密之宗,列为北碑之"逸品上"。①

另有北魏永平二年(509年)《嵩显寺碑》、东魏天平二年(535年)《中岳嵩阳寺碑》等佛寺碑刻,共同构成北朝佛寺碑刻书法的斐然篇章。

四、纪年佛像铭文书法

纪年佛像与造像碑刻之不同主要在其形制,纪年佛像在此特指在圆雕佛像上带有铭刻文字者,其质地有石、金、玉、铜等。今见最早纪年佛像为后赵建武四年(338年)释迦禅定坐像,今藏于美国旧金山亚洲艺术博物馆。造像为铜质鎏金,像座后方刻有楷隶相间的纪年铭文(图2-4-28)。

纪年佛像起源于汉代佛教初传时期,后历经了南北朝的鼎盛时期、隋唐时期的黄金时代。五代及宋辽金后,佛像呈现世俗化的倾向,元代的蒙古贵族信奉藏传佛教,此后造像风格受到印度、尼泊尔风格影响较大。

南北朝时期,金铜佛造像和石雕佛像是人们崇尚佛教的重要表现方式之一。据《洛阳伽蓝记》载,仅洛阳一地就有佛寺千余,其中永宁寺有九层浮图一所,架木为之,举高九十丈,有刹复高十丈,合去地一千尺。去京师百里,已遥见之。位于南方的宋、齐、梁、陈各朝帝王、贵族、僧众塑造

图2-4-28 后赵建武四年(338年)释迦禅定坐像
美国旧金山亚洲艺术博物馆藏 晋小雁摄

---

① [清]康有为:《广艺舟双楫注·碑品第十八》,崔尔平校注,上海书画出版社,2006年,第182页。

了大量的佛像，多以金铜制成用于供奉，数量逾百万之多，可谓大观。

《曹望憘造像题记》（图 2-4-29）是较具影响的纪年造像书法，其题记刻于造像底座。此石刻工精致，最为人称道的是其浮雕十分精美，题记书

图 2-4-29（1） 北魏正光六年（525 年）《曹望憘造像记》拓本
美国宾夕法尼亚大学博物馆藏石

图 2-4-29（2） 北魏正光六年（525 年）《曹望憘造像记》原石局部
美国宾西法尼亚大学博物馆　刘灿辉摄

法中宫紧收，气韵开张，是较为典型的"龙门体"魏碑书风，具有很高的艺术价值。此石曾由著名金石收藏家陈介祺所藏，据传民国十年（1921 年）流入法国，为法国国家博物馆收藏。2015 年，笔者赴美考察，发现此原石已转藏入美国宾夕法尼亚大学博物馆。曹望憘为北魏时襄城将军、柏仁令、齐州魏郡魏县人。此佛座之石刻线画，雕刻精致，风格鲜明。据题记可知此造像为弥勒，在佛教传说中，为三世佛中的未来佛。据《弥勒下生成佛经》等记载：弥勒生于婆罗门家庭，成为佛弟子。释迦牟尼灭度后，又经四千岁下生人间，于华林园龙华树下应世。虽未成佛，但造像中仍以正觉菩萨身份供养，同作为主尊二佛之一。在南北朝，常作交脚或立像菩萨造型。

《曹望憘造像题记》拓本合造像座四面为一幅，上下共四层。第一层中画莲花结实，上生菩萨托一博山炉，左右各蹲坐一狮，上飞一对翔凤。第二层画戴冠饰穿朝服的帝王形象者，右手举一博山炉，双袖搭在身旁的侍者腕上，后者侍从擎一伞盖，上饰流苏；一执扇者和二手捧礼器者相随，后有一童子手牵高头骏马，马佩宝鞍，气宇轩昂。第三层画一女性托博山炉，旁有两双髻女侍，三人姿势与上同，后有侍者擎障扇和举荷花等礼器者，最后画支棚方形轿，一牛驾辕，一侍女牵引。第四层为魏碑楷书题记。拓本全面地反映了北魏时期上层人物的衣装、车辆形象等，生动再现了当时的人们生活情况以及线描绘画及碑刻技艺的精湛水平。

概言之，纪年佛像中的书法铭文，字数相对较少，多刻于造像下部或背部，或造像座四周，主要用于记述造像的年代或造像姓名所用，如北魏皇兴五年（477年）石交脚弥勒像（图2-4-30），北魏孝昌三年（527年）扈文显造像（图2-4-31）。从整体上看，其书法价值相对低于石窟造像题记及造像碑、塔书法，但其纪年佛像题记中亦不乏少字精品出现。同时，其准确的纪年对于研究佛像雕塑艺术与风格的传承嬗变起到了至关重要的作用，也为书法风格演变的研究提供了直接的资料。

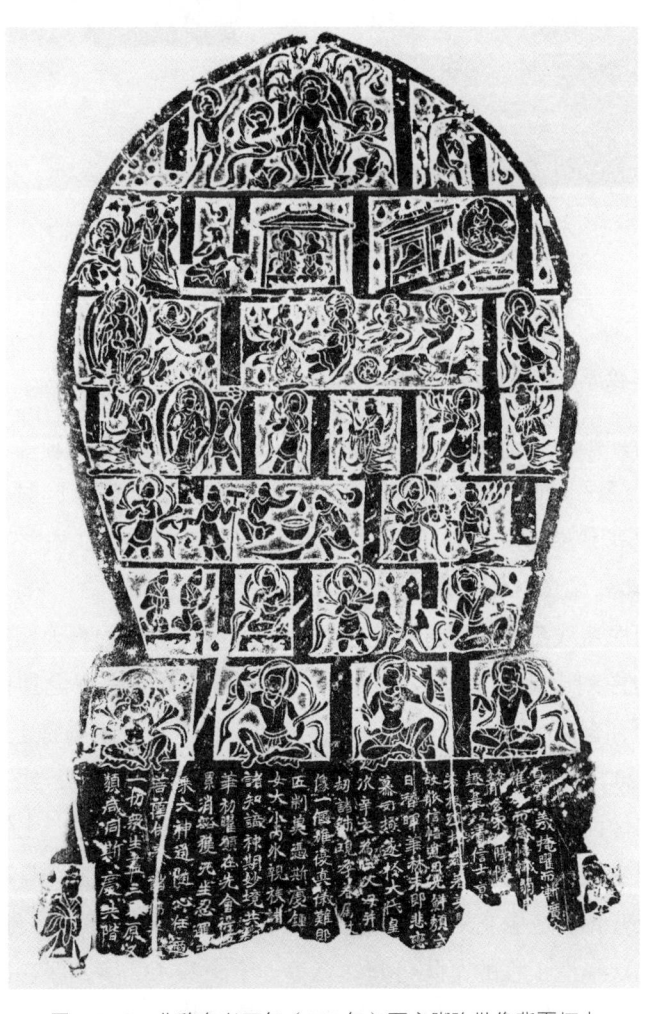

图 2-4-30 北魏皇兴五年（477年）石交脚弥勒像背面拓本

图 2-4-31　北魏孝昌三年（527 年）扈文显造像后侧及拓本
郑州市博物馆藏石

五、佛教摩崖石刻写经与题记

北魏时期佛教与书法的常见结合形式为造像题记、造像碑等。至北齐时期，佛教刻经逐步成为佛教与书法艺术相结合的主要方式，同时亦有大量的写经、造像等佛教相关书迹，但以佛教摩崖石刻最具代表性和影响力。

（一）北朝摩崖刻经先声

青天河摩崖线刻观音经像，是中国目前发现的最早的有确切纪年的刻经造像。此造像刻于北魏永平二年（509年），刻在于河南博爱县青天河峡谷的峭壁之上，直至20世纪80年代才被发现。造像刊刻于峭壁上一处宽150厘米、高120厘米的平整崖面，崖面中部为观世音造像线刻，线条流畅，造型优美。佛像面部清秀，唇上有"八"字形髭，头戴花蔓冠，上饰华盖，左手持荷叶忍冬，右手持莲台，着长裙跣足立于覆莲宝座之上，身后有圆形头光和莲瓣型背光。造像左刻"妙法莲华经普门品第廿四"序和修丹道的事迹，右刻率领此次修造工程的军队将领姓名等。全文共432字，保存完好，字体为魏碑正书，结体俊逸，线条舒张，为摩崖魏碑书法之佳作（图2-4-32）。

图 2-4-32　北魏永平二年（509年）河南博爱县青天河摩崖线刻观音经像及题记拓本

（二）北朝刻经盛况及成因

在著名的河北邯郸响堂山石窟所刻《唐邕写经碑》中写道："缣素有坏，简策非久，金牒难求，皮纸易灭，于是发七处之印，开七宝之函，访莲花之书，命银钩之迹，一音所说，尽勒名山。"刻佛经于石，以求"一托贞坚，永垂昭晰"。虔诚的信徒认为将佛经刻于石壁，可以使佛经弘扬并得到长久保存。

南北朝摩崖石刻以山东境内《四山摩崖》和《泰山金刚经》（图2-4-33）最为著名。《四山摩崖》刻于北齐武平六年（575年）至北周大象二年（580年）之间，包括尖山、铁山、冈山和葛山。摩崖书法多结体宽博，多在楷书中参加隶意，多有雄厚古穆之象。位于山东泰山经石峪的《金刚经》也是北方刻经中的名作。其书法风格饱满圆浑，庄重含蓄，时见舒展之笔态，亦有雷霆万钧之势。两者均属于隶楷结合过渡时期书法。

（三）北朝刻经及书法风格

北朝刻经，多以楷书或隶书写就，也有介于隶、楷之间的过渡书体。属

图 2-4-33　泰山经石峪北朝《金刚经》摩崖石刻　刘灿辉摄

较为典型的隶书书体有北响堂山石刻《维摩诘经》（图 2-4-34）《无量义经》《唐邕写经碑》和南响堂山《华严经》等。

响堂山位于河北省邯郸市，为太行山之支脉，分为南响堂山和北响堂山。南响堂山原称滏山，北响堂山原称鼓山。东魏、北齐年间，皇家贵族先后在响堂山上修造了滏山石窟寺和鼓山石窟寺，其后隋、唐、宋、元、明、清时期皆有不同程度的修造，明代后两寺统称响堂寺。响堂寺石窟现存大小石窟 30 余座，造像 4300 余尊。响堂山石窟刻经主要分布于北响堂寺的刻经洞内外及南响堂寺的第一、三、四窟内壁。响堂山刻经书法结体成熟，精劲有度，平正含蓄，于端庄中见疏朗之态。

属于较典型楷书的有山东汶上水牛山北齐《文殊般若经》（图 2-4-35），被清代书法家包世臣誉为"浑穆简静，自在满足"。① 其楷书略参隶意，古朴浑厚，有齐鲁之风，更具沉稳庄重之态。龚定庵诗云："南书无过瘗鹤铭，

---

① ［清］包世臣：《艺舟双楫》，引自《历代书法论文选》，上海书画出版社、华东师大古籍整理研究室选编校点本，上海书画出版社，1979 年，第 651 页。

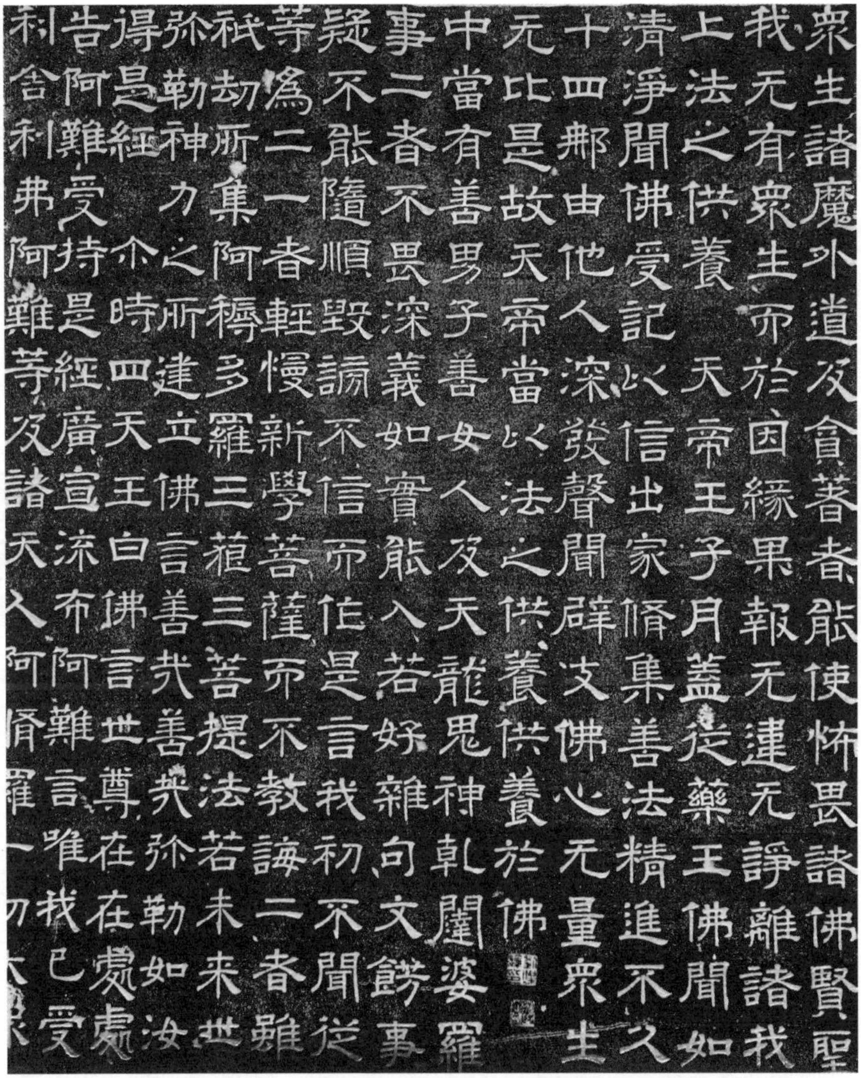

图 2-4-34 北响堂山北朝刻经拓本（局部） 逸荷堂藏

北书无过文殊经"。梁启超跋曰："写经既出北齐人手，此刻结体用笔颇多与经石峪相近，其为同时代无疑，但其渊懿茂密之气，确远出诸摩崖上，定庵推许非太过也。"① 对此摩崖石刻书法评价甚高。

北齐娲皇宫刻经（图2-4-36），位于河北省邯郸市涉县中皇山上。据载

---

① 梁启超：《文殊般若经碑跋文》，引自冀亚平、贾双喜主编《梁启超题跋墨迹书法集》，荣宝斋出版社，1995年，第226页。

图 2-4-35　山东汶上北朝《文殊般若经》拓本局部　国家图书馆藏梁启超题跋本

图 2-4-36　娲皇宫北朝刻经拓片局部　逸荷堂藏

在汉文帝时期，即修造有小规模的石室与神像。至北齐时期，文宣帝高洋在此兴建了颇具规模的行宫，因文宣帝信奉佛教，喜刻经像，遂于此开凿石室，镌刻造像，并刻经于石壁。千百年来，娲皇宫历经数代，屡遭焚毁，今日所见，多为明清建筑，而北齐遗迹，仅留石窟与摩崖刻经。崖壁现留石窟3处，除娲皇阁底基石窟外，其右侧另有"眼光""蚕姑姑"二窟，窟内石像已遭破坏，残缺不齐，唯内壁环刻经文较为完好。山顶娲皇阁外山崖上有北齐时期的摩崖刻经，被誉为"天下第一壁经群"，在我国佛教文化中享有盛名，有《思益梵天所问经》《十地经》《佛垂般涅盘略说教诫经》《佛说孟兰盆经》《深蜜解脱经》《妙法莲花经》等佛教经典。总刻经面积为165平方米，1187行，137400余字。现存摩崖刻经时期早，字数多，极为珍贵，有很高的研究价值，为历史学家和书法家所珍视。其书法承魏碑楷书之特征，字体呈欹侧之势，强调捺笔，并融入隶书笔意，楷隶融合，是魏碑体在北朝晚期的嬗变和延续。

《冈山刻经》（图 2-4-37）是具有独特风格的摩崖写经，其书风亦楷亦隶，甚至接近宋体字的写法，亦有学者认为是书写者缺乏自信描摹而致，书法富有装饰意趣，结体亦不拘一格，饶具别姿。

另外，楷隶结合的书风亦较多，如著名的《泰山经石峪金刚经》、北响堂山石刻《唐邕写经记》《北齐徂徕山摩崖刻经》（图2-4-38）等，则多为楷、隶融合的书风。

（四）唐邕、安道壹及摩崖石经的书写者

北齐刻经的修造和书写者中，唐邕、安道壹及其弟子是主要人物。

唐邕，字道和，生年不详，卒于隋开皇初年。太原晋阳（今山西太原）人。唐邕性识明敏，才能卓越，太昌元年（532年）被推荐作北魏孝武帝的丞相、柱国大将军高欢的幕僚，在兵曹掌文书账簿。天保元年（550年）

图 2-4-37 北朝冈山刻经拓本局部

五月，高洋废孝静帝自立为文宣帝，建立北齐政权，唐邕被任命为给事中兼中书舍人，封广汉乡男。天保三年（552年），高洋亲自率军赴代郡征讨库莫奚，唐邕随帝出征。唐邕临危受命并获得战功，表现出了他的军事才能。然而对于唐邕的书法，书史却少有提及，可见唐邕在修造刊刻佛经时，主要目的应是佛经的保存与流传。

安道壹是北齐年间名僧，以书法而著称。其弟子赞颂其"书工尤最"，并盛赞安道壹书法造诣比肩王羲之和韦诞，甚至超越张芝和钟繇，此说虽显

图 2-4-38 北齐徂徕山摩崖刻经

偏颇，但能从侧面反映出安道壹在当时受推崇的程度。山东汶上《文殊般若经》下方右侧，刻有"僧安道壹"款识，在尖山、铁山刻经中均可见安道壹之题名（图2-4-39）。安道壹及其弟子所书刻的摩崖

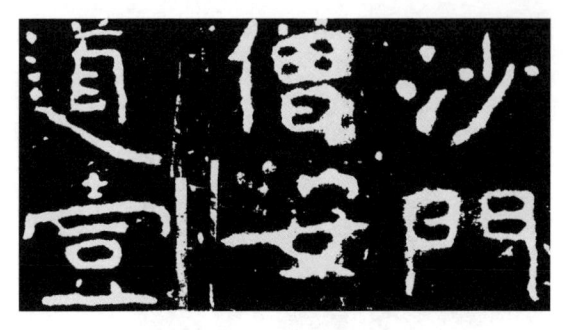

图 2-4-39　北朝摩崖石刻《安道壹题名》拓本局部

佛经，在北齐时期为弘扬佛教开辟了新的途径，同时也为书法史留下了宝贵的财富。

六、敦煌写经及三国两晋南北朝写经书风分类

敦煌莫高窟是中国三大著名石窟之一，位于新疆以东的河西走廊，河西走廊地区是佛教艺术东传中原的重镇。莫高窟坐落在甘肃敦煌市东南方向25公里的鸣沙山东麓，因自然变化原因，鸣沙山东麓形成高达数十米的断崖。敦煌石窟的开凿者因地制宜，将石窟开凿在断崖之上，石窟南北走向，长约1.5公里。初凿于十六国时期，后历经北朝、隋唐、五代、宋、西夏及元代均有修建，至明代曾一度荒废。直至清光绪二十六年（1900年），敦煌道士王圆箓在清扫石窟时偶然发现了藏经洞，洞窟内储藏有经卷文书3万余件，还有大量的珍贵文物，佛教文献约占九成之多，其中大量的佛教写经，是佛教与书法艺术的宝藏。

敦煌写经，以其时间跨度长、数量多、书法风格多样而在书法史上有很高的地位，亦有诸多著作来论述和研究敦煌书法，从书体、书写工具、书写内容、纸张等多方面均有详细的论述，近现代在新疆地区也相继发现了大量佛教相关写本，可称古代书法之宝库。

笔者通过对三国两晋南北朝时期写经书法的分析研究，将这一时期的写经书法概分为六种风格，现分别概述之。

（一）朴拙天真

书写于北魏兴安三年（454年）三月的《大慈如来告疏》（图2-4-40），1944年8月发现于敦煌莫高窟土地庙残塑像中，今藏于敦煌研究院。"告疏"是多见于民间佛教文书的一种形式，其书写者多为民间书手。此写本为黄麻纸，高21.7厘米，宽37.2厘米，楷书体，卷末署名为谭胜所书。此卷书法稚

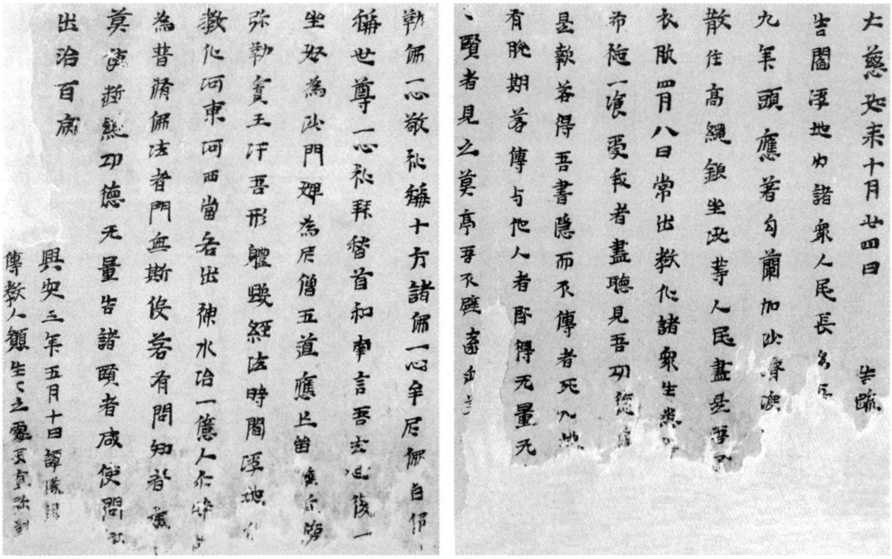

图 2-4-40　北魏兴安三年（454 年）《大慈如来生疏》写本局部

拙天真、古朴自然，颇具北朝民间书风之意趣。

（二）浑厚庄严

敦煌藏经洞所出《增一阿含经高幢品》（图 2-4-41）应为南北朝早期作品，以细麻纸书写。高 24.3 厘米，宽 1065.5 厘米。卷末署有沙门释惠䜣题记，为僧侣书家所写。此写本书法用笔沉稳，略见隶意，结体平中寓奇，呈浑厚庄严之意态，亦开北朝《经石峪》刻经书法之先河。是写经中浑厚庄严风格的代表。

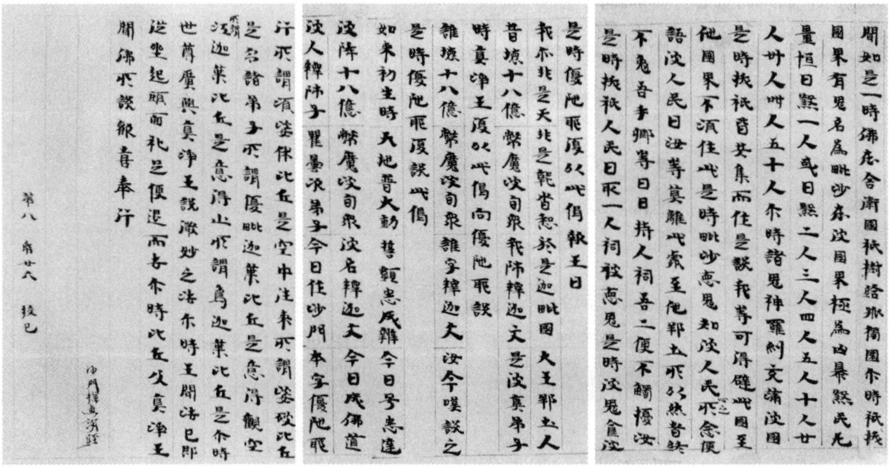

图 2-4-41　南北朝《增一阿含经高幢品》写本

（三）奇逸灵动

敦煌莫高窟藏经洞中所出《大智度论卷第七十二》（图2-4-42）是敦煌写本中奇逸灵动一路书风的代表作品。此经卷书写于东晋十六国时期，以黄麻纸写就，高25厘米，宽约850.4厘米，每行约19~25字左右。《大智度论》为印度龙树造，后秦鸠摩罗什译出。此卷为《大智度论》之第七十二卷，曾为黄宾虹旧藏，今藏于浙江图书馆。此卷书法结体欹侧取势，奇逸灵动，楷隶相融，妙不可言。

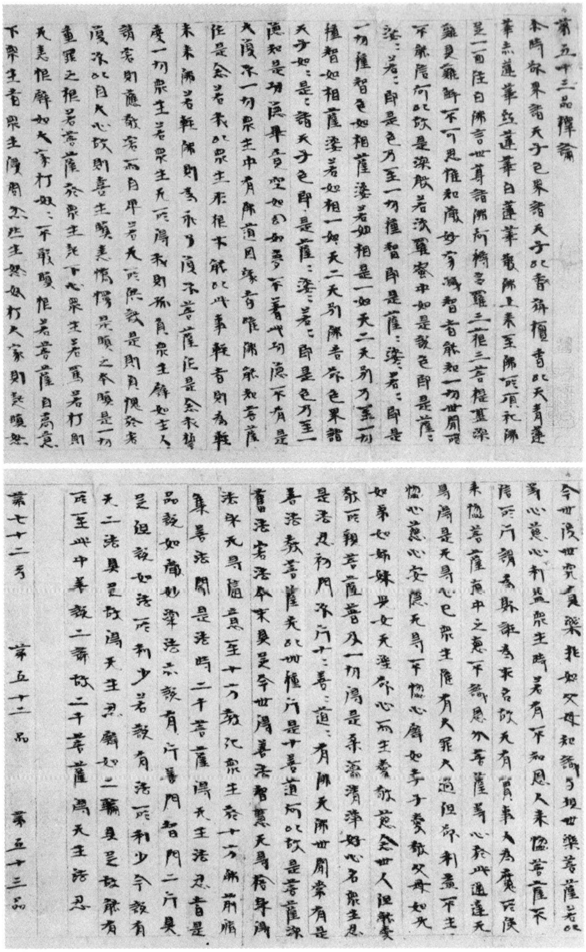

（四）方正刚健

方正刚健是"北凉体"书风的核心特征，

图2-4-42 东晋《大智度论卷第七十二》写本

北凉《佛说菩萨藏经第一》（图2-4-43）即是"北凉体"写经之典范。此书风结体多横向取势，字形扁平，字中有横画者多以横画统领全字，隶意浓厚，劲健有力。与同时期刻石文字基本相同，如《酒泉田弘石塔刻经》《沮渠安周造佛像碑》及《敦煌索阿后石塔铭》等。

（五）魏碑风神

北魏时期的写经，和同时期魏碑书风风格并无二致，诸多经卷呈现出了欹侧取势，中宫紧收，斜画紧结，茂密劲健，用笔方正的魏碑特征。如英藏敦煌文献斯坦因1427号北魏永平四年（511年）《成实论明因品》（图2-4-44）；斯坦因S341号北魏延昌二年（513年）《楼炭经卷第七》等。上述二经卷分别由官方经生曹洁寿和张显昌写就，并由官方典经师今狐常哲监制。据此可知，

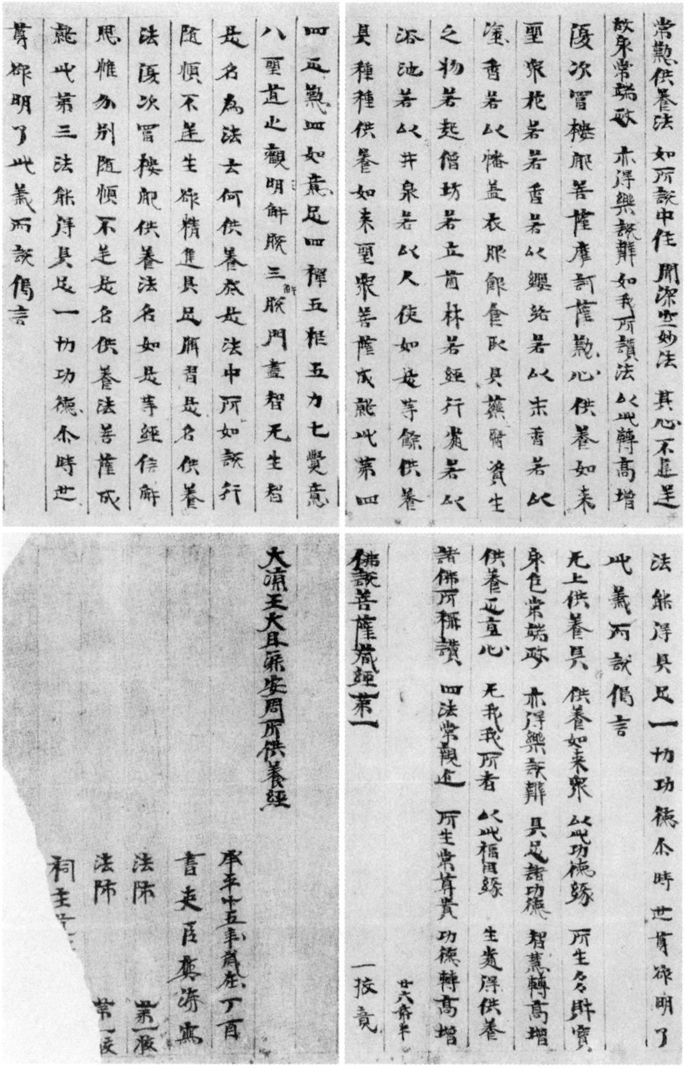

图 2-4-43　北凉《佛说菩萨藏经第一》写本选片

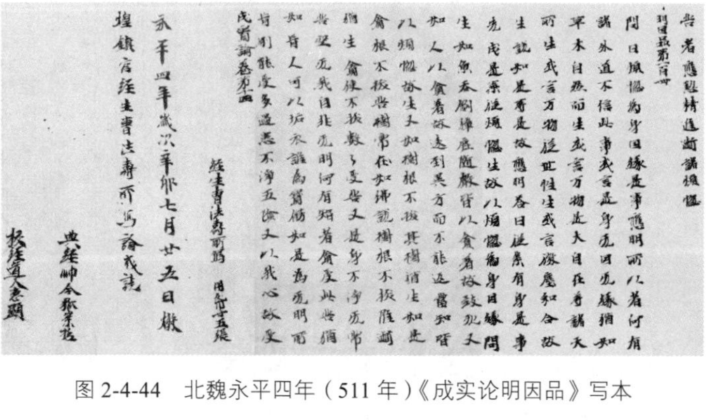

图 2-4-44　北魏永平四年（511年）《成实论明因品》写本

这一书风为北魏时期官方认可的一种字体，亦可列入"魏碑体"之范畴。

（六）逸笔行云

敦煌写经及三国两晋南北朝写本中，亦见行书及草书写本，如北魏普泰二年（532年）的《律藏初分卷第十四》（图2-4-45）、西魏大统二年（536年）的《法华经义记第一》（图2-4-46）等，已显示出较为成熟的行草书用笔及结体。

如上所述，敦煌写经及所出相关书法遗存，是佛教与书法艺术相融合的经典之作，在佛教史上和书法史上均具有重要地位和深远影响。

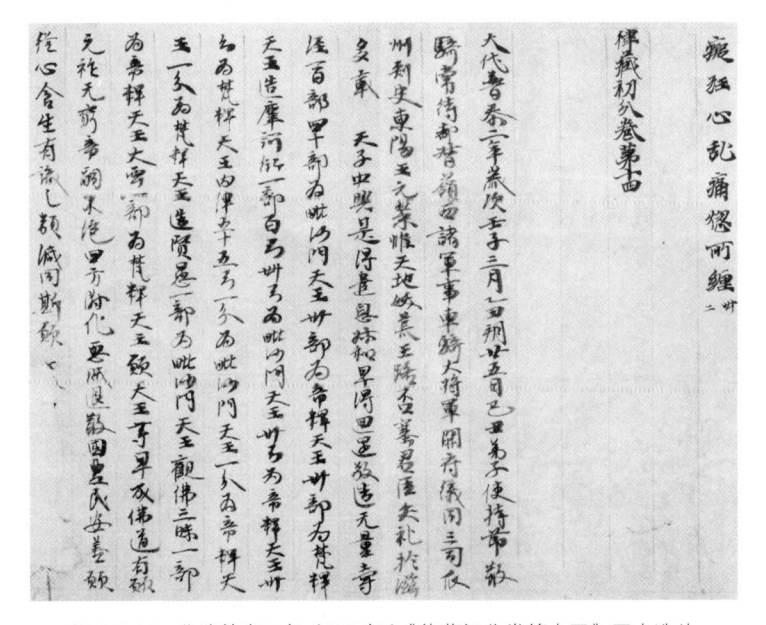

图2-4-45　北魏普泰二年（532年）《律藏初分卷第十四》写本选片

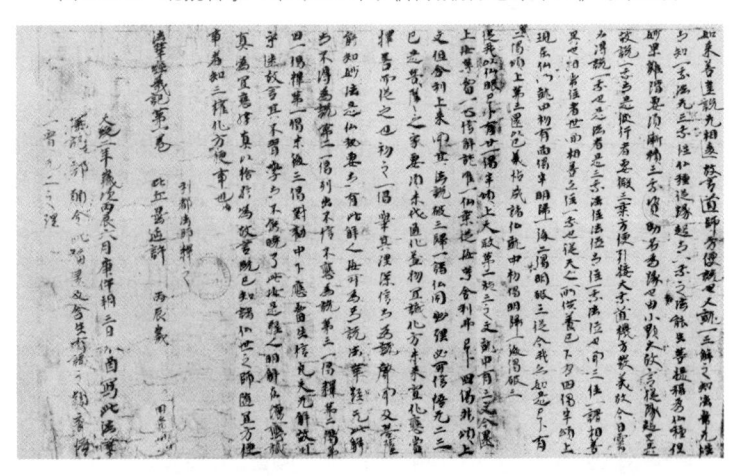

图2-4-46　西魏大统二年（536年）《法华经义记第一》写本选片

第三章　隋代佛教与书法的复兴

隋唐时期是我国封建社会发展的黄金时期，亦是佛教发展从兴盛到鼎盛的时期，隋唐时期的佛教前承南北朝，后启宋元，达到了全盛的状态。

隋文帝杨坚"以佛立国"，定佛教为国教，大规模地修建佛寺，佛寺碑刻大量刻立，留下了一大批佛教书法石刻遗存。至今可见的碑刻以《龙藏寺碑》《启法寺碑》《龙华寺碑》为代表。伴随着南北的统一，隋代书法也融合南北朝书风于一体，既具北朝书风之劲健，又见南朝书风之秀丽，自开一代楷则。隋文帝于仁寿元年（601年）敕令全国三十州同时起佛塔供奉舍利子，建塔之地多刻立舍利塔铭，亦是隋代书风之见证和传承。

隋代墨迹，流传至近代者并不多见。然自20世纪初敦煌石窟的发现，大量的隋代佛教写经得以重现于世，至今可见明确为隋代的经卷有近百件之多。隋代书法墨迹乘佛教之力，得以展现于当世，丰富了书法史，并将隋代书法的当代研究带入了新的领域。隋代书迹多不署姓名，至今可知名者计20余人，其中僧侣书家有智永、智果、敬脱、僧述、僧特等，在隋代书家中占据了主要地位。可以说，隋代书法史的主要篇章是佛教文化及相关书迹写就的。

第一节　隋代佛教复兴的背景

隋朝（581~618年），是中国历史上承南北朝下启唐朝的大一统朝代。581年2月，杨坚立隋，定都于大兴（今陕西西安）。589年灭陈，统一中国，结束了自西晋末年以来近三百年的分裂局面。605年，隋炀帝继位，以举国之力开凿了贯穿南北的大运河。618年，宇文化及等人发动兵变，杀死隋炀帝。隋恭帝杨侑让位于李渊，唐朝建立。619年，王世充拥立的杨侗也被废，隋朝遂亡。

隋朝结束了魏晋南北朝以来的分裂局面，实现了中国的统一。隋文帝杨坚，出生于冯翊（今属陕西大荔）般若寺中，在统一中国后，对佛教推崇备至，以佛教治国，以"替国行道"，从而使佛教得以迅速发展，并大规模修寺、造像。据《隋书》载，隋文帝时期，全国共修建佛寺四五千所，佛寺僧尼多达50万之众，抄写的经书更是达到了3万卷以上，比当时的儒家书籍多出"数十百倍"。[1] 隋代佛教题材书法在隋代书法史上具有重要地位。

第二节 佛教书法在隋代的发展

隋文帝杨坚在开皇九年（589年）灭陈，结束中国南北分裂的格局后，文化艺术也形成了南北融合的局面。隋文帝杨坚家族是西北地区的贵族，杨坚禅承宇文周之帝位，在文化上属于北朝体系；而南朝的贵族由于地域上的长期隔阂，在文化上与北朝有一定的差异。宋赵孟坚评论道："北方多朴，有隶体，无晋逸雅。"[2] 清代书法家及理论家阮元在其著作《南北书派论》中云"南派乃江左风流，疏放妍妙，长于启牍，减笔至不可识"，又云"北派则是中原古法，拘谨拙陋，长于碑榜"。[3] 清刘熙载也提出"北书以骨胜，南书以韵胜，然北自有北韵，南自有南之骨也"。[4] 可知在隋代之前，南北书风的差异是比较明显的。

隋代书法融合了南北朝书法的特点，秉承北朝之骨力，兼收南朝之秀气。张宗祥在《书学源流论》中道："隋碑字体大小、同笔结构几乎无不同者，惟停匀工致是求，瘦硬是贵。字体虽小，笔无不尽之锋，锋无不尽之势，是游行界格之中，而无局促不安之弊，玩弄晋人之洒脱，复非魏、齐之雄肆。盖魏、齐之间，殆如百乐齐鸣，箫管鼓鼙各尽其声，至隋皆息，琴音

---

[1] ［唐］魏徵、令狐德棻：《隋书》，中华书局，1973年，第1099页。
[2] ［宋］赵孟坚：《论书法》，引自《历代书法论文选续编》，崔尔平选编，上海书画出版社，1998年，第157页。
[3] ［清］阮元：《南北书派论》，引自《历代书法论文选》，第630页。
[4] ［清］刘熙载：《艺概》，引自《历代书法论文选》，第697页。

独奏。"①以音乐比喻巧妙论述了隋代统一后六朝书风融合为隋代新体的过程。因隋代存在时间较短,虽然促成了南北书风的互为融合与汲取,但未能进入完全成熟的状态。隋代书法以碑刻和写经较具代表性,隋代碑刻多呈现质朴端庄、拙中寓巧的特点。纵向观之,隋初书法多保留质朴自然的风貌,受北朝的影响较多;末期则融合了南北书法之特点,趋于秀丽精致。隋代佛教兴盛,与佛教相关的著名书法碑刻甚多,较具代表的有《龙藏寺碑》《启法寺碑》《龙华寺碑》(图3-2-1)《青州舍利塔下铭》(图3-2-2)《宜州神德寺舍利塔铭》《僧璨大士砖塔铭》《陈黑囵造像记》等。在流传甚多的隋代写经中,风格也呈现出南北书风并存的特点,如开皇十三

图 3-2-1　隋《龙华寺碑》拓本

---

① 张宗祥:《书学源流论》,引自《历代书法论文选续编》,第882页。

年（593年）的《大智度经释论卷第八十五》，书风较为淳朴，呈北朝书法遗韵；而开皇十七年（597年）的《华严经卷第三十二》，则书风秀丽，显南朝书法之风流。佛教写经的流传对隋代墨迹的传承起到非常重要的作用。

隋代的书法家，也以僧人智永、智果为代表，智永是书圣王羲之的后裔，曾生活于陈，至隋得到隋炀帝的赏识："智永和尚得右军肉，智果得右军骨。"认为智永和智果得到书圣王羲之的真传。智永、智果两位僧人，是隋代佛教与书法艺术融合的代表和高峰。

图 3-2-1　隋《龙华寺碑》拓本局部

图 3-2-2　隋仁寿元年（601年）《青州舍利塔下铭》拓本

第三节 《龙藏寺碑》与隋代佛教碑刻

《龙藏寺碑》，全称《恒州刺史鄂国公为国劝造龙藏寺碑》（图3-3-1），原石今在河北正定隆兴寺。龙藏寺俗称大佛寺，今称隆兴寺，位于正定县城内，是我国现存时代较早、规模较大且保存相对完整的佛教寺院之一。此寺在隋代之前已经存在，只是规模较小。《龙藏寺碑》中记载恒州刺史王孝仙到任后："下车未几，善政斯归，瞻彼伽蓝，事因草创，囗奉敕劝奖州内士庶壹万人等，共广福田。"

隋开皇六年（586年），龙藏寺进行了规模宏大的扩建，故立碑刻纪之，所立《龙藏寺碑》通高324厘米，宽90厘米。碑阳书写正文30行，满行50字，碑阴和碑侧以题名为主。据碑阳之额及碑阴、碑侧所载可知，参与龙藏寺兴建者人数众多，以行政和军界官员为主，僧侣及信

图 3-3-1　隋《龙藏寺碑》拓本　黄易旧藏本

徒、居士及乡绅为辅。因扩建龙藏寺是佛门之盛事，亦可视为隋文帝倡导以佛教"替国行道"背景下的政治献礼，故《龙藏寺碑》的刻立，见证了佛教文化在隋代的复兴。

《龙藏寺碑》碑文内容共分三部分：第一部分主要谈论崇佛与修行，并略记述北周武帝灭佛之事，记述了灭佛时"护戒比丘，翻同苞草""珠台银阁，荒凉无处"的凄惨景象；第二部分着力记述随着隋朝的兴起佛教再次兴盛的景象，主旨为称颂皇帝勤于国政，关爱众生；最后描写刺史王孝仙的执政才能，以及龙藏寺重建后的华丽景象。建有"九重壹柱之殿，三休七室之宫"，又有"雕梁刻桷之奇，图云画藻之异"及"白银成地""黄金镂楯"之奢华。全文近1500字的碑文采用六朝骈文形式，可谓"鸿篇巨制"且"文书并茂"。

《龙藏寺碑》（图3-3-2）书法历来为世人所重，宋欧阳修在《集古录》中评此碑云："字画遒劲，有欧虞之体。"意喻欧阳询、虞世南之书风应从此出。《龙藏寺碑》书法，溯源于北朝，且在受南朝书法影响与审美融合之后，自出机杼，遂成一家之风骨。清王澍《虚竹题跋》中评《龙藏寺碑》："书法遒劲，无六朝俭陋习气。"[1] 康有为也盛赞此碑："《龙藏》统合分隶，并《吊比干文》《敬使君》《刘懿》《李仲璇》诸派，荟萃为一。安静浑穆，骨鲠不减曲江，而风度端凝，此六朝集成之碑，非独为隋碑第一也。"[2] 论证了《龙藏寺碑》书法的艺术价值，故"隋碑第一"之称名副其实。

从书法史的角度纵向来看，《龙藏寺碑》不仅是集六朝书法之大成的隋楷新体，而且开创了唐楷书风之先河，隋代书法风格初期较为质朴，末期则逐步趋于秀丽，这正是由于国家统一、南北文化艺术不断交流融合，并随着时间的增加而过渡嬗变的结果。《龙藏寺碑》是隋楷开启唐楷书风的标志。杨守敬在《评碑帖记》评价道："细玩此碑，平正冲和似永兴（虞世南），婉丽遒媚似河南（褚遂良），亦无信本（欧阳询）险峭之态。"[3] 明赵崡亦在《石墨镌华》中评此碑书法云："碑书遒劲，亦是欧虞发源。"[4] 杨守敬《学书迩言》道："隋代混一南北，其书法亦有整齐气象，《龙藏寺》《贺

---

[1]〔清〕王澍：《虚舟题跋·竹云题跋》，李文点校，浙江人民美术出版社，2015年，卷二（原第五），第95页。
[2]〔清〕康有为：《广艺舟双楫》，崔尔平校注本，上海书画出版社，1981年，第141页。
[3]〔清〕杨守敬：《评碑帖记》，转引自王靖宪主编《中国书法艺术·隋唐五代卷》，文物出版社，1998年，第5页。
[4]〔明〕赵崡：《石墨镌华》，转引自王靖宪主编《中国书法艺术·隋唐五代卷》，第5页。

图 3-3-2　隋《龙藏寺碑》拓本局部

若谊》已开虞、褚之先声。"① 康有为亦云："虞、褚、薛、陆传其遗法，唐世唯有此耳。"② 可见《龙藏寺碑》之新体隋楷，前融六朝，后启盛唐，具有融前承后的历史文化意义。对此，清代金石学家叶昌炽论述的尤为充分，他在《语石》中写道：

> 隋碑上承六代、下启三唐，由小篆八分趋于隶楷，至是而巧力兼至。神明变化，而不离于规矩。盖承险怪之后，渐入坦夷。而在整齐之中，仍饶浑古，古法未亡，精华已泄。唐欧、虞、褚、薛、徐、李、颜、柳诸家精诣，无不有之。此诚古今书学一大关键也。③

---

① ［清］杨守敬：《学书迩言》，陈上岷注释本，文物出版社，1982年，第24页。
② ［清］康有为：《广艺舟双楫》，崔尔平校注，上海书画出版社，1981年，第141页。
③ ［清］叶昌炽撰、柯昌泗评：《语石》《语石异同评》卷一，陈公柔、张明善点校，中华书局，1994年，第20页。

隋代佛教碑刻中，《启法寺碑》和《兴国寺碑》亦较有影响，《启法寺碑》于隋仁寿二年（602年）立于湖北襄阳，由隋代书家丁道护所书，《启法寺碑》在宋代已受书家所重，刘熙载《艺概》记载："蔡君谟（蔡襄）识隋丁道护《启法寺碑》云：'此书兼后魏遗法，隋唐之交，善书者众，皆出一法，道护所得最多。'"①对《启法寺碑》的书法及其书写者丁道护褒奖有加。《兴国寺碑》亦为丁道护所书，至今二石惜已不存，仅见《启法寺碑》拓本传世。书家丁道护为隋代书史中的重要书家，陶宗仪《书史会要》云："丁道护书，不今不古，遒媚有法。"②另有隋仁寿三年（603年）立于山东博兴的《龙华寺碑》，《龙华寺碑》为螭首竖式，碑额中间呈圭首形平面，阳刻飞白书体篆书"奉为高祖文皇帝敬造龙华碑"，碑文楷书端庄清雅，温润可人。《龙华寺碑》原立于山东博兴龙华寺中。龙华寺在北魏时期是香火鼎盛的著名寺院，后于北周武帝灭佛时被毁。隋统一全国后，佛教被奉为国教，大业至仁寿年间（601-604年）重修龙华寺并建龙华塔，龙华寺碑于其时所立，后因隋末战乱，龙华寺再度被毁，《龙华寺碑》遂长埋于地下，道光二十年（1840年）《博兴县志》载："龙华寺在城北二十里崇德社，隋时敕建也，有半截碑，篆额曰'奉为高祖文皇帝敬造龙华碑'。"田士懿《续山左汉魏六朝贞石目》民国十二年（1923年）刊本亦记述于山东博兴县城北二十里有此碑；《山东通志》称其字体风华靡丽，宛然新刻，善书者竞习之。③

隋代佛教书刻，近年亦颇多发现。1998年10月，陕西周至县仙游寺法王塔地宫出土了隋代《舍利塔下铭》，同时出土的还有唐代《仙游寺舍利塔铭》，二铭刻于一石之两面（图3-3-3）。据载，隋仁寿元年（601年），西京大兴寺终南山仙游寺高僧童贞，奉敕旨护送舍利子至仙游寺中安置，隋文帝敕令全国三十州同时起塔，并在仁寿元年岁次辛酉十月辛亥朔十五日乙丑之时，同时安放舍利子，于塔铭一起埋于塔下地宫。至唐代开元四年（716年），地宫重开，寺僧敬玄舍资重修宝塔，并刻铭文记述于隋代舍利塔铭石刻之背面，重新埋于地宫之中，故今日所见为一石二铭，尤为珍贵。

隋仁寿元年《仙游寺舍利塔下铭》书风端庄稳健，承南朝书风之古雅，具魏晋之古风。与其同时，埋入青州逄山县福胜寺的舍利塔铭，署名"孟弼

---

① ［清］刘熙载：《艺概》，引自《历代书法论文选》，第697页。
② ［明］陶宗仪：《书史会要》，徐美清点校本，浙江美术出版社，2012年，卷四，第81页。
③ ［日］伏见冲敬：《隋龙华寺碑》一文，载"书迹名品丛刊"《隋孟显达碑龙华寺碑》册，日本二玄社，1969年。

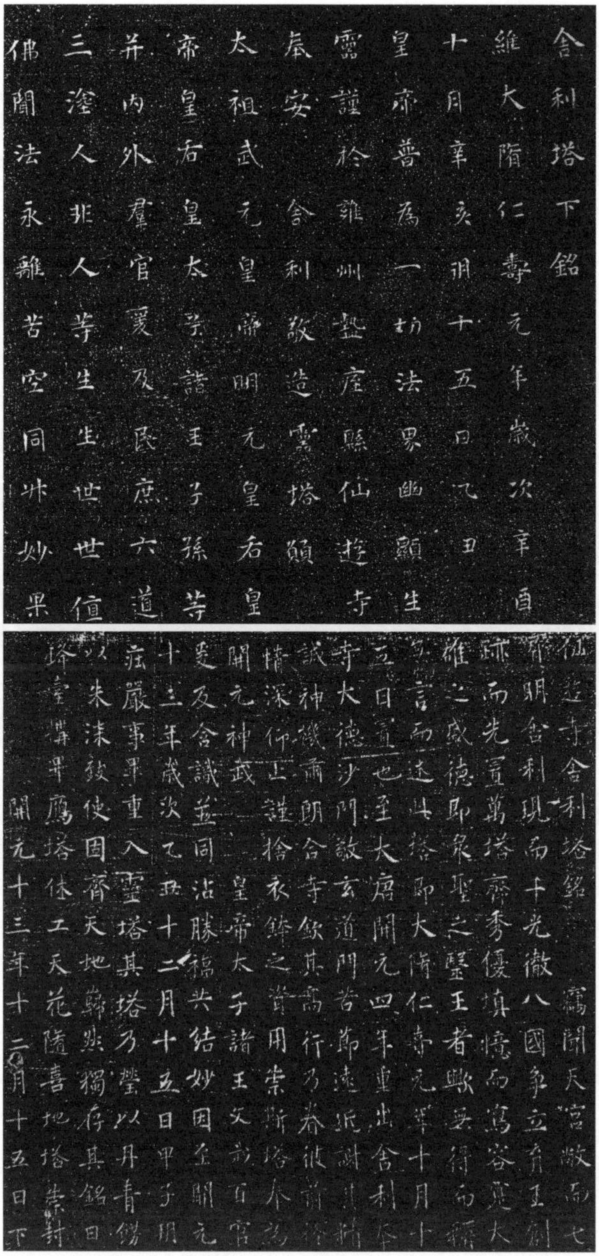

书",书风为楷隶融合的过渡风格书体,与仙游寺舍利塔铭风格迥异,体现了在同一时间,不同地域不同书法风格及审美取向。

隋《宜州神德寺舍利塔下铭》(图3-3-4),刻于隋仁寿四年(604)四月八日,于20世纪80年代末发现于陕西铜川市耀州区。塔铭呈正方形,纵横皆51厘米,铭文为楷书,承北朝风貌,兼具隶意,行末署"舍利大德法师沙门僧晖"。碑文周边饰以缠枝花草纹样,雕刻精美。今藏于陕西药王山博物馆。

隋开皇十二年(592年)《僧璨大士砖塔铭》亦是一件颇具代表意义的佛教书法遗存。铭文曰"大

图 3-3-3 仙游寺隋唐塔铭拓本 1998年出土于陕西周至仙游寺

隋朝开皇十二年七月,僧璨大士隐化于舒之皖公山岫,结塔供养,道信为记。"左侧铭云:"大隋开皇十二年作。"1982年出土于杭州市区,铭为阳文,原系阴刻于范上,模印而成,正面字行间作界格。

僧璨为隋代高僧,为禅宗第三祖,著有《信心铭》。其弟子道信为禅宗

图 3-3-4　隋仁寿四年（604年）《宜州神德寺舍利塔铭》拓本

第四祖，世称"东山法门"。此砖铭应为僧璨大士隐化去世后其弟子道信所制。其书法既具北朝魏碑书风之神韵，又可见南朝楷书之隽雅，且形制为砖铭，亦可归于佛教"善业泥"之范畴。

隋代亦有大量塔铭及造像碑、造像题记存世，书法呈现出过渡时期的多种风格。（图 3-3-5~6）

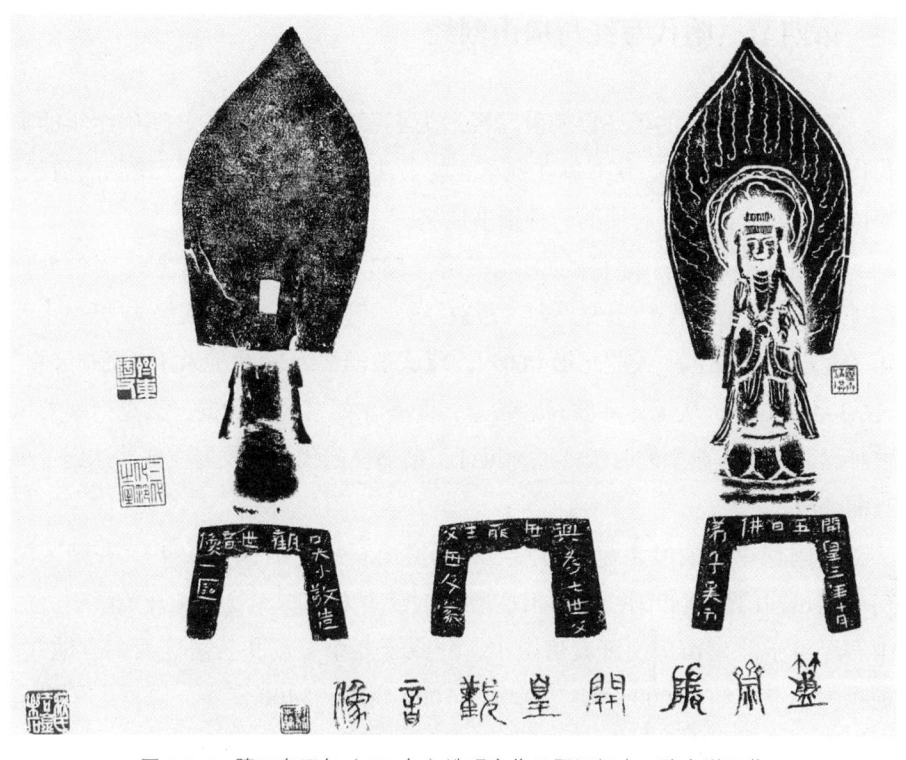

图 3-3-5　隋开皇三年（583 年）造观音像及题记拓本　陈介祺旧藏

图 3-3-6　隋开皇十二年（592 年）僧璨大士塔砖铭
浙江省博物馆藏

第四节　隋代写经与房山刻经

隋代传承至今的墨迹以佛教写经最为丰富。敦煌写经中，明确纪年的隋代作品有近百件之多。其书风在继承北朝书法的风格上，融入了南朝的清雅，形成魏碑向唐楷过渡时期的一种楷书风格。

隋代写经中较有代表性的如开皇三年（583 年）的《华严经卷》（图 3-4-1）和《大集经卷第十八》、开皇八年《思益经》、开皇九年《大楼炭经》、开皇十五年《大方等大集经》、大业元年（605 年）《大般涅槃经》、大业六年《贤劫经卷》（图 3-4-2）等。从上述佛教写经看来，既有北朝书风之劲健，又见南朝书风之雅润，并具有典型的时代特征，见证了楷书在隋代已经发展成熟并达到了相当的高度。

中国现存规模最为宏大的佛经石刻房山石经（图 3-4-3~4），在隋末唐初由幽州沙门静琬始刻，之后相继增刻，自唐末中断，辽代又开始续刻。房山石经位于北京市房山区大房山中，分藏于九个石洞和云居寺西南方地穴，现存大小经板约 15000 余块，刻佛经 1000 余部，3400 多卷，以盛唐和辽金时期所刻为主。房山石经为研究和校勘佛经提供了宝贵的资料，同时，对于研究不同时期的石刻及书法风格演变具有非常重要的价值。

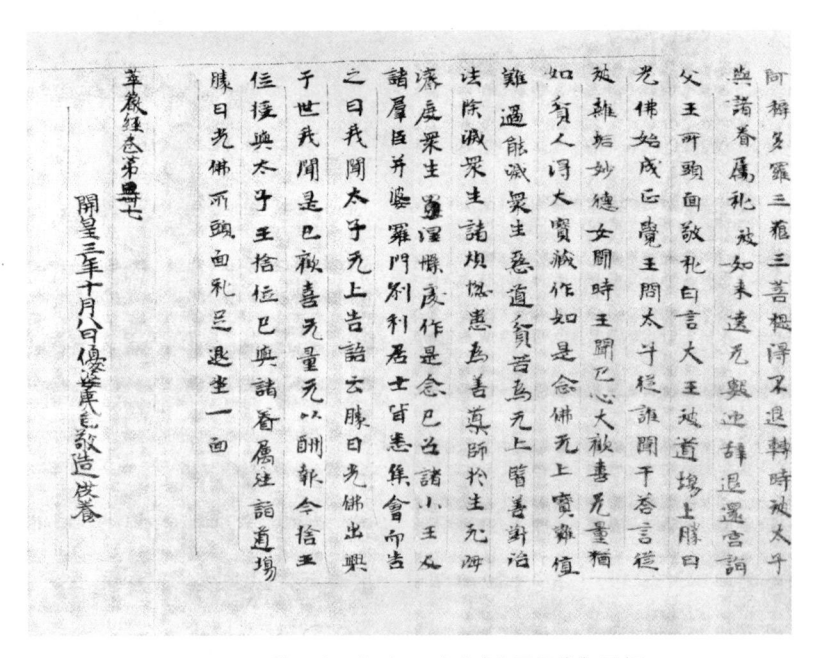

图 3-4-1　隋开皇三年（583 年）《华严经卷》局部

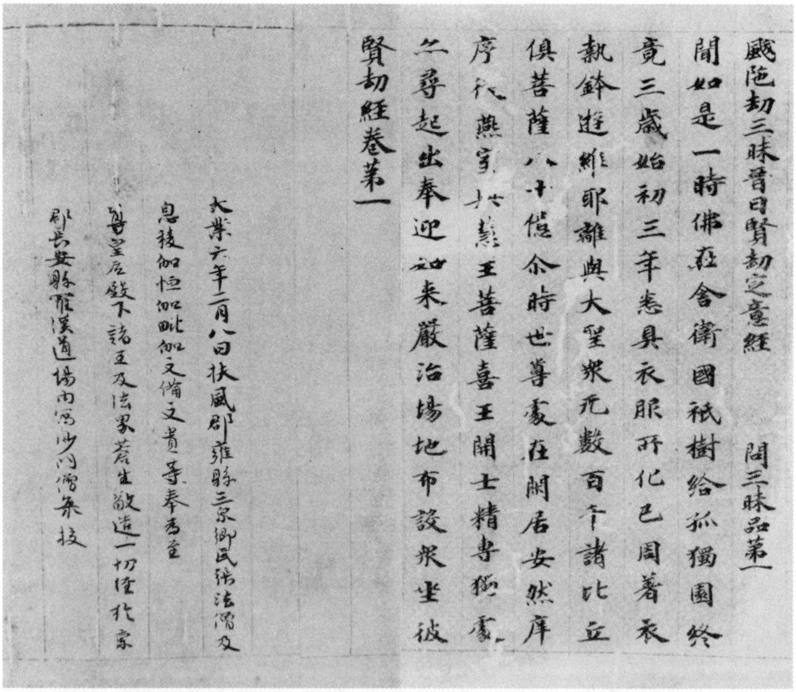

图 3-4-2　隋大业六年（610 年）《贤劫经卷》局部

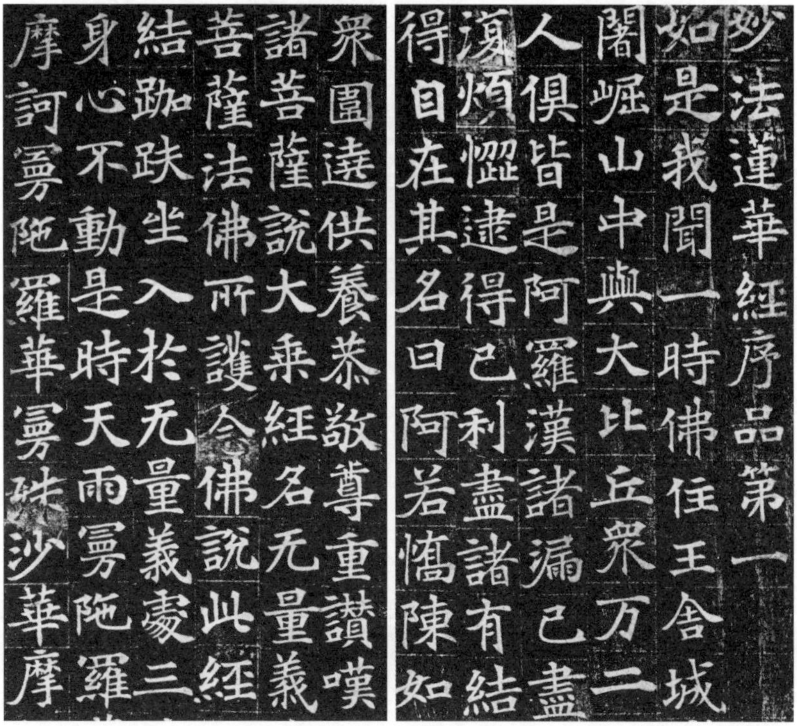

图 3-4-3　隋唐房山石经《妙法莲花经序品》拓本局部一

图 3-4-4　隋唐《房山石经妙法莲华经序品》拓本局部二

第五节　隋代的僧侣书家

隋代时间较短，仅 37 载，加之流传隋代碑刻多不署作书者姓名，所以可记载的书家并不多。僧侣书家智永、智果是隋代书法家中最具代表性的二位。

智永，俗姓王，名法极，生卒不详，据传为王羲之七世孙。初出家于会稽嘉祥寺，后寄籍吴兴永欣寺，至隋代入住长安西明寺，世人称之为永禅师。智永书承江左王氏家法，唐代书法理论家李嗣真在清《书后品》中评其书法："精熟过人，惜无奇态矣。"① 将智永书法列入中之中品。唐张怀瓘在《书断》中评道：

> 智永，会稽人，师远祖逸少，历记专精，摄齐升堂，真、草唯命，夷途良辔，大海安波。微尚有道之风，半得右军之肉。兼能诸体，于草最优，气调下于欧（阳询）、虞（世南），精熟过于羊（欣）、薄（绍之）。②

宋代苏轼也在其题跋中道："永禅师书骨气深稳，体兼众妙，精能之至，反造疏淡。如观陶彭泽之诗，初若散缓不收，反覆不已，乃识其奇趣。"③ 以上书论多认可智永对王羲之书法的传承，也认为智永书法属平中见奇，但并没有太多的创新突破，以精熟过人取胜。

智永的书法具有承前启后的作用，他以远祖书圣王羲之为楷模，书风远追钟繇、索靖，且将其笔法传及虞世南，从而形成初唐虞派书风。董其昌对智永《千字文》跋云："作书须提得起笔，自为起，自为结，不可信笔。后代人作书皆信笔也。"④ 亦见证智永对于二王笔法的传承意义。

智永的书法，在当时即广受喜爱，求书者络绎不绝，门户外堆满了来求书者脱下的鞋子，木门槛都被磨穿了，就更换为铁门槛来加固。唐代何延之《兰亭记》记载智永书写《真草千字文》八百余本，分存于江东诸寺。智永练习书法非常勤奋，加之求书者众多，他写坏的毛笔头就累积了五大筐，堆起来如一座冢。这就是"退笔成冢"典故的由来。据孙镛《书画跋跋》所记，明王世贞跋智永书云：

> 智永书，圆劲古雅，无一笔失度，妙在于藏锋敛态耳。余少时任尚书郎，曾一见绢本真迹于山阴董氏，妙墨深入肤理，滃郁欲飞，真神物也。生时一字敌五万，今当不知何如耳！⑤

---

① [唐]李嗣真：《书后品》，引自《历代书法论文选》，第139页。
② [唐]张怀瓘：《书断》，引自《历代书法论文选》，第191页。
③ [唐]苏轼：《评书》，引自《历代书法论文选续编》，第54页。
④ [明]董其昌：《画禅室随笔》，"论用笔篇"，引自《历代书法论文选》，第540页。
⑤ 孙镛：《书画跋跋》，引自《历代书法论文选续编》，第321页。

《真草千字文》（图 3-5-1）是智永的代表作品，流传至今有墨迹本和刻本数种。今见墨迹为纸本册装，共计 202 行，前面数行略有残损，流入日本，册后可见杨守敬和日本内藤湖南题跋，此册之真伪在学术界存在争议。有的学者认为是唐人摹本，中国书法家协会原主席、著名学者启功认为，墨迹《真草千字文》为智永真迹，并在论书中谈道："墨迹本焕然神明，一尘不隔，非独智永面目于斯可睹，即以研求六朝书艺递嬗之迹，眼目不受枣石遮障者，舍此又将奚求乎？"启功认为，《真草千字文》墨迹自然流畅，丰美遒丽，神采奕奕，当为智永传世之力作。

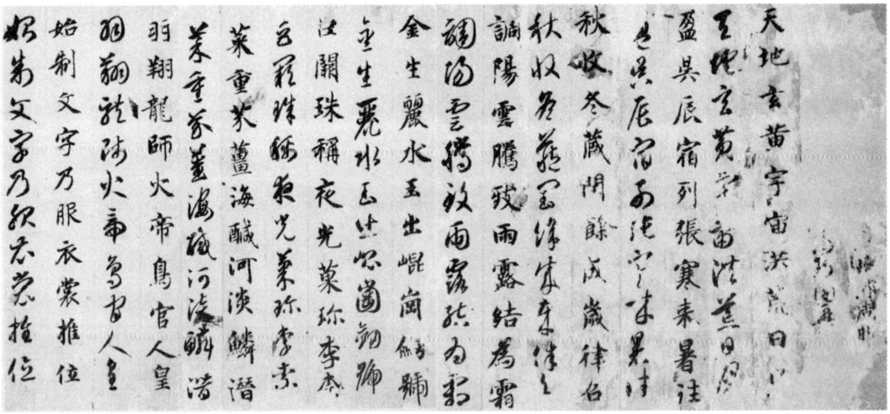

图 3-5-1　隋智永《真草千字文》墨迹局部

《真草千字文》（图 3-5-2）刻本较多，传世有大观中长安薛氏刻本、南宋群玉堂帖刻本、清顾氏过云楼帖刻本、宝墨轩刻本等。今亦见《楷书千字文》墨迹印本。

隋僧智果，生卒不详，会稽剡（今浙江嵊县）人，居吴兴永欣寺，跟随智永学习书法。唐张怀瓘《书断》中载："隋炀帝甚喜之，工书铭石，其为瘦健，尝谓永师云：'和尚得右军肉，智果得右军骨。'"可见智永书法以丰润遒丽取胜，智果之书则以劲健洞达为尚。《书断》又云："夫字有万象，玄鉴于心，好其体质而布其意，且筋骨藏于肤肉，山水不厌高深，而此公稍乏清幽，伤于浅露，若吴人之战，轻进易退，勇于非武，虚张夸耀。"[①] 则认为

[①]　[唐] 张怀瓘：《书断》，引自《历代书法论文选》，第 200 页。

智果之书过于外露，含蓄不足。张怀瓘在《书断》中列智果之书为"能品"。据《续高僧传》载，智果"终于东都，六十余矣"。[①]可知其60余岁卒于东都洛阳。

智果惜无墨迹传世，宋刻《淳化阁帖》卷五可见智果《评书帖》刻本，但学术界多认定其为伪作。在书法理论方面，智果著有《心成颂》，颇可称道。

《心成颂》是主要记述书法结构与结字技巧的文章，由"颂"和"注"两部分组成。《心成颂》的篇幅不长，但对字的结构分析很有见地。主要提出了回展右肩、长舒左足、峻拔一角、潜虚半腹、间和间开、隔仰隔覆、回互留放、变换垂缩、繁则减除、疏当补续、分若抵背、合如对目、孤单必大、重并仍促、以侧

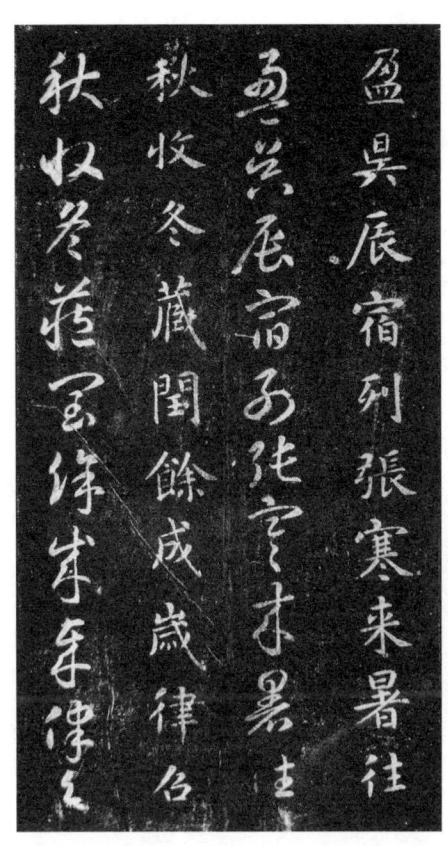

图 3-5-2 隋智永《真草千字文》刻石拓本局部

映斜、以斜附曲等结体要义并展开论述，并在后面总结道："覃精一字，功归自得盈虚。统视连行，妙在相承起复。"对于字与字、字与行的章法关系也做了简要的描述。《心成颂》在历代书法论著中具有一定的地位，亦是僧侣书家中不可多得的理论佳作。

智果《心成颂》全文如下：

回展右肩　头项长者向右展，"宁""宣""臺""尚"字是。（非为头项长。）

长舒左足　有脚者向左舒，"寶""典""其""類"字走。（谓"亻""彳""木""扌"之类，非"其""典"之类。）

峻拔一角　字方者抬右角，"國""用""周"字是。

---

① ［唐］道宣：《续高僧传》，卷三十一，郭绍林点校，中华书局，2014年，第1256页。

潜虚半腹	画稍粗于左右，亦须著远近均匀，递相覆盖，放令右虚。"用""見""岡""月"字是。
间合间开	"無"字等四点四画为综，上心开则下合也。
隔仰隔覆	"並"字隔"二"、"壘"字隔"三"，皆斟酌"二""三"字仰覆用之。
回互留放	谓字有磔掠重者，若"爻"字上住下放，"茶"字上放下住是也，不可并放。
变换垂缩	谓两竖画一垂一缩，"并"字右缩左垂，"斤"字右垂左缩。上下亦然。
繁则减除	王书"懸"字、虞书"毚"字，皆去下一点；张书"盛"字，改"血"从"皿"也。（"盛"本从"皿"。）
疏当补续	王书"神"字、"處"字皆加一点，"却"字"卩"从"阝"是也。
分若抵背	谓综也，"卅""册"之类，皆须自立其抵背，锺、王、欧、虞皆守之。
合如对目	谓逢也，"八"字、"州"字，皆须潜相瞩视。
孤单必大	一点一画成其独立者是也。
重并仍促	谓"昌""呂""爻""棗"等字上下，"林""棘""絲""羽"等字左促，"森""焱"字兼用之。
以侧映斜	丿为斜，[㇏]为侧，"交""大""以""入"之类是也。
以斜附曲	谓"人"为曲，"女""安""必""互"之类是也。
覃精一字，	功归自得盈虚。向背、仰覆、垂缩、回互不失也。
统视连行，	妙在相承起复。行行皆相映带，联属而不背违也。

除智永与智果之外，隋代有记载的僧侣书家还有敬脱、昙迁、僧述、僧特等高僧。

敬脱（555~617年），汲郡人氏，自幼出家为僧。宋陈思《书小史》卷七载其"善正书，能以大笔作方丈字，天然遒劲，不加修饰，当时谓之僧杰"。唐道宣撰《续高僧传》载："释敬脱，不详姓氏，汲郡人也。年少出家，以孝行清直知名。"又道："其笔绝大，粗管如臂，可长三尺，方丈一字，莫不高雅。人有乞书者，纸但一字耳，风力遒逸，睹之不厌，皆施于壁上，来往观者，东都门额，皆脱所题，随一赋笔，更不修饰。"① 依此可知敬脱擅长

---

① ［唐］道宣：《续高僧传》卷第十二，第415页。

大字榜书,并活跃于东都洛阳,题写了大量的匾额,为人所称赞。敬脱于隋大业十三年(617年)卒于东都洛阳鸿胪寺。

僧述、僧特二僧均师从智永学习书法,张怀瓘《书断》载:"时有僧述、僧特,与果并师智永,述困于肥钝,特伤于瘦怯也。"①

昙迁(542~607年),博陵饶阳人氏,在定州贾和寺出家,初学《胜鬘经》,后登五台山感见神异,隐居于林虑山净国寺,研读《华严经》《维摩经》《大乘起信论》等经论。著有《摄论疏》十卷等。

隋代的僧侣书家,为隋代佛教的传播与中国书法艺术的发展传承,做出了杰出的成就和贡献。

---

① [唐]张怀瓘:《书断》,引自《历代书法论文选》,第201页。

第四章　鼎盛的唐代佛教与书法

继隋代之后，中国历史上迎来了鼎盛而统一的唐代。唐朝是一个强大统一的国家，唐代是一个帝王引领百姓崇佛信佛的时代。文化艺术高度发展，达到了亘古未有的全盛景象，在诗歌、散文、音乐、舞蹈、绘画、雕塑、工艺美术等都达到了全盛。书法方面亦是如此，诸多帝王、名臣、名家、高僧的参与，使唐代书法出现了空前繁荣的局面，特别是在楷书艺术方面登峰造极，后人多将楷书称之为"唐楷"，即是由此而来。唐太宗等帝王对王羲之书法的推崇，使二王行书体系发展迅速，其他书体亦随之发展。佛教与书法共同繁荣，留下了大量的佛教题材书法珍迹。

第一节　唐代佛教与书法文化综述

隋大业十三年（617年），关陇贵族集团的代表人物李渊，在其次子李世民等人的辅佐下，起兵于太原，并攻克隋都长安。次年五月，李渊称帝，改国号为唐。自此，中国的历史与文化进入一个新的鼎盛时期，书法亦随之出现了空前的繁荣。

唐代诸帝也大都十分重视佛教，唐太宗曾两次下诏，令各地普度僧尼，并诏令在当年其交兵之处，各建寺刹以超度阵亡将士。高僧玄奘西行求法，归来后唐太宗亲自召见，为玄奘安排规模宏大的译场，并为玄奘新译的佛经作序。由于唐太宗的鼎力支持，玄奘得以创立了中国佛教宗派法相唯识宗。唐高宗敬佛之虔诚更甚于唐太宗，显庆元年（656年）皇子李显（后为唐中宗）出生，唐高宗赐其号为"佛光王"。麟德元年（664年），玄奘法师圆寂，唐高宗为其安排了极为隆重的葬礼，赐其金棺银椁，长安城周围方圆五百里内，百万余人前来送葬，足见朝野上下对于佛教的信奉程度。一代女皇武则天早年曾从皇室步入寺院为尼，后又从佛门返回宫廷，在夺取帝位和强化统治的过程中，大力扶植和利用佛教。永昌元年（689年），僧人薛怀义、法朗等人持《大云经》进呈朝廷，佛经中大讲"净光天女"，并称佛祖之授记，"天女"将以"女身"为帝统治天下，暗示武则天当女皇乃佛祖之旨意，不可违之。武则天遂号令天下各州建立"大云寺"，藏《大云经》，置高座宣讲《大云经》，以巩固自己称帝的舆论根基。长寿二年（693年），僧人菩提流志又呈上其新译的《宝雨经》，托称女菩萨现身，将在中国称帝，为武则天称帝造势。武则天诏令佛教在道教之上，抬升了佛教的地位，她还亲自参与和组织了《华严经》的翻译，支持法藏创立了华严宗。唐玄宗当政，他虽然在"三教"中较为偏重儒和道，但亦不断对佛教进行大力扶持。唐玄宗崇信密教，对密教的善天畏、金刚智、不空"开元三大士"礼敬有加，并请不空和尚进宫授灌顶之法。"安史之乱"后，唐王朝由鼎盛逐步衰落，之后的帝王仍大多崇信并利用佛教来维护统治，唐肃宗、唐代宗、唐德宗等均有礼佛敬佛的记载，唐宪宗更是在唐帝王中崇佛最为突出的一位，他对僧尼的管理机构进行了改革，让宦官和高僧一起管理佛教，加强朝廷和佛门的联系，并于元和十四年（819年）迎法门寺佛骨至京师供奉，此举在长安乃至全国掀起了一股崇佛的狂潮。大量信徒"焚顶烧指，百十为群；解衣散钱，自朝至暮；转相仿效，惟恐后时；老少奔波，弃其业次"。①对此崇佛热潮，时任刑部侍郎的韩愈写下了《论佛骨表》，对狂热崇佛的现象予以批评，反对唐宪宗迎佛骨进长安，因此引发唐宪宗震怒，险些将韩愈处死，后经诸王公大臣求情，才被贬任潮州刺史。

至中唐之后，寺院经济高度发展，以致与国家的根本利益发生了冲突，另外，宫廷间权利的斗争与佛教牵连不断，佛道之间的斗争也日益加剧，终于导致了唐武宗李炎"会昌灭佛"事件的发生，会昌五年（845年），唐武宗公布《毁佛寺勒僧尼还俗制》，拆除大寺4600余所，小寺4万余所，僧尼还俗人数达26万之多，收回田地达数千万顷。

---

① ［唐］韩愈《论佛骨表》，引自《韩昌黎文集校注》，马其昶校注，马茂元整理，上海古籍出版社，2014年，第683页。

会昌灭佛也导致了一批佛教典籍的散佚，《法华经》《华严经》的章疏大都散佚于此时，天台宗、华严宗等宗派因此逐步衰落。会昌灭佛沉重打击了佛教，寺庙被拆，经籍散失，佛像遭毁。虽然不久之后的唐宣宗下敕恢复佛教，但随着唐王朝的日益衰落，中国佛教也从鼎盛期逐步进入衰退期，难现往日盛况。

由于唐代帝王对佛教的重视，与佛教相关的文化艺术必将因此繁荣，佛教文学、艺术都得到了很大的发展，达到了相当的高度。在文学方面，涌现出了唐代著名诗僧王梵志、寒山子、拾得、皎然等，留下了大量充满禅机与佛理的诗篇。最具代表性的是有"诗佛"之称的王维，写下了诸如《鹿柴》《竹里馆》《鸟鸣涧》等许多充满禅意的不朽名篇。佛教美术特别是雕塑艺术亦得到了巨大的发展，著名的敦煌石窟、龙门石窟等得到进一步开凿，达到了中国古代雕塑艺术新的高峰。有"画圣"之称的吴道子，曾在长安、洛阳的寺观内做壁画300余处，其画佛像圆光、屋宇柱梁、弯弓挺刃，皆一笔挥就，且"奇迹异状，无一同者"，特别是所画的衣褶，有随风飘动之感，人称"吴带当风"，与北齐画家曹仲达的"曹衣出水"共为中国人物画史上之佳话。在隋唐开凿的石窟中亦有众多壁画，主要表现经文的内容或佛教故事的经过，比较有代表性的敦煌壁画，以各种经变画为主体，唐代的经变画艺术成就为最高，并与其时期造像之主体互为呼应。

唐代佛经翻译在隋朝的基础上有了空前的发展，隋代主要译馆有两所，分别是长安的大兴善寺和洛阳的上林园，先后译出82部经典。入唐后，从贞观三年（629年）至元和六年（811年）近200年期间，历朝皇帝都专门设立译场，组织僧人翻译佛教经典，分工明确、组织严密，从主翻译到记录、润色、考据、校勘、保障等都设置专门岗位，唐代所译佛经是集体智慧的产物，在质量和数量上都超越了前代。玄奘、义净、不空等高僧在译经方面均取得巨大成就。特别是玄奘，一改前人照本宣科式的直译方法，他根据梵文之含义，口授为汉译，出口成章，文采斐然。这种将梵文理解后，用汉语表达的译经方式，不仅正确表达了梵文的原意，兼有汉语之文采，更容易被理解和接受，玄奘奉诏译出的《般若波罗蜜多心经》成为至今广为传播的佛教经典之作。由于大量佛经的译出，需要通过抄写来进行记录和传播，因此，唐代的写经书法及刻经书法亦随之发展到了一个高峰。

在唐代，佛教经幢开始大量出现，经幢是雕塑艺术和建筑艺术的结合体，多在石柱上雕刻佛教内容文字及图案。一般由基座、幢身、幢顶三部分组成，其中幢身多刻佛经，以《陀罗尼经》最为多见，《心经》亦有不少。高僧与书法家也参与到经幢的书写中，留下了诸多精美之作。

石经也在唐代得到进一步刻藏。房山石经存于北京房山区大房山，分藏于石经山石洞和云栖寺西南地穴。隋末即由沙门静琬始刻，但以盛唐时期所刻为多。

第二节 《集王羲之书圣教序》及"集王"系列刻石

唐代的帝王大都喜爱书法，唐太宗等帝王还具有相当高的书法造诣。唐太宗李世民非常偏爱王羲之书法，亲自为《晋书》作王羲之的传赞，又以重金搜集二王墨迹，令冯承素等书家摹拓《兰亭序》赐予诸王与众臣，并亲自率先以二王行书入碑，写就《晋祠铭》《温泉铭》等，开创了以行书入碑之先河。贞观二十二年（648 年）至咸亨三年（672 年）大唐弘福寺僧怀仁从大堂内府中所藏王羲之书迹中集字而成《集王羲之书圣教序》（图 4-2-1），开创集王字为碑的先河，之后又有大雅集《兴福寺碑》、玄序集《新译金刚经》等佳作，但仍以《怀仁集王羲之书圣教序》最具代表意义。

图 4-2-1 唐怀仁《集王羲之书圣教序》拓本选页

玄奘（600~664年），俗名陈祎，洛州缑氏（今河南洛阳偃师）人，又称唐三藏，佛教法相宗创始人。贞观十九年（645年），玄奘在印度西域求法十七年后回到唐都长安，共带回梵文佛经520类657部。唐太宗亲自安排在长安建译经院，诏令玄奘将梵本佛经译为汉语版本，贞观二十二年（648年），唐太宗应玄奘法师之请，亲自为玄奘所译经卷作序，即是《大唐三藏圣教序》，今多简称《圣教序》，并宣告群臣。之后，又令皇太子李治作《述三藏圣记》篇。玄奘在收到唐太宗的《序》和皇太子的《记》之后，呈写了谢表和谢启，歌颂帝王功德，唐太宗李世民及皇太子李治又作了答谢启，对玄奘赞誉有加，这一切都在《集王羲之书圣教序》碑刻中得以记述。

贞观二十二年（648年）起，弘福寺僧人怀仁，开始从唐内府所藏王羲之手迹中选取字样，历时24年，终于完成了《集王羲之书圣教序》的集字，并集资立碑刻石于长安慈恩寺中。碑文刻有唐太宗李世民所作《大唐三藏圣教序》和唐高宗李治《述三藏圣记》，另刻有唐太宗和高宗给玄奘的两篇答谢启，并刻玄奘所译《般若波罗蜜多心经》（图4-2-2）。此事在《大唐大慈恩寺三藏法师传》文中亦有记载，曰："时弘福寺寺主圆定及京城僧等，请镌二序文于金石，藏之寺宇，帝可之。后寺僧怀仁等乃鸠集晋右军将军王羲之书，勒于碑石焉。"

《集王羲之书圣教序》在中国书法史上具有举足轻重的地位，亦是入手学习二王行书的极佳范本。宋《宣和书谱》云："释怀仁，不载于传记，而书家或能言之。积年学王羲之书，其合处几得意味，若语渊源，固未足以升羲之之堂也。然点画富于法度，非初学所能到者。昔太宗作《圣教序》，世有二本，其一褚遂良书，一则怀仁书，集羲之诸行字法所成也。二本皆后学之宗，模仿羲之之书，必自怀仁始。岂羲之之绝尘处不可窥测，而形容王氏者，惟怀仁近其藩篱也？"[①]明代项穆《书法雅言》评此碑云："若逸少《圣教序记》，非有二十年精进之功，不能知其妙，亦不能下一笔，宜乎学者寥寥也。此可与知者道之。"[②]《集王羲之书圣教序》是佛教与书法艺术的完美结合，此碑自刻立至今为世人所重，遂为书坛至宝。

---

① ［宋］《宣和书谱》卷第十一 "唐释怀仁篇"，王群栗点校，浙江人民美术出版社，2012年，第101页。
② ［明］项穆《书法雅言》，杨亮注评本，江苏美术出版社，2008年，第146页。

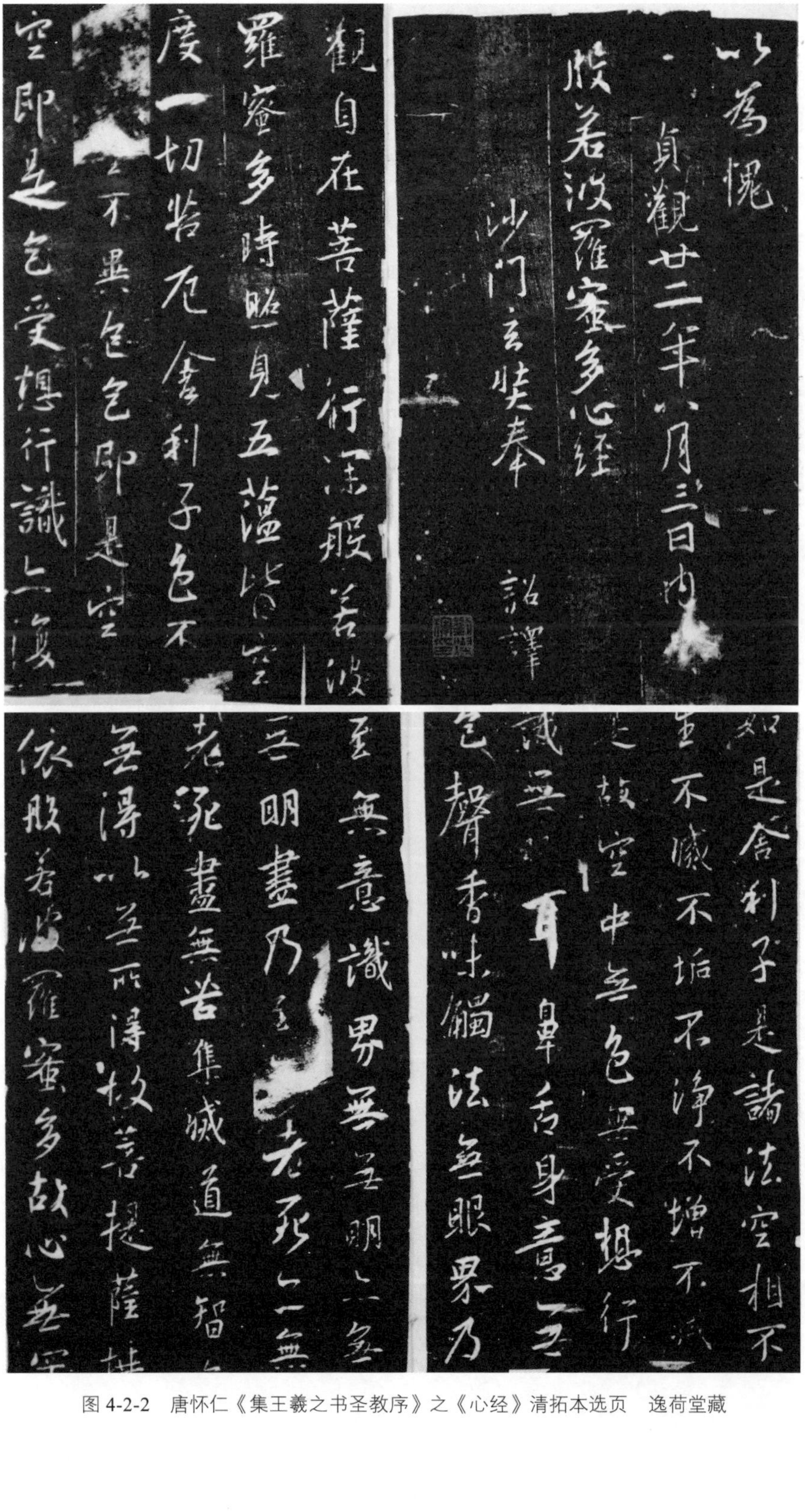

图 4-2-2　唐怀仁《集王羲之书圣教序》之《心经》清拓本选页　逸荷堂藏

除怀仁《集王羲之书圣教序》外，尚有大雅所集王羲之书《兴福寺碑》（图4-2-3）。此碑在明万历年间发现于西安南城壕中，因仅剩半截，故又称"半截碑"。碑为宦官吴文所立，亦称"吴文残碑"。此碑为唐玄宗开元九年（721年）由兴福寺僧大雅集王羲之行书字而成，碑侧雕刻有莲花纹、骑狮人物等图案，亦十分精美，唐花与晋字形成双绝，具有很高的艺术价值，今藏于西安碑林博物馆。

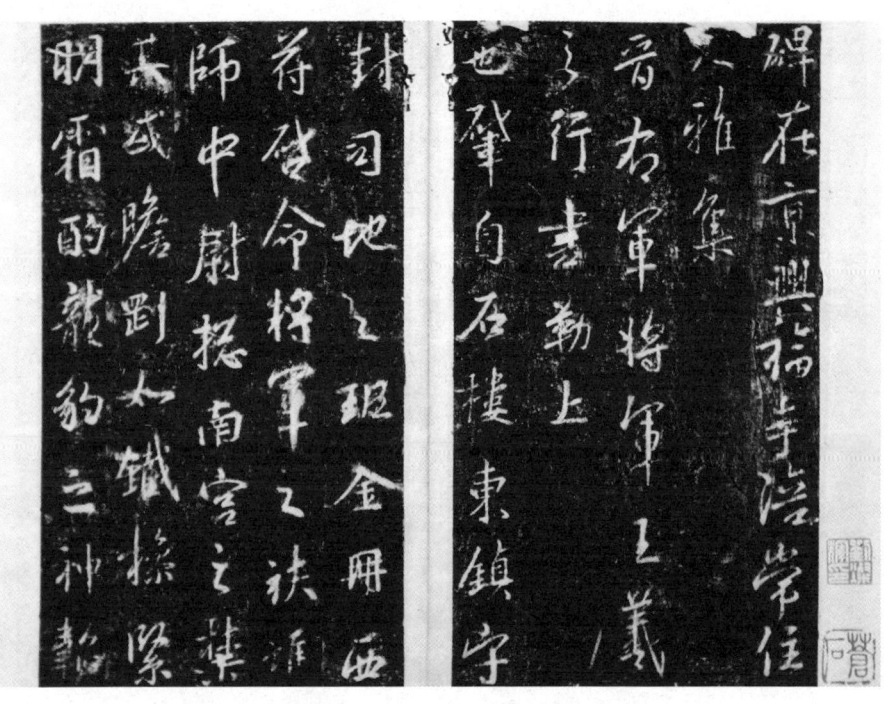

图4-2-3 唐大雅《集兴福寺碑》拓本选页 逸荷堂藏

以《集王羲之书圣教序》为代表的集王系列书刻，集中反映了二王书法体系，在唐太宗等帝王的极力推崇下，成为唐代不可或缺的主流书风。同时，由于晋唐二代相隔尚不甚遥远，有较多二王书法遗存，所以集字帖应能比较真实地反映墨迹神韵。其中僧玄度《集王羲之书金刚经》亦声名远播（图4-2-4）。虔诚的佛教弟子，严谨的集刻态度，在弘扬佛法的同时亦将二王书法之精粹流传至今，功莫大焉。

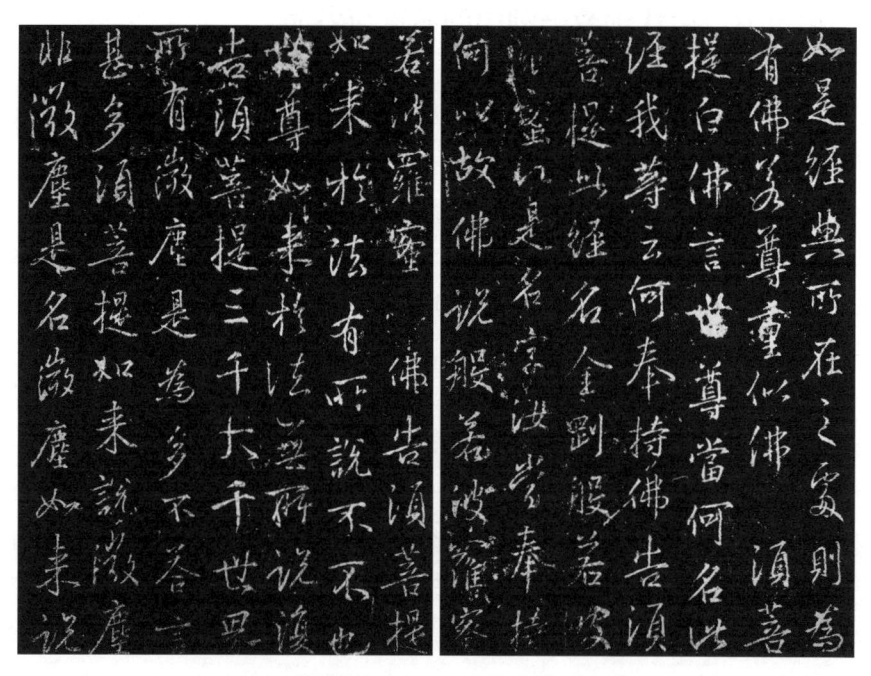

图 4-2-4 唐僧玄度《集王羲之书金刚经》拓本局部

表一 著录所见唐代"集王"刻石列表

刻立时间	名称	撰文、集字人姓名等
咸亨三年（672年）	《集王羲之书圣教序》	怀仁集字，李世民序，李治记，玄奘译心经
仪凤四年（679年）	《舍利塔碑》	越王李贞撰，李君惠集
开元五年（717年）	《建福寺三门碑》	卢藏用撰，吴光壁集
开元六年（718年）	《怀素律师碑》	崔融撰，僧人行敦集
开元九年（721年）	《兴福寺碑》	僧大雅集
开元二十五年（737年）	《令长新诫》	唐玄宗撰，王良辅集
开元二十七年（739年）	《嵩岳寺碑》	李邕撰，胡英集
上元元年（760年）	《梁思楚碑》	郭翁撰，卫秀集
大历六年（771年）	《永仙观碑》	萧森撰，萧森集
贞元十三年（797年）	《楚王堤记》	卢虞撰，张仲严集
贞元十四年（798年）	《僧道源发愿文》	王洽撰，王承规集
元和六年（811年）	《周孝候碑》	陆机撰
大和四年（830年）	《李藏用碑》	王源中撰，唐玄度集
大和六年（832年）	《六译金刚经》	唐玄度集

第三节　唐代佛教书刻中的名家与名品

在唐代帝王崇佛信佛的影响下，王公大臣乃至平民百姓，信奉佛教者众多。唐代的诸多书法名家，也大都参与其中，在与佛教相关的碑刻中，常见名家书迹，为后世留下了大量宝贵的书法遗存。

此处所述佛教书刻，涵括了刻经、寺院碑刻、法师墓志碑刻等，凡与佛教题材相关者，均在列述范围。因数量众多，故仅列取具有代表性的书刻叙述，遗珠之憾，在所难免。

众所周知，唐代的雕塑水平已达到非常高超的境界。唐代石刻，暂且不论书法水平如何，其镌刻工艺多刀法精熟，技艺高超，在文字镌刻的技术层面，比魏晋时期又有了进一步的提高，已经开始普遍讲究笔画使转细微处的变化，并能注意体现出名家书法不同的书写风格和特点。在一些碑刻上也出现了刻手的姓名，一些名家有相对固定的刻手，如多为柳公权书碑刻字的邵建和、邵建初，多为李邕书碑刻字的黄仙鹤等。随着刻工的成熟，唐代书法名家书迹，伴随大唐精工之刻刀，穿越千年时空，栩栩如生地再现在我们面前，其书刻皆精美者，令人不禁由衷赞叹。

一、初唐的佛教刻石书法

唐初较早的佛教刻石书法以《昭仁寺碑》《等慈寺碑》《王行满圣教序》等为代表。

《昭仁寺碑》刻立于唐贞观四年（630年），碑石现存于陕西长武昭仁寺中。碑额为篆书，朱子奢撰文，无署书者姓名。此碑是唐太宗为纪念跟随其征战天下时阵亡之将士，故立碑于寺以超度英灵。此碑结体方正，瘦劲清穆，上接隋楷清俊方正之古意，下启初唐隽逸自然之风韵。关于其书写者，学界多认为此是虞世南之作，也有人认为是王知敬所书，至今尚无定论。

《等慈寺碑》（图4-3-1）立于河南汜水，碑额篆书"大唐皇帝等慈寺之碑"，碑文为颜师古所撰，亦未记载书写者姓名，应为颜师古撰并书。贞观年间唐太宗敕立于寺院之中。碑文书法上承北魏之险劲，下接初唐之端庄，结体平中寓奇，捺笔较为突出，在笔法上以方笔为主，庄重劲健。清代书家郭尚先在《芳坚馆题跋》中评价《等慈寺碑》云："颜籀此书犹是北朝遗则，而加以矜雅，遂出《张神冏》（《张猛龙碑》）上。"杨守敬亦在其《平碑记》中评价《等慈寺碑》："结构全法魏人，而姿态横生，劲利异常，无一弱笔，只堪与欧、虞抗行。世人狃于见习，故不见宝重，而尊仰六朝者，又限以时代，不复留唐人，故乃寂寂也。"

王行满所书《圣教序》刻立于显庆二年（657年），乃王行满传世精品力作，王行满是初唐著名书法家，曾任门下录事等职。清代阮元在《北碑南帖论》中称其："沿习北法，始能自立。"清代书法家刘熙载则认为王行满书法："虽缜密流动，终逊其逸气。"王行满传世书法有《三藏圣教序并记》，又称"王行满圣教序"，另有《韩仲良碑》与《周护碑》等。王行满所书《圣教序》端庄自然，结构工稳。清杨守敬在《平碑记》中评此碑云："此碑易方为圆，渐归自然。"

图 4-3-1 唐颜师古撰《等慈寺碑》拓本局部

近年新出《唐弘福寺首律师碑》，全称《大唐弘福寺故上座首律师高德颂》。刻立于唐高宗显庆元年（656年），1982年出土于西安市莲湖区原唐代修德坊弘福寺遗址。此碑为唐代名臣许敬宗撰文，郭广敬书丹，裴宣机篆额，立碑人为唐代开国功臣张士贵，是近年出土的唐代佛教主题书刻精品。

《唐弘福寺首律师碑》高235.5厘米，宽107厘米。碑文所载首律师，为隋唐之际的戒律大师、相州南派学的代表人物智首。智首俗姓皇甫，《续高僧传》卷第二十三有传记。《续高僧传》的作者道宣即是智首的弟子，同时，道宣也是唐代律宗的创立者。此碑碑额书法为唐代篆书名手裴宣机所篆，碑文为大将军郭广敬书丹，郭广敬是唐代名将郭子仪的祖父，虽为武将，书法不让唐代书法名家。其楷书严谨有度、意态高古，近于虞世南楷书风格。因出土较晚故著录较少，此碑具有很高的文献价值和书法价值。

唐《道德寺碑》，唐显庆三年（658年）刻立。1950年重新发现出土于西安。此碑高292厘米，宽93厘米。上部螭首额题"大唐京师道德寺故大禅师大法师之碑"。碑文楷体，到范书丹。此碑为唐代尼姑十善为纪念其师善惠和玄懿而立，文中历数北齐至隋唐诸帝王与佛教之关系，并记述其二位师父在隋代宫廷的情况。碑刻书法娴熟，隽秀劲健。

二、"初唐四家"与佛教书法经典

初唐书家中，最为著名的是欧阳询、虞世南、褚遂良、薛稷，被称为初唐四家。

（一）欧阳询与《化度寺碑》《心经》

欧阳询（557~641年），字信本，唐潭州临湘（今湖南长沙）人。其祖父欧阳頠官至开府，仪同三司，征南将军，封爵山阳郡公。其父欧阳纥亦任广州刺史等职，陈宣帝时期因起兵反叛兵败被诛，欧阳询幸免于难，为时任尚书令的江总所收养。至隋开皇九年（589年），隋灭陈后欧阳询随养父江总入隋，因欧阳询为学勤奋，博通经史，被仕为太常博士，且以善书名重长安，与李渊等已有交往。隋亡后，欧阳询先为窦建德东夏王朝所用，后东夏为唐所灭，欧阳询又入唐为仕。因欧阳询是唐高祖李渊旧友，故入唐封为给事中一职。至贞观年间，又历任弘文馆学士、迁太子率更令、银青光禄大夫，封渤海县男。贞观二十五年（641年），卒于率更令任上，时年85岁。

欧阳询为初唐书法大家，他的书法被称为"欧体"。据《旧唐书》载，欧阳询"初学王羲之书，后更变其体，笔力险劲，为一时之绝，人得其尺牍文字，咸以为楷模"。欧阳询学书用功颇深，每见先贤之力作，必须细心观摹。据宋代朱长文《续书断》所记，欧阳询师法王羲之，又以笔力劲险见长。有一次在行途中见到索靖所书碑刻，仔细观看了许久方才离去，走出几里后，仍然惦记碑中书法，又不辞劳累返回碑刻处，在碑刻前停留了三天，终于悟到笔法。欧阳询在入唐时已62岁，已基本形成自己平正险劲的书法风格。清梁巘《评书帖》道："欧书凡险笔必力破余地，而又通体严重，安顿照应，不偏不支，故其险也，劲而稳。"① 其中"劲而稳"，形象地描述了欧体的特点。

欧阳询流传至今的法帖较多，佛教题材的有《化度寺碑》《心经刻石》等。

---

① ［清］梁巘：《评书帖》，转引自《历代书法论文选》，第583页。

《化度寺碑》全称《化度寺邕禅师舍利塔铭》，又称《化度寺塔铭》，刻立与贞观五年（631年），碑文由李百药撰写，欧阳询书丹。

　　《化度寺碑》记载了高僧邕禅师的生平事迹。邕禅师俗姓郭氏，太原介休人，自幼聪敏过人，沉稳端静，13岁时在邺西云门寺出家，师从稠禅师，深得器重。后周武帝灭北齐，发动了灭佛运动，佛教受到摧残，邕禅师躲入白鹿山中隐居，仍不忘修炼佛法。直至隋开皇初年，佛教又得以复兴，魏州的信行禅师劝导其出山弘扬佛教，邕禅师听从劝导，出山与信行禅师共同修行。开皇九年（589年），信行禅师被隋文帝征召入京，邕禅师亦跟随入京，两高僧入京后，受到广泛的尊崇和信奉。信行禅师圆寂后，邕禅师继任总领徒众。邕禅师于贞观五年（631年）十一月，在化度寺圆寂，葬于终南山下，信行禅师灵塔之左侧。《化度寺碑》不仅记述了邕禅师的生平，亦反映了佛教在北周、北齐、隋唐时期的情况，具有较高的佛教史料价值。

　　《化度寺碑》为欧阳询的精品力作，书法结构严密，笔画秀劲，骨力洞达，风格静穆，险劲中可见雅致。清代翁方纲极力推崇此碑并仿效摹写，研习欧体书法者亦多以《九成宫》与此碑为范本。惜《化度寺碑》原石久佚。据传，在宋时此石尚立于陕西长安终南山佛寺中，庆历年间学者范雍见此碑后，称赞此碑为至宝之物，寺中僧人误解为石中藏有宝贝，便将石碑击破寻宝，结果一无所获，碑断后被弃于寺后；范雍再到寺院中时，见此碑已断为三截被弃，遂将断碑运回收藏；后因靖康兵乱等原因，此碑石亡佚，甚为可惜。此碑翻刻版本较多，故见此碑之拓本亦多为翻刻本。

　　因化度寺碑在宋时已断佚，故此碑拓本流传至今者十分珍贵，有多种翻刻版本，真假难辨。光绪三十四年（1908年），在敦煌莫高窟第十七窟藏经洞中发现《化度寺碑》剪裱本（图4-3-2），共存12页，计226字。其中前两页为法国人伯希和所得，现藏于法国巴黎国立图书馆；后10页被英国人斯坦因所得，现存英国伦敦大英博物馆。《化度寺碑》四欧堂藏本亦十分著名（图4-3-3），此本现藏于上海图书馆，四欧堂本与敦煌本并非同一版本，相关学者翁方纲、罗振玉、吴湖帆等就此展开过较长时间的研究并各有见解。现金石碑帖学界一致认为敦煌本为北宋景祐三年（1036年）之前的翻刻版本，四欧堂本为宋拓真本。

　　欧阳询小楷《心经》（图4-3-4）传为欧阳询奉敕所书，落款"贞观九年十月旦日率更令欧阳询书"。此作神采奕奕，劲健有力，充分体现了欧书的特点。

另有刻本《佛说尊胜陁罗尼咒》，虽未有题记书写者姓名，但历来被视为欧阳询所书。此刻石之小楷书法与《心经》颇为类似，用笔沉稳，结体秀整，同欧书"心经"一起为学习小楷之范本。

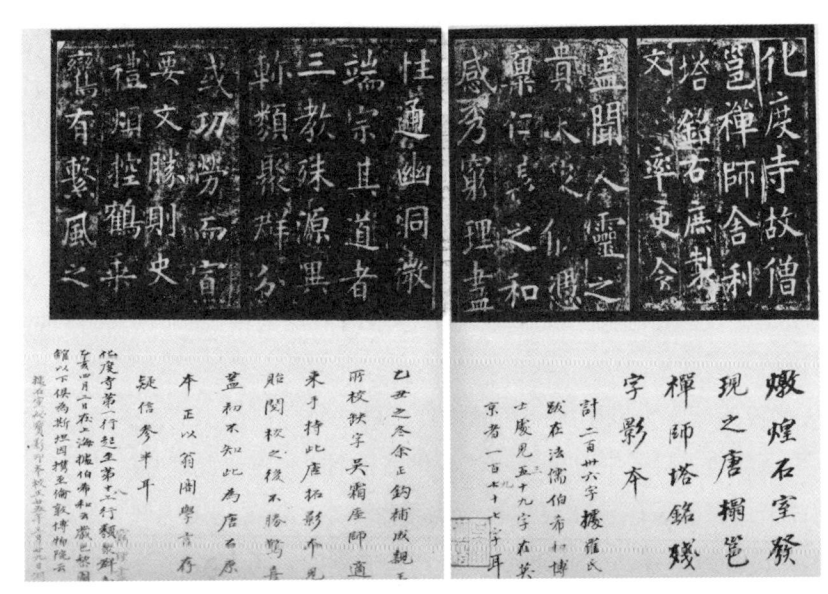

图 4-3-2 《化度寺塔铭》敦煌本局部　大英博物馆藏（首二页为法国巴黎国立图书馆藏）

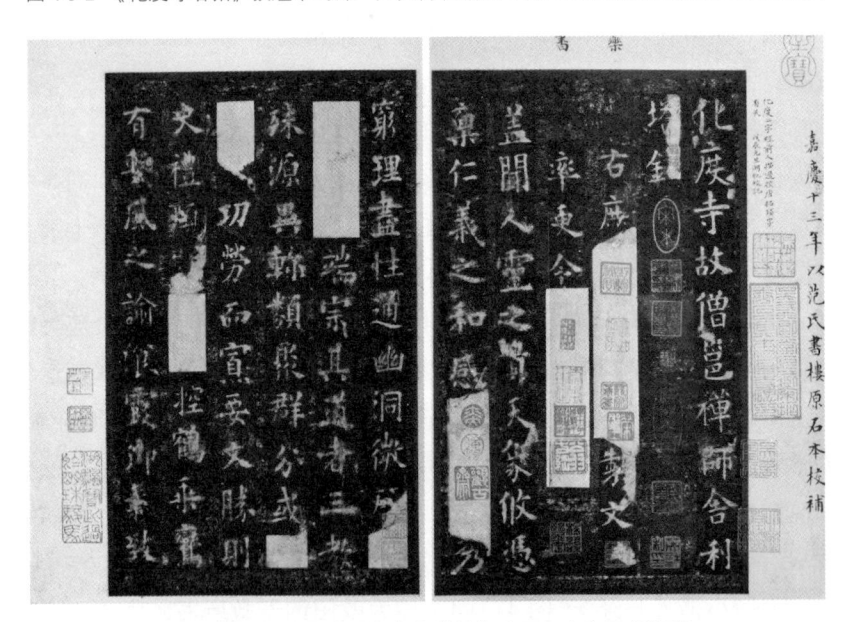

图 4-3-3 四欧堂本《化度寺塔铭》选页　上海图书馆藏

图 4-3-4　唐欧阳询《心经》拓本

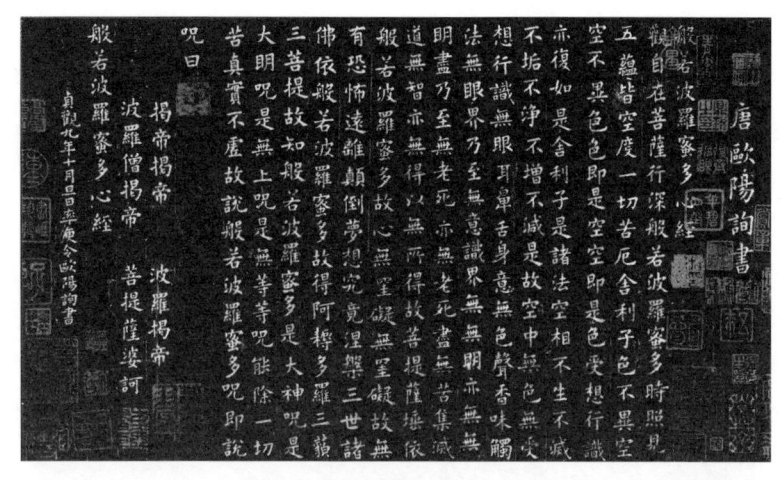

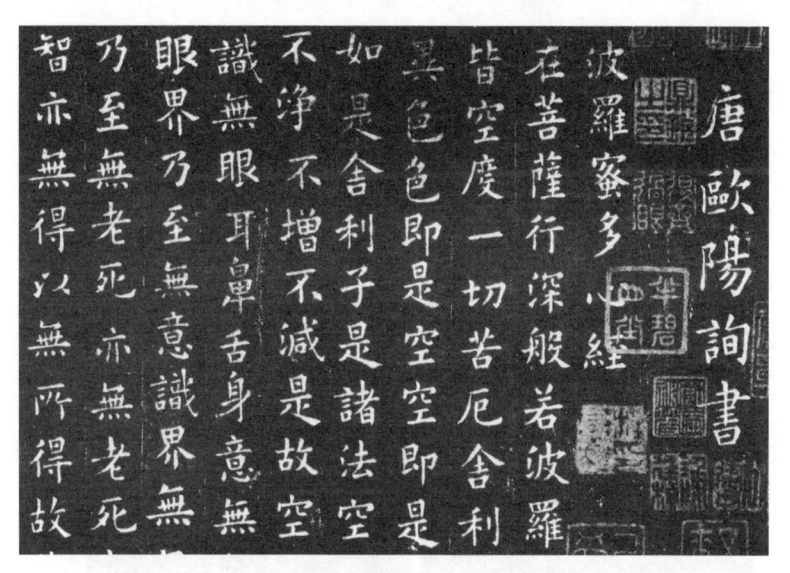

图 4-3-4　唐欧阳询《心经》拓本局部

（二）虞世南与《昭仁寺碑》

虞世南（558~638年），字伯施，越州余姚（今浙江余姚）人。生于南朝陈武帝时期名门望族。23岁时即入仕任法曹参军，后入隋为官，被征为王府学士，转授秘书即兼文学侍臣，隋大业年间任六品起注舍人。虞世南著有《北堂书钞》及《长州玉镜》，为世人所重，成一代名儒。后于唐武德四年（621年）成为秦王李世民幕僚，后官至银青光禄大夫、弘文馆学士。贞观十二年（638年）卒。虞世南去世后唐太宗赠礼部尚书、谥文懿，陪葬昭陵。

虞世南的书法较多地继承了魏晋书风。他曾学书于隋智永禅师，得"二王"之真传，形成了圆润精劲、古雅内敛的风貌。其书法取向也影响了唐太宗李世民，唐代二王书风大盛，此有很大关系。虞世南在论著《笔随论》和《书旨述》中也阐述了他师法晋人、尚意重韵的艺术观点。

《豳州昭仁寺碑》（图4-3-5）未署书册人姓名，传为虞世南所书，原碑立于陕西邠州长武县，据其书风及年代，历代学者多以其为虞世南所书，亦有学者认为此碑是模仿虞世南风格，并非虞世南所书。此碑书法古雅劲健，端庄有度，非寻常书家可得，为初唐佛教书刻之上品。刘熙载《艺概》云："学永兴（虞世南）书，第一要识其筋骨胜肉，综昔人所以称'庙堂碑'者，是何精神！而辗转翻刻，往往入于肤烂，在今日则转不如学《昭仁寺碑》矣。"①

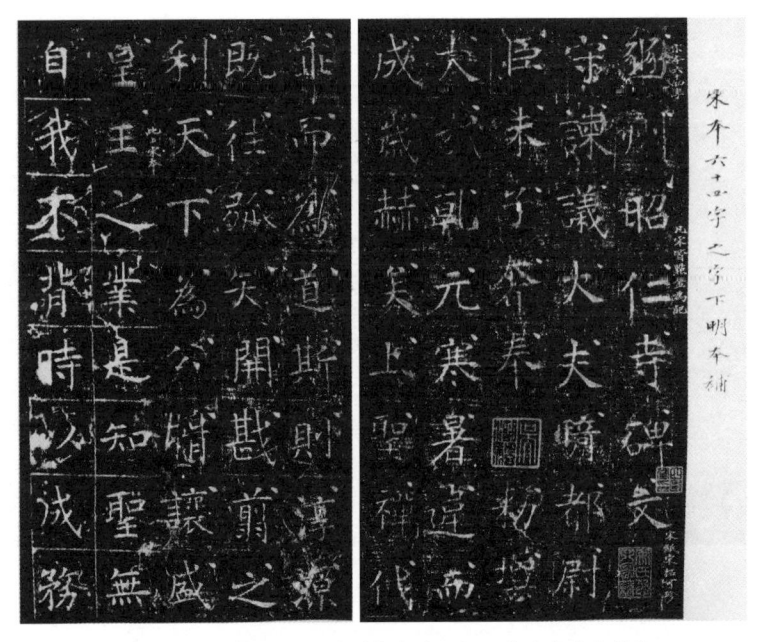

图4-3-5 唐《豳州昭仁寺碑》拓本局部 传为虞世南所书

（四）褚遂良与《伊阙佛龛碑》《雁塔圣教序》《孟法师碑》

初唐著名书法家褚遂良，留下了大量和佛经相关的书法遗存。褚遂良（596~658年），字登善。河南阳翟（今河南禹州）人，近年又有学者据偃师商城博物馆明清时期碑刻所述，提出褚遂良祖籍洛阳偃师、后迁居杭州之

---

① ［清］刘熙载：《艺概》，引自《历代书法论文选》，第701页。

说，仅供参考，有待进一步考证。

褚遂良父亲褚亮和欧阳询常有交往，褚遂良亦因此有机会向欧阳询请教书法。因褚遂良精通文史，学识渊博，受到欧阳询的欣赏与器重。后经魏徵推荐，褚遂良为唐太宗所重用，官任中书令一职。《旧唐书》记载，太宗尝谓侍中魏徵曰："虞世南死后，无人可以论书。"徵曰："褚遂良下笔遒劲，甚得王逸少体。"太宗即日诏令侍书。褚遂良对王羲之的书法有深入的研究，并精于鉴赏。《旧唐书》本传载："太宗尝出御府金帛购求王羲之书迹，天下争赍古书诣阙以献，当时莫能辨其真伪。遂良备论所出，一无舛误。"①可证了褚遂良对王羲之书法的精熟程度。他汲取了王羲之书法秀美的特点，形成了自己不同于欧阳询、虞世南的书法风格，对唐代书坛产生了很大的影响。

褚遂良的书法大概可分为两个阶段。前期书法承北朝、隋代书法之遗韵，方正严谨，略带隶意，代表作《伊阙佛龛碑》（图4-3-6），风格与隋代著名的《龙藏寺碑》甚为相似；所书《孟法师碑》，亦类同于虞世南之书风。后期书法则吸收王羲之书法的特点，结体放松自然，点画纤细而不失劲媚，变化丰富，以《雁塔圣教序》和《房玄龄碑》为代表，已开一代之楷则。清代

图4-3-6　唐褚遂良《伊阙佛龛碑》拓本选页

---

① ［后晋］刘昫：《旧唐书·列传第三十》，中华书局，1975年，第2729页。

书法理论家王澍在《虚舟题跋》中说:"褚河南书,陶铸有唐一代,稍险劲则为薛曜,稍痛快则为颜真卿,稍坚卓则为柳公权,稍纤媚则钟绍京,稍腴润则为吕向,稍纵逸则魏栖梧,步趋不失尺寸则为薛稷。"[①] 刘熙载《艺概》云:"褚河南为唐之广大教化主,颜平原得其筋,徐季海得其肉。"[②] 足可见褚遂良的楷书,影响了唐代一大批著名的书法家。

褚遂良所书《伊阙佛龛碑》,又称《三龛碑》《三龛记》,刻于唐贞观十五年(641年),位于洛阳龙门石窟著名的宾阳洞中洞南侧洞口,依石崖镌刻为碑形,与石窟形成一体,因宾阳洞分中洞、南洞、北洞,又称其"三洞",此碑又被称为三龛碑。碑体高大,通高4.99米,宽1.9米。首题"伊阙佛龛之碑",碑文由岑文本撰,褚遂良书写,共33行,每行51字。至今保存尚属完整,但风化较为严重,特别是碑末数行,残损较为严重。目前可见的最早拓片为明代何元朗清森阁藏本,今藏中国国家图书馆。此拓本中亦不可见褚遂良之署名,说明在明代以前,此碑已残损。永徽六年(655年),高宗欲废王皇后立武则天为皇后,褚遂良极力反对,与武则天矛盾激化,并因此先后被贬任潭州都督,后转桂州都督,又贬为爱州(今越南清化)刺史。褚遂良于显庆三年(658年),卒于任上。

欧阳修《集古录跋尾》卷五云:"《三龛记》,唐兼中书侍郎岑文本撰,起居郎褚遂良书,字画尤其伟,在河南龙门山,山夹伊水,东西可爱。俗谓其东曰香山,其西曰龙门。龙门山壁间凿石为佛像,大小数百,多后魏及唐时所造,惟此《三龛像》为最大,乃魏王泰为长孙皇后造也。"[③] 赵明诚《金石录》中卷三载此碑为:"岑文本撰,褚遂良正书,贞观十五年十一月。"[④] 宋代《宝刻丛编》[⑤]及《宣和书谱》[⑥]亦多有此记载可证。

《伊阙佛龛碑》亦可称造像题记,因此碑是唐太宗第四子魏王李泰,为其死去的生母文德皇后长孙氏造像而立,碑文由唐代著名文人大学士岑文本撰写,文章引经据典,词藻华丽,显示了撰文者深厚的学识和优美的文笔。碑文内容主要有四个方面:其一,对佛教的赞美与颂扬;其二,对文德皇后

---

① [清]王澍:《虚舟题跋·竹云题跋》,李文点校,浙江人民美术出版社,2015年,卷四(原第七),第120页。
② [清]刘熙载:《艺概》,引自《历代书论文选》,第702页。
③ [宋]欧阳修:《集古录跋尾》,邓宝剑、王怡琳注释,人民美术出版社,2010年。
④ [宋]赵明诚:《金石录》卷三,刘晓东、崔燕南点校,齐鲁书社,2009年,第120页。
⑤ [宋]《宝刻丛编》卷二《褚遂良》:"《三龛碑》岑文本撰,字画奇伟,贞观十五年十一月,摩崖刻。"
⑥ [宋]《宣和书谱》卷三,王群栗点校,浙江人民美术出版社,2012年。第29页。

长孙氏德行之褒赞；其三，赞誉魏王李泰之功德并表达其对母亲的孝思；其四，对造像及造像窟庄严华丽景象的描写，并再次颂扬佛法之宏大。在中国书法史上此碑地位非常重要，刘熙载《艺概》评曰："褚书，《伊阙佛龛碑》兼有欧虞之胜。"[1]《伊阙佛龛碑》是佛教与书法结合的又一力作，亦是学习楷书的上佳范本。

楷书《雁塔圣教序》亦是褚遂良的代表作品，今在陕西西安南郊大慈恩寺大雁塔南门左右龛内。左为《大唐三藏圣教序》，唐太宗贞观二十二年（648年）太宗文皇帝制，中书令臣褚遂良书；右为唐高宗立为太子之时"皇帝在春宫日制此文，尚书右仆射上柱国河南郡开国公褚臣遂良书"之《大唐皇帝述三藏圣教序记》，序、记二碑均为高宗永徽四年（653年）所刻。

褚遂良书《雁塔圣教序》楷书（图4-3-7），书风意态优美，变化自然，遒劲秀丽，代表了褚书成熟时期的风格。唐代张怀瓘赞誉道："若瑶台青琐，窅映春林，美人婵娟，似不任乎罗绮，增华绰约"。[2]清王澍《虚舟题跋》赞

图4-3-7 唐褚遂良《雁塔圣教序》拓本局部

曰："雁塔本笔力瘦劲，如百岁枯藤，而空明飞动，渣滓尽而清虚来，想其格韵超绝，直欲离纸一寸。律以右军之法，虽不免稍过，要之晴云挂空，仙人啸树，故自飘然，不可攀仰矣。"[3]概言之，此碑为劲健秀丽书风之楷模。

《同州圣教序碑》亦称《同州三藏圣教序碑》，为龙朔三年（663年）依据《雁塔圣教序》摹刻而成，由于刻手之差异，与《雁塔圣教序》形成了不同的面目。《同州圣教序》原立于陕西同州龙兴寺，1972年移入西安碑林保存。

---

① ［清］刘熙载：《艺概·书概》，引自《历代书法论文选》，第702页。
② ［唐］张怀瓘：《书断》，上篇，引自《历代书法论文选》，192页。
③ ［清］王澍：《虚舟题跋》卷四（原第七），李文点校，浙江人民出版社，2015年，第120页。

《孟法师碑》（图4-3-8）是贞观十六年（642年）褚遂良中年时期的佛教题材书法力作，全称《京师至德观主孟法师碑》。据宋赵明诚《金石录》所记，为唐岑文本撰，褚遂良书。碑石久佚，仅有唐拓孤本传世，拓本原为清代李宗瀚旧藏，后流传入日本，为三井听冰阁所藏。《孟法师碑》，兼具欧阳询和虞世南书风的优点，用笔虚实相生、稳健中又见起伏顿挫，富于变化，结体疏密相间，顾盼有资，章法缜密，气韵生动，自成一代之楷则。

图4-3-8 唐褚遂良《孟法师碑》拓本局部

（五）薛稷与《信行禅师碑》《龙门刻经》

薛稷（649~713年），字嗣通，唐时蒲州汾阳（今山西宝鼎县）人。薛稷是隋代书法家薛道衡曾孙，一代名臣魏徵是薛稷的外祖父，家族显赫。武则天在位时薛稷位居宰辅，唐睿宗即位时被赐封晋国公，历太子少保，吏部尚书，后因太平公主及窦怀贞谋逆案受到牵连，被赐死于狱中。

薛稷书法与褚遂良、虞世南一脉相承，又略加变化。薛稷擅书能画，博雅好学。《旧唐书》本传载："自贞观、永徽之际，虞世南、褚遂良，时人宗其书迹，自后罕能继者。稷外祖魏徵家富图籍，多有虞、褚旧迹，稷锐精模仿，笔态遒丽，当时无及之者。"[①] 薛稷的书法风格和褚遂良的书法风格颇为类似，但较之褚书更显瘦硬。宋董逌《广川书跋》称："其师承血脉，则于褚为近。至于用笔纤瘦，结字疏通，又自别为一家。"形象描述了薛稷书法的特点。[②]

《信行禅师碑》（图4-3-9）全称《隋大善知识信行禅师兴教之碑》，唐神龙二年（706年）所书刻，越王李贞撰文，薛稷书，楷体。原碑已佚，传

---

① ［后晋］刘昫《旧唐书·列传第二十三》，中华书局，第2591页。
② ［宋］董逌：《广川书跋》薛稷杂碑篇，引自《历代书法论文选续编》，第118页。

世拓本原仅见道州何绍基藏贾似道本，宋拓，册尾残缺。今此拓孤本已流入日本，为京都大谷大学所藏。近年，又新发现了翁同龢藏本，翁同龢藏本册首二页记述为李文田、张之洞借观佚失，亦称是宋代拓本。

薛稷之从兄薛曜亦是著名书法家，书法传世代表作有《封祀坛碑》《夏日游石淙诗》《秋日宴石淙诗》等。另有龙门东山擂鼓台刻经，传为薛稷所书，经笔者综合考证，窃以为其应为薛曜所书。

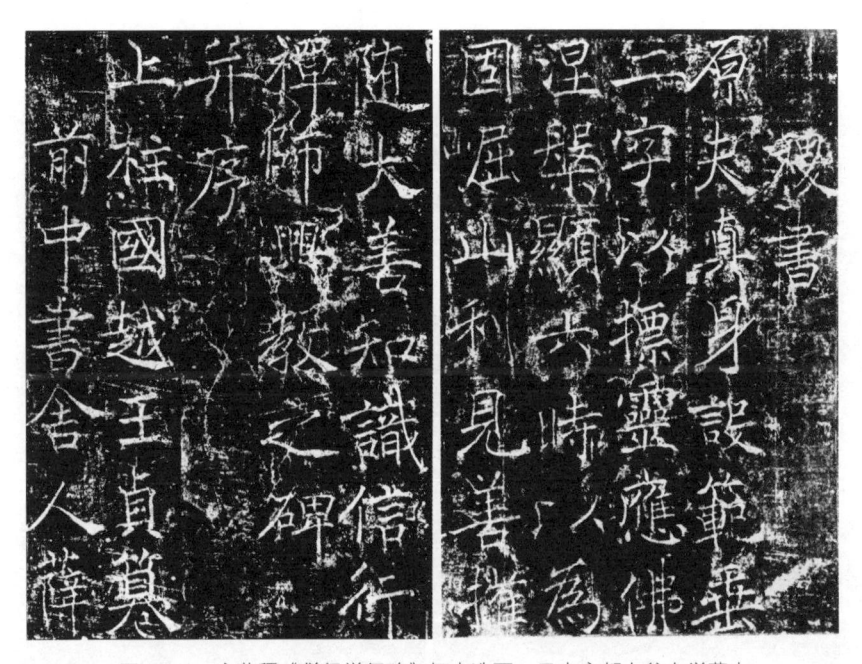

图 4-3-9　唐薛稷《僧行禅师碑》拓本选页　日本京都大谷大学藏本

（六）欧阳通与《道因法师碑》

欧阳通（625~671年），字通师，潭州临湘人，为初唐著名书法家欧阳询第四子。欧阳通亦是初唐名家，二者有"大小欧阳"之称，新旧《唐书》皆有传记。欧阳通之书法继承家法，以险劲为主要特点，宋董逌《广川书跋》中道："笔力劲健，尽得家风，但微伤丰秾，故有愧于父。至于惊奇跳骏，不避危险，则殆无异也。"①表达了对欧阳通的书法评价，即险劲过之，丰厚不足，认为其在艺术水准上略低于其父欧阳询。

《道因法师碑》（图4-3-10），唐龙朔三年（633年）刻立，为欧阳通所

---

① ［宋］董逌：《广川书跋》"欧阳通别帖篇"，引自《历代书法论文选续编》，第122页。

书。此碑全称《大唐故翻经大德益州多宝寺道因法师碑》。碑文记载，道因法师俗姓侯氏，濮阳人，其少年即有志于佛法，并游历成都多宝寺、山西大慈恩寺等地；擅讲《涅盘》《华严》《大品》《维摩》《法华》《楞伽》等经，《十地》《地持》《毗昙》《智度》《摄记》《对法》《佛地》等论以及四分等律，英名远播，追随者甚众；并记载道因法师得到皇帝邀请，到京城大恩寺中与玄奘法师一起证释梵文佛经，玄奘法师对其十分器重，经常与其讨论经文，道因法师于显庆三年（658年）圆寂。碑文后亦记载多首对法师的颂词。

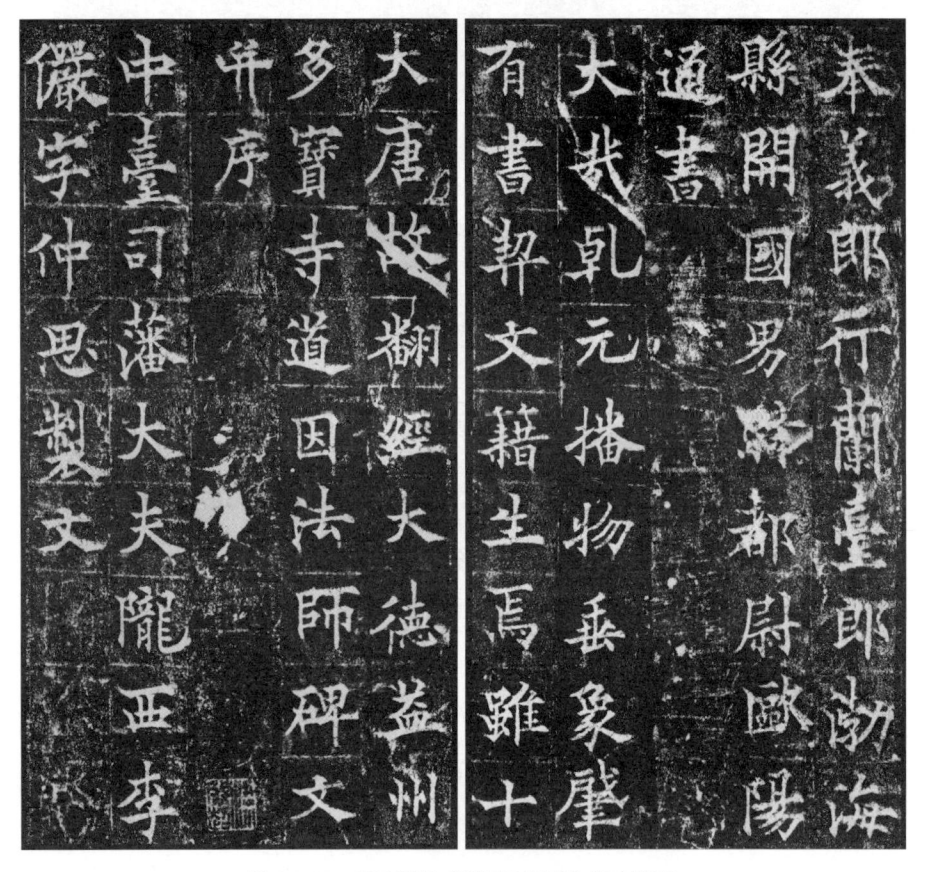

图 4-3-10　唐欧阳通《道因法师碑》拓本选页

欧阳通的传世书刻还有著名的《泉男生墓志》。唐代调露元年（679年）书刻。1922年出土于洛阳，出土后被日本人买去，险些流失海外，后几经波折，今藏于河南博物院。因非佛教题材，在此不再赘述。

（七）敬客《王居士砖塔铭》

《王居士砖塔铭》（图4-3-11）明末崇祯年间出土于终南山楩梓谷百塔寺，一出土便因其书法隽美秀逸，为金石界及书法界所重。《王居士砖塔铭》全称《大唐王居士砖塔之铭》，唐显庆三年（658年）刻立，共17行，满行17字，上官灵芝撰文，敬客书丹。碑文记述了王居士名公，字孝宽，为唐时佛教三阶教的徒众，铭文记述了王居士生前的修行及死后起塔，葬于终南山的记载。

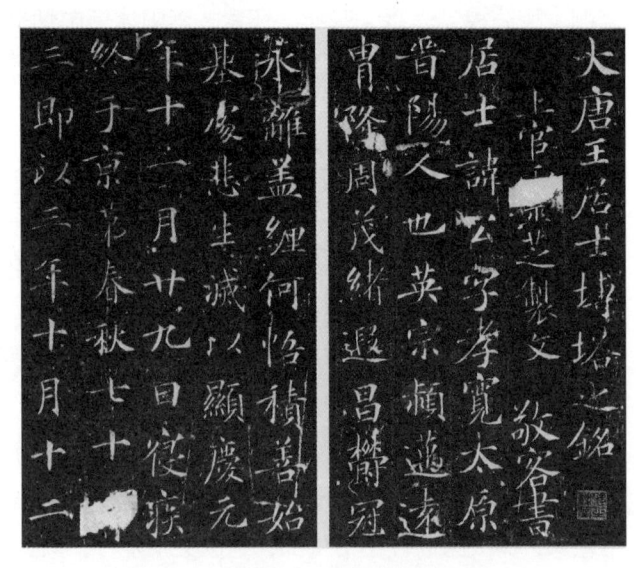

图4-3-11　唐敬客《王居士砖塔铭》拓本局部

《王居士砖塔铭》出土时已裂为三块，随后由于多次捶拓等而数次碎裂。现存较早的拓本有赵烈文旧藏整纸拓本，亦称"三断本"，现已流入海外为私人收藏，但学者伊藤滋考订此拓本为翻刻本。另有上海图书馆所藏二石本，即比三断本少了右上角的一块，后随石而断碎裂，又有五小石本和七小石本等传世拓本。

此铭出土后，至清代倍受推崇，清代王澍在《虚舟题跋》中云："敬客名不显于时，然其书法特为瘦劲，大类褚公。则知唐世能书者人多，不免为巨公掩耳。"[①] 翁方纲亦云其铭曰："书法全得褚意，唐楷之最精致者。"又云"此碑婉润秀整，虽已开后人法门，尚未失河南规矩，旧拓才泐一二字，斯可为宝耳！"杨守敬亦评价此碑为："此志神似褚河南，自是唐碑第一。"此碑是清代以来研习楷书的著名范本。

三、唐代中期的佛教书法

唐代中期通常指从唐玄宗开元初年至唐德宗贞元中（713~804年）。唐玄

---

① ［清］王澍：《虚舟题跋》卷七（原第十），李文点校，浙江人民出版社，第163页。

宗在"贞观之治"的基础上，开创了"开元盛世"，迎来了唐王朝政治、经济、文化的高度繁荣，书法艺术也随之又达到了一个新的高峰期，产生了诸如颜真卿、柳公权、李邕、张旭、怀素、李阳冰等彪炳书史的书法名家，并分别在楷书、行书、草书、篆书领域取得了新的成就，开启了书坛气势恢宏的盛唐气象。

唐中期亦是佛教艺术的兴盛期，盛唐的书法家大都热衷于佛事，与佛教领域多有交集，书碑写经者甚多，为佛教和书法艺术的传承做出了巨大的贡献。因这一时期佛教相关书刻较多，篇幅所限，故仅择其中较知名者予以论述。

(一) 颜真卿与《多宝塔感应碑》《八关斋会报德记》

颜真卿 (709~785年)，字清臣，祖籍琅琊临沂 (今山东临沂)，其出生地为京兆万年县 (今陕西临潼)。颜真卿出生于名门望族，其先祖颜之推是位著名学者，亦有书名，著有《颜氏家训》传世。颜真卿曾祖父颜师古，也是一位书法家，唐太宗时任中书侍郎，是位文字学者；颜真卿之父颜惟贞能文善书，受笔法于舅父殷仲容。颜真卿自幼丧父，依靠母亲殷氏扶养成人。开元二十二年 (734年)，中进士，此后不断升迁直至平原太守，故后世又称其为颜平原。之后，安禄山谋反，河朔地区均被攻陷，独颜真卿率众力保平原城固守未失，颜真卿高举义旗，被推举为十七郡盟主，与其堂兄颜杲卿等组织二十万大军，抵抗安禄山叛军。安史之乱平息之后，颜真卿入京受封为吏部尚书，太子太师，封鲁郡开国公，后世称其为"颜鲁公"。因颜真卿性格刚正不阿，直言善谏，故多次受到元载、卢杞等人的排挤和陷害，数次被贬。德宗建中四年 (783年)，李希烈反叛，卢杞为陷害颜真卿，故意派他去劝降李希烈，颜真卿遭李希烈软禁，一年后遇害。德宗皇帝痛诏举国悼念，诏文称其"器质天姿，公忠杰出，出入四朝，坚贞一志"。

颜真卿的人品、书品被后世广为推崇。其在世时书法风格也在不断变化，不同时期呈现出不同的风格特征，在楷书和行书上均取得了卓越的成就。行书方面有"天下第二行书"之称的《祭侄文稿》，和《祭伯文稿》《争座位稿》一起被并称为"三稿"。楷书方面则有著名的《多宝塔碑》《麻姑仙坛记》《大唐中兴颂》《八关斋会报德记》《颜勤礼碑》等。其中与佛教相关联紧密的有《多宝塔碑》和《八关斋会报德记》。

《多宝塔碑》(图 4-3-12) 全称《大唐西京千福寺多宝塔感应碑文》，岑勋撰文，徐浩隶书题额，颜真卿书碑。原立石于唐长安安定坊千福寺，后移至西安府学，今存西安碑林。此碑高285厘米，宽102厘米，文34行，行66字。《多宝塔碑》碑阴又刻《楚金禅师碑》，释飞锡撰文，吴通微书，碑文中记述了楚金禅师修建千福寺多宝塔的事迹经过，以及修建过程中各种灵应和神奇之景象。

《多宝塔碑》是颜真卿早期楷书的代表作，为颜真卿44岁时所书。此作楷法完备，端庄得体，尽显唐楷之法度。明王世贞《弇州山人四部稿》评此碑："此帖结法尤整密，但贵在藏锋，小远大雅，不无佐史之恨耳。"明孙铲

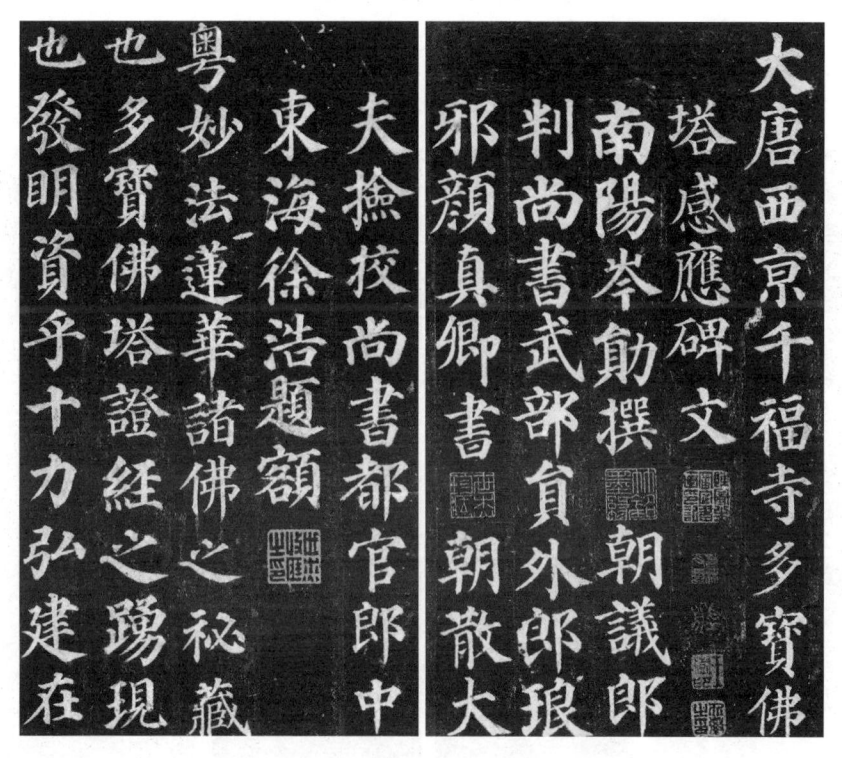

图 4-3-12 唐颜真卿《多宝塔碑》拓本选页

亦云："此是鲁公最匀稳书，亦尽秀媚多姿，第微带俗，正是近世掾史家鼻祖。"① 清代王澍跋此碑道："此碑书法腴劲，最有态度。鲁公书多以骨力健古为工，独此碑腴不剩肉，健不剩骨，以浑劲吐风神，以姿媚含变化，正其年少鲜华时意到书也。"②

---

① [明] 孙鑛：《书画跋跋》，引自《历代书法论文选续编》，第338页。
② [清] 王澍：《虚舟题跋》卷六，李文点校，浙江人民出版社，第138页。

《八关斋会报德记》为颜真卿于大唐大历七年（772年）所撰并书，此记为八面书刻之石幢，立于佛寺中。唐会昌灭佛时，石被毁五面，至唐大中五年（851年），郡守崔倬依据旧拓本补刻，刻石今存河南商丘开元寺内（图4-3-13）。

此记为颜真卿64岁时所书，书法刚劲古朴，方圆兼备，且兼有篆隶之笔意。明王世贞评道："方整遒劲中别具姿态，真蚕头鼠尾，得意时笔也，此书不甚名世，而其格不在《东方》《家庙》下。"清代孙承择亦评此记："字法大径三寸许，方整而有风致，视他书更胜。"

颜真卿书写的《多宝塔碑》《八关斋会报德记》为佛教题材书法艺术谱写了经典的华章。

图4-3-13　唐颜真卿《八关斋会报德记》拓本

（二）徐浩与《大证禅师碑》《不空和尚碑》

徐浩是中唐时期著名书法家。徐浩，字季海（703~782年），唐越川（今浙江绍兴）人。徐浩少举明经，擅草隶，以文学为张说器重，遂成为宫廷御用书手。《新唐书》本传载："肃宗即位，召授中书舍人，四方诏令，多出浩手，遣辞赡速，而书法至精，帝喜之。"《旧唐书》本传亦记道："玄宗传位诰册，皆浩为之。参两宫文翰，宠遇罕与无比。"可知徐浩善文辞与书法，为唐肃宗、代宗所器重，成为书写诏令的御用书家。

徐浩书法承家学渊源，其祖父徐师道、父亲徐峤之都以书法著称，其子徐岘也工于书法，以行草见长，有《徐浩碑》传世。徐浩亦有书法理论著述《古迹记》和《论书》。《古迹记》记述初唐时期，二王书法聚散保存的情况，此篇被唐张彦远收入《法书要录》；《论书》则主要论述了书法的源流及其本人的学书心得。

《大证禅师碑》（图4-3-14）为唐大历四年（769年）徐浩所书。此碑全称《大唐东京大敬爱寺故大德大证禅师碑铭》，立于河南登封嵩岳寺内嵩岳塔前。由王缙撰文，徐浩正书，刘英模勒，屈集臣镌刻。清王昶在《金石萃编》中记述此碑云："碑高八尺，广三尺九寸三分。二十五行，行五十二字，正书，在登封嵩岳寺后。"[①]大证法师，号昙真，姓边，陈留开封（今河南开封）人。《大证禅师碑》记述了他一生的佛学修行和所取得的成就。

《不空和尚碑》（图4-3-15~16）全称为《唐太兴善寺故大德大辩正广智三藏和尚碑铭》，严郢撰文，徐浩书，刻立于唐建中二年（781年）。《金石萃编》载："碑高八尺三寸五分，广四尺一寸八分，字共二十四行，满行四十八字。"[②]徐浩书写此碑时已79岁，书法风格已非常成熟，结体端庄，点画精熟，书风平实而稳健，是徐浩书法的代表作品。《不空和尚碑》原立于长安兴善寺（今西安城南），宋元祐五年移存西安碑林。

《不空和尚碑》碑文叙述不空和尚原籍西域，曾在唐长安大兴善寺宣扬佛教密宗，并译成密宗经典77部120卷。历经玄宗、肃宗、代宗三朝，开元间为三大士之一，后更被誉为国师。他的弟子慧果，在长安的青龙寺，将佛教密宗传于日本学问僧空海。空海回到日本后，不仅将佛教密宗在日本发

[①] ［清］王昶：《金石萃编》卷九十五，唐五十五，影印扫叶山房本，陕西人民美术出版社，1990年。
[②] ［清］王昶：《金石萃编》卷一百二，唐六十二，影印扫叶山房本，陕西人民美术出版社，1990年。

佛教与中国书法

图 4-3-14 唐徐浩《大证禅师碑》拓本及碑刻图片

扬光大，而且还依据中国书法草书书体，创制了日本文字平假名。空海和尚通过在中国的学习与交流，精通二王书法，回国后，被称为"日本王羲之""日本书圣"。此碑对于研究佛教密宗的传播，中日、中印文化交流史，

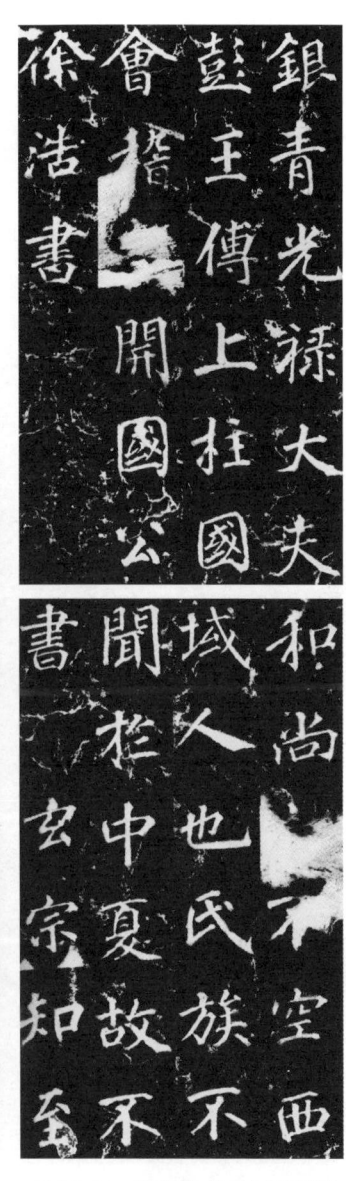

图 4-3-15 唐徐浩《不空和尚碑》拓本　　图 4-3-16 唐徐浩《不空和尚碑》拓本局部

中国书法的域外传播,都具有重要的价值。

(三)魏栖梧与《善才寺碑》

魏栖梧为唐明皇时期书法家,工于正书。《善才寺碑》(图4-3-17)全称《大唐河南府阳翟县善才寺文荡律师塔碑铭并序》。刻立于开元十三年(725年),卢涣撰文,魏栖梧所书,楷书体。原石久佚,有临川李宗瀚旧藏孤本传世,今存日本三井纪念美术馆。原旧拓本"魏栖梧书"等字旧时被挖去，而嵌入"褚遂良书"等字样抬高拓本身价，清代王澍、翁方纲考证定为魏栖梧书。宋代赵明诚《金石录》记载："唐文荡律师碑，卢涣撰，魏栖梧正书，开元十三年十月。"① 此碑刻与褚遂良《雁塔圣教序》书法风格十分类似。

（四）宋儋与《道安禅师碑》《珪禅师碑》

宋儋，字藏褚，广平人氏，高尚不仕。吕总《续书评》评其书法有"暮春花发，夏柳低枝"之喻，书迹见著录者为二石一纸，即为开元十五年（727年）所立之《道安禅师碑》，开元二十三年（735年）所立《珪禅师碑》，《接拜帖》（收录于《淳化阁帖》中）等。其中《道安禅师碑》（图4-3-18）

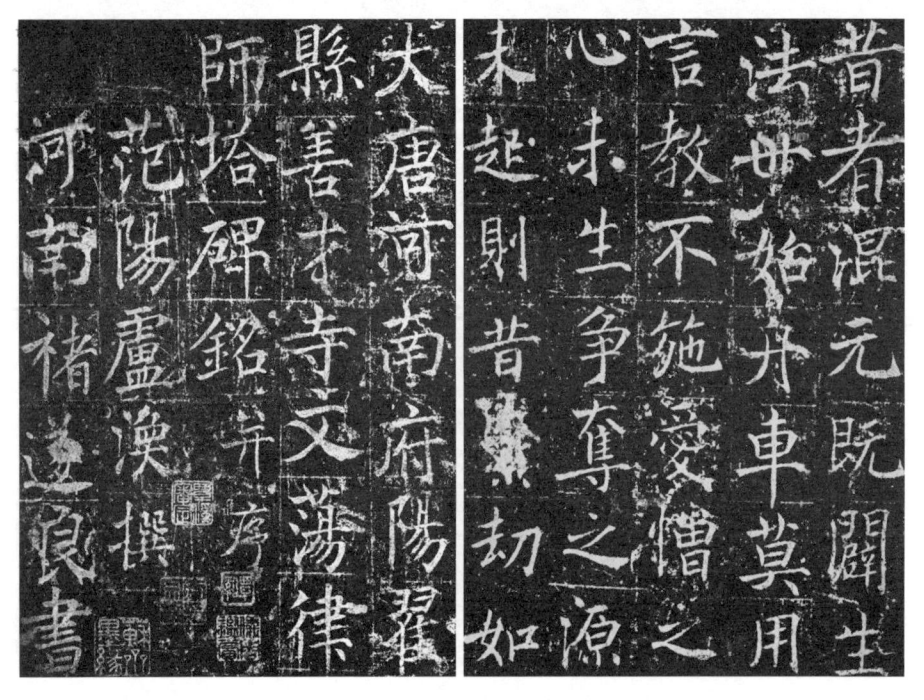

图4-3-17　唐魏栖梧《善才寺碑》拓本选页

最能代表宋儋书风，刻立于河南嵩山，全称《嵩山会善寺道安禅师碑》，其用笔欹侧，有飘逸之感。杨守敬评曰："宋儋之《道安禅师碑》，体兼行

---

① [宋]赵明诚：《金石录》卷第五《目录五》"伪周、唐"，刘晓东、崔燕南点校，齐鲁书社，2009年，第43页。

楷,别出门庭,自是开元间体格,在各家后露头角,故自不凡。"①

(五)裴漼与《少林寺碑》

裴漼,绛州闻喜(今山西闻喜)人。所书《少林寺碑》全称《皇唐嵩岳少林寺碑》(图4-3-19),于唐开元十六年(728年)七月十五日刻立于登封市城西北嵩山少林寺院内大雄宝殿左侧。碑高3.1米,宽1.38米。上部雕刻龙首,长方座。首行题"皇唐嵩岳少林寺碑,银青光禄大夫守吏部尚书上

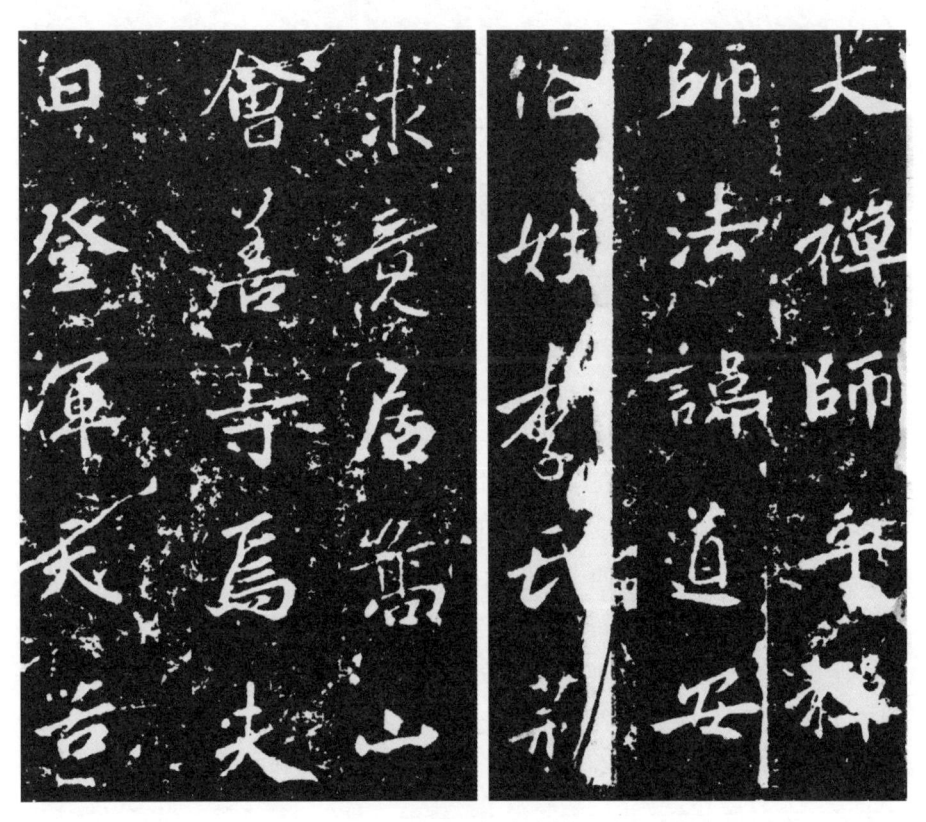

图4-3-18　唐宋儋《道安禅师碑》拓本选页

柱国正平县开国子裴漼文并书"。全碑分为三部分:碑额书、秦王赐少林主教原文、皇唐嵩岳少林寺碑文。额题"太宗文皇帝御书"七字,单字字径约12厘米,唐明皇李隆基御书。下为唐武德四年(621年)太宗为秦王时赐少林主教碑原文,重刻在此碑上部,共39行,行8字,文中第五行有"世民"

---

① [清]杨守敬:《学书迩言》,引自《历代书法论文选续编》,第720页。

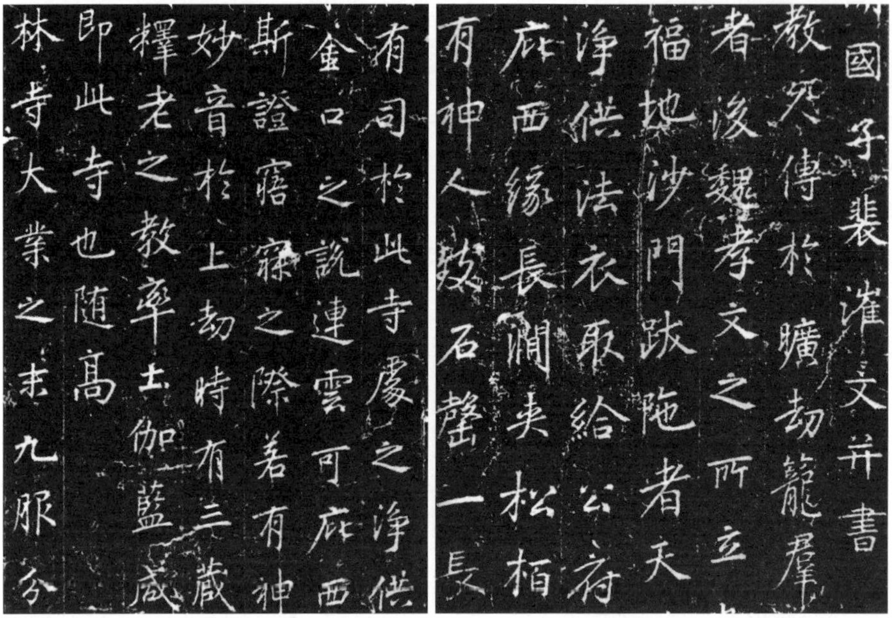

图 4-3-19　唐裴漼《皇唐嵩岳少林寺碑》拓本局部

签名二字，书体异于其他碑文，亦为玺押。唐代初年，王世充拥兵洛阳，秦王李世民在讨伐王世充征战中一时失利，幸有少林寺僧志操、昙宗等助战有功，擒充侄仁则归秦王，立下了汗马功劳，秦王嘉其相助，乃敕书慰劳，封昙宗为大将军，并赐田四十顷，水碾一具等，允许少林寺设有僧兵。自此，少林寺在禅林地位日益显赫。

明代赵崡评此碑云："（裴）漼负文笔，号'霹雳手'，不以书名，而此文疏不及书。书法秀劲，其得意处渐升伯施之堂矣。"①

清代叶昌炽在《语石·语石异同评》中评道："裴漼、宋儋皆开元时善能书者，裴书逊于窦怀哲，宋书优于徐季海。裴有少林寺碑，尚完好。宋有道安禅师碑，亦在少林寺前。"②

（六）李邕与《麓山寺碑》《法华寺碑》等佛教书刻

李邕（675~747 年），字泰和，人称"李北海"广陵江都（今江苏扬州）

---

① ［明］赵崡：《石墨镌华》卷二。清乾隆年间知不足斋正本。引自薛英群主编《中国西北文献丛书续编·西北考古文献卷》第七册。

② ［清］叶昌炽著：《语石》，柯昌泗评：《语石异同评》，卷七"裴漼宋儋"则，陈公柔、张明善点校，中华书局，1994 年。

人。其父李善，是著名的学者，注《文选》六十卷。李邕少年之时已有才名，后召为左拾遗。李邕入仕后，因其生性耿直，敢于直言，故得罪不少朝臣，仕途坎坷。曾任户部员外郎、括州刺史，后出任北海太守。宰相李林甫为排除异己，罗织罪行将李邕陷害，于天宝六年（747年）派人将李邕杖杀于北海太守任上。

李邕出身于书香门第，学者之家，自幼习书。《宣和书谱》载："初学变右军行法，顿挫起伏，即得其妙，复乃摆脱旧习，笔力一新，李阳冰谓之'书中仙手'。"[1] 李邕在继承王羲之书风的基础上，又有所创新，其书风体势欹侧，骨力峭劲，用笔劲健，方圆皆备。李邕书如其人，其书法正是其性格和情感的写照。唐代裴休云："观北海书，想见其风采。"

李邕在其时即以才名与书名闻世。《旧唐书》本传载："邕早擅才名，尤长碑颂，虽贬职在外，中朝衣冠及天下寺观，多赍持金帛，往求其文。前后所制，凡数百首，受纳馈遗，亦至巨万。时议以为自古鬻文获财，未有如邕者。"[2] 李邕在其时，书写了大量的碑刻，流传至今亦有不少，其中与佛教相关的有《麓山寺碑》《灵岩寺碑》《东林寺碑》（图4-3-20）《法华寺碑》（图4-3-21）《大照禅师碑》《娑罗树碑》等。

《麓山寺碑》又称《岳麓寺碑》（图4-3-22），唐开元十八年（730年）刻立于潭州长沙府（今湖南长沙）麓山寺中，今存长沙岳麓书院。此书为李邕撰文并书，碑文末署"江夏黄仙鹤刻"，宋以来学者多认为"黄仙鹤"是李邕的化名。[3] 据此说，《麓山寺碑》撰文、书写、刻制应为李邕一人所为，又称此碑为

图4-3-20 唐李邕《东林寺碑》拓本选页

---

① 《宣和书谱》卷八《李邕篇》，王群粟点校，浙江人民美术出版社，2012年，第83页。
② ［后晋］刘昫：《旧唐书·列传第一百四十》，第5042页。
③ ［宋］叶廷珪：《海录碎事·法书苑》云："唐李邕善书，仍自刻，多假立刻字人名，'茯苓芝''黄仙鹤'之类是也。"明代杨慎在《丹铅余录》中亦有此类之说。宋元间多见引此说法。

"北海三绝碑"。此碑通高400厘米，正文部分高285厘米，宽135厘米。顶部为半圆形，饰龙纹浮雕，有阳文"麓山寺碑"篆额，碑阳有正文28行，每行56字，碑阴题名及赞颂分为三层，碑侧有米芾观后题记："元丰庚申元日同广惠道人来，襄阳米芾。"据碑文载，麓山寺始建于西晋武帝泰始四年（268年），由法崇禅师奏请皇帝下诏发起兴造，从晋至唐400多年间，高僧辈出，达官贵人名士亦多对寺院扩建做出贡献，麓山寺在中唐呈现出鼎盛之态。

图 4-3-21　唐李邕《法华寺碑》拓本选页

《麓山寺碑》书法得到很高评价，被认为是李北海书法代表作品。明代王思懋跋此碑云："李北海诸碑，当以《麓山寺碑》为第一，以其流动中藏稳密也。"明杨士奇亦《东里续集》云："北海书矩度森严，筋骨雄健，沉着飞动，引笔有千钧之力，故可宝也。"① 清代何绍基跋此碑道："《云麾》颇嫌多轻佻处，惟此碑沉著劲栗，不以跌宕掩其朴气，最为可贵。碑阴肃穆静实，与《李秀碑》近，当曰书意兼有此两路，而是碑兼具之也。"

另有李邕所撰并书《大照禅师碑》，此碑刻立于天宝元年（742年）。清顾炎武《金石文字记》云："大照名普寂，大通秀之嗣，立达摩七世，是名北宗。门庭甚盛，所谓'两宗法主，三帝门师'者也。"②

李邕书迹传世者多为佛教书刻，其书法上承二王而自具风神，确立了在书史上的地位。正是"右军如龙，北海如象"。

（八）唐中期其他佛教文化碑刻

唐中期佛教碑刻丰富，数量众多，除上述内容外，较常见与著录的尚有：

---

① ［明］杨士奇：《东里续集》跋李北海书麓山寺碑篇。
② ［清］顾炎武：《金石文字记》，引自顾炎武《建康古今记·外八种》，戴扬本等点校本，载《石刻史料新编》，上海古籍出版社，第422页。

图 4-3-22　唐李邕《麓山寺碑》拓本选页

《隆阐法师碑》，又称《实际寺碑》，僧怀恽书，唐天宝二年（743年）刻，现存西安碑林。

《灵运禅师功德碑》，崔琪撰文，唐天宝九年（750年）刻立。20行，行36字。碑额行书3行，行5字，碑阳刻有灵运禅师画像及元和十二年（817年）□秘题名，碑阴刻高岑楷书《陀罗尼经咒》，原石现存河南登封少林寺。

《悯忠寺宝塔颂》唐张不矜撰，苏灵芝书。唐至德二年（757年）刻立，现存北京法源寺。

《灵泉寺元林禅师碑》，陆长源书，收录于《旧唐书》中。另有《会善寺戒坛记》，现存河南登封会善寺。

《龙宫寺碑》李绅书，唐元和三年（808年）立于浙江省嵊县龙宫寺。

上述佛教题材碑刻书家中，以僧怀恽和苏灵芝较有名望。怀恽（756~816年）是高僧善导的弟子，善导是佛教净土宗的实际创始人，《隆阐法师碑》正是怀恽为善导所书，此碑之行书结体精熟而优美，得《集王圣教序》之神韵。苏灵芝以行书见长，为唐玄宗、肃宗时期著名书家，陕西武功人氏，后世将其行书与李邕、颜真卿、徐浩并称。对其书法，历来评价不一，宋《宣和书谱》云："灵芝行书有二王法，而成就顿放，当与徐浩雁行，戈脚复类世南体，亦善于临仿者。在唐人翰墨中，固不易得，盖是集众善而成一家者也。"① 此说给予苏灵芝书法评价较高，认为其是唐代书法"集大成者"。清代梁巘则认为其书"沉着稳适，然肥软近俗，劲健不及徐浩"。批评苏灵芝书法缺乏骨力。刘熙载《艺概》评云："然灵芝书但妥帖舒畅，其于李之倜傥，颜之雄毅，徐之韵度，皆远不能逮。"又称其为"唐之写碑手"。② 应是对苏灵芝书法较为中肯的评价。

四、柳公权与晚唐佛教书刻

晚唐通常是指自唐宪宗元和年间至唐末，这一时期的书法家中，柳公权可称书坛领袖人物。

晚唐时期，唐王朝经历"安史之乱"后，元气大伤，由盛转衰，处于一蹶不振的状态。与唐王朝一样，唐代佛教亦经历武宗灭法、农民军起义等劫难，逐步趋于衰微。书坛亦在经历了唐中期的鼎盛之后，呈现出较为平庸的状态。晚唐书家柳公权，以其风格鲜明的书法，特别是他在楷书上的成就，成为晚唐书法的一座高峰，人们常说的楷书四家"颜柳欧赵"四家中的"柳"，即指柳公权。

柳公权（778-865年），字诚悬，陕西华原（今陕西铜川）人。《旧唐书》载："幼嗜学，十二能辞赋，元和初，进士擢第，释谒秘书省校书郎。"至穆宗即位后，柳公权被穆宗召见，穆宗对柳公权说："我于佛寺见卿笔迹，思之久矣。"③ 随即拜柳公权为右拾遗，充翰林侍书学士，迁右补阙，司封员外郎。由此可见，在穆宗即位之前，柳公权的书法已广泛题写于佛寺，亦正是如此，被穆宗发现并赏识，可谓佛缘。

柳公权称得上是一位职业书法家。他自从在佛寺题写书迹被穆宗发现后，官职一路升迁，最后官居二品高位，但其始终未离开侍书的职务，在政治上未见政绩记载。《旧唐书》载柳公权"志耽书学，不能治生，为勋戚家碑板，问遗岁时钜万"。④ 亦正是如此，柳公权留下了大量的书法作品，柳公权的书法为帝王所器重，王公大臣更是趋之若鹜。

---

① [宋]《宣和书谱》，王群栗点校，浙江人民美术出版社，2012年，98~99页。
② [清]刘熙载：《艺概》，引自《历代书法论文选》，第705页。
③ [后晋]刘昫：《旧唐书·列传一百一十五》，第4310~4312页。
④ [后晋]刘昫：《旧唐书·列传第一百一十五》，第4310~4312页。

《旧唐书》载："公权初学王书，遍阅近代笔法，体势劲媚，自成一家，当时公卿大臣家碑版，不得公权手笔者，人以为不孝。外夷入贡，皆别署货贝，曰此购柳书。上都西明寺《金刚经碑》备有钟、王、欧、虞、褚、陆之体，尤为得意。"① 柳公权与颜真卿的楷书各具特点，被后人形象地称之为"颜筋柳骨"。

柳公权传世书法较多，和佛教相关的亦有不少，佛教题材书法以《金刚经》（图 4-3-23）《玄秘塔碑》（图 4-3-24）和《唐大觉禅师塔铭》《复东林寺残碑》为代表。《金刚经》于唐长庆四年（824 年）书刻，原石久佚。清光绪十二年（1896 年）在敦煌石窟发现唐拓原裱孤本《金刚经》，原石分十二块，此以三张纸拓一石，拓工精良且一字未损，十分珍贵，拓本保存完好，展现了"柳骨"的劲健书风。拓本自敦煌被法国人伯希和所得，流失海外，现藏于法国巴黎图书馆（巴黎博物馆）。

《玄秘塔碑》，全称《唐故左街僧录内供奉三教谈论引驾大德安国寺上座赐紫大达法师玄秘塔铭并序》，或称《唐故左街僧录大达法师碑铭》。刻建于唐会昌元年（841 年）十二月，裴休撰文，柳公权书并篆额。碑高 368 厘米，

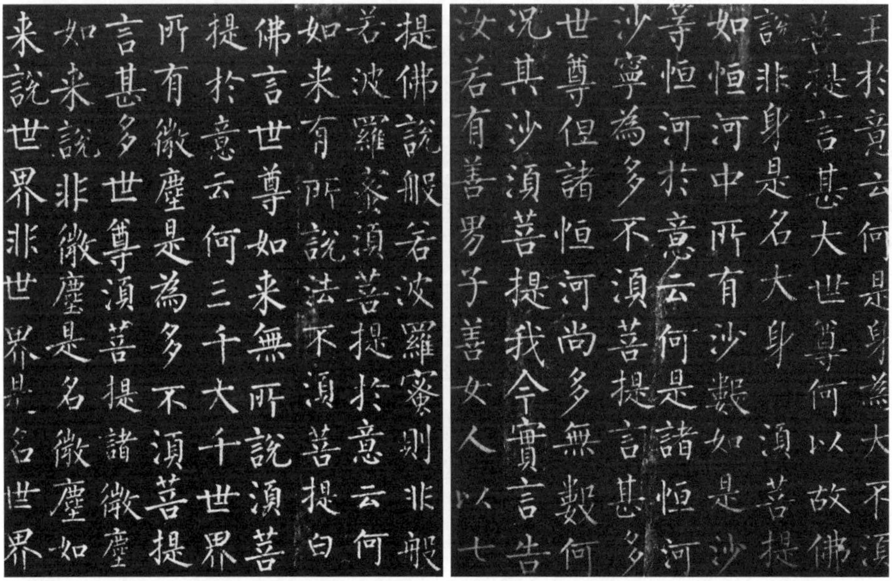

图 4-3-23　唐柳公权《金刚经》拓本局部（敦煌本）

---

① ［后晋］刘昫：《旧唐书·列传第一百一十五》，第 4310~4312 页。

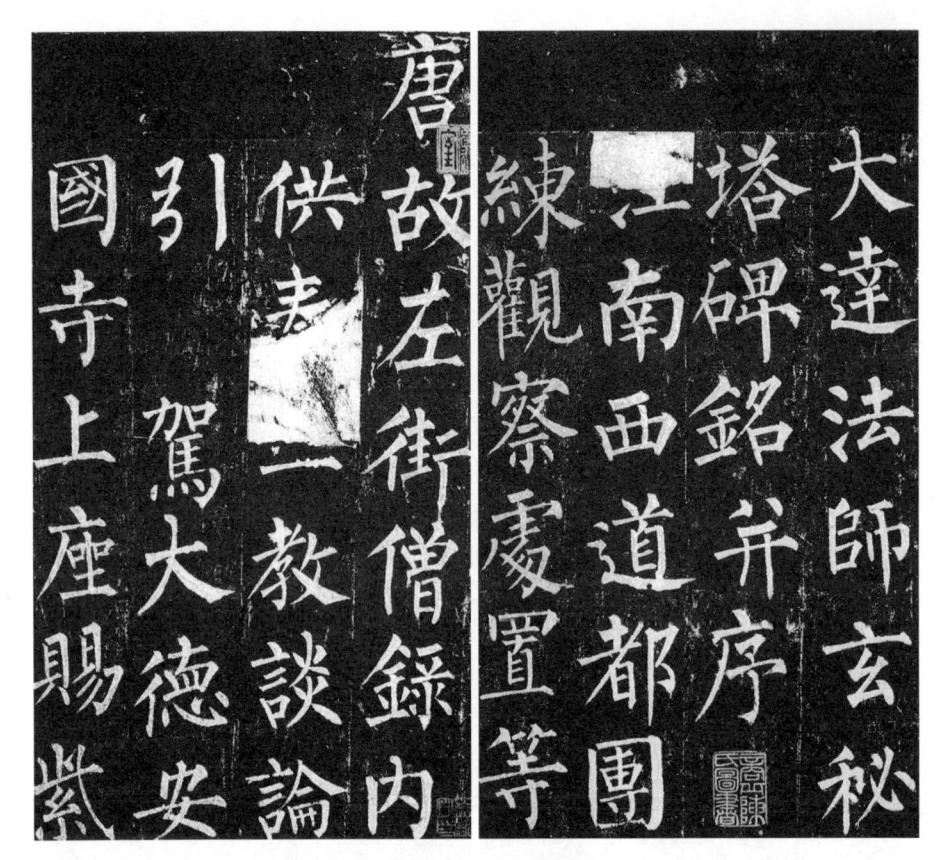

图 4-3-24　唐柳公权《玄秘塔碑》拓本选页

宽 130 厘米，凡 28 行，满行 54 字，原石现存西安碑林。此碑在宋代已被《金石录》《宝刻类编》等书籍著录。

碑文记述了唐代高僧大达法师端甫的生平事迹及其受到的恩宠与礼遇。文章层次分明，文法上采用排比手法，碑文颇具特点。此碑书法被广泛认为是柳公权的楷书佳作。明王世贞《弇州四部稿》亦云："此碑柳书中之最露筋骨者，道媚劲健，固自不乏，要之晋法一大变耳。"宋时御府尚藏其正书《度人经》《清净经》《阴符经》《心经》及行书数件。

五、唐代佛教篆隶书刻

（一）李阳冰篆书《般若台铭》

篆书是最具装饰性的书法艺术门类。因其古雅、美观、对称，颇具装饰趣味，而广泛用于匾额、碑额、题榜、屏风等，颇具适应性与图案化倾向，亦为雅俗共赏之书体。篆书虽然在唐代已不为日常文字所用，但因其特点仍为书法家所喜爱。

唐代书法家亦多通晓篆书，唐时设有"六学"，六学之中的"书学"规定要学习《三体石经》《说文》和《字林》，故唐代书家多能通晓篆书，并常以篆书题写碑额。据《宣和书谱》所载，唐代篆书以李阳冰、卫包、唐元度、释元雅等四人为代表，其中李阳冰最为著名，作品传世亦较多。

李阳冰，生于开元年间，卒于贞元初，字少温。唐窦臮《述书赋》窦蒙注云："阳冰赵郡人，父雍门，湖城令，家世住云阳承日门作尉，阳冰兄弟五人，皆负词学，工于小篆。"在《宣和书谱》中亦有记载，内容略同，并载："善词章，留心小篆迨三十年，初见李斯《峄山碑》与仲尼《延陵季子》字，遂得其法，乃能变化开合，自名一家，推原字学，作《笔法论》，以别其点划。"①并云："有唐三百年以篆称者，惟阳冰独步。"对李阳冰的篆书取法与书艺进行了记述。李阳冰为李白族叔，亦与李白交游。李白赠以诗曰："落笔洒篆文，崩云使人惊。吐词又炳焕，五色罗华星。"

李阳冰的篆书，在唐代已名声大噪，为篆书名手。其篆书虽承秦代小篆，取法《泰山刻石》与《琅琊台刻石》之意，然自成风格，端庄优美，婀娜多姿。后世将李阳冰与秦相李斯并称为"二李"或"斯冰"，并不为过。宋代徐铉称赞李阳冰书法"篆迹殊绝，独冠古今"。宋朱长文《续书断》云："自秦李斯以仓颉、史籀之迹，变而新之，特制小篆，备三才之用，合万物之变，包括古籀，孕育分隶，功已至矣。"②将李阳冰书法列为"神品"。

《般若台铭》（图4-3-25）为摩崖石刻，李阳冰篆书，唐大历七年（772年）书刻于福建福州会城乌石山。此摩崖石刻字型硕大，单字高约40厘米，宽25厘米左右，其字随山石略有起伏，更成苍茫高古之篆意。康有为《广艺舟双楫》评价："篆书大者，惟有少温《般若台》体近咫尺，骨气遒正，精采冲融，允为楷则。"③

（二）史惟则隶书《大智禅师之碑》

韩择木、李潮、蔡有邻、史惟则被称为唐代隶书四大家。唐代隶书虽在书法艺术价值上略逊于汉隶，但亦呈现出自身的时代特点。唐隶整体上结体严谨方正，结构对称，有雍容华贵之态。

---

① [宋]《宣和书谱》"李阳冰篇"，王群粟点校，浙江人民美术出版社，2012年。
② [宋]朱长文：《续书断》"神品篇"，引自《历代书法论文选》，第326页。
③ [清]康有为：《广艺舟双楫注》，崔尔平校注，上海书画出版社，1981年，第229页。

图 4-3-25　唐李阳冰摩崖《般若台铭》"般""若"两字拓本

唐玄宗李隆基酷爱隶书，亲自书写了《泰山铭》和《石台孝经》，并颁布《字统》规范了隶书的形成和写法。上有所好，下必甚焉，故在其时，隶书名家众多，除唐隶四大家之外，尚有徐浩、梁升卿、白羲眰、韩秀弼、卢藏用、张廷珪等。

佛教题材碑刻《大智禅师碑》为史惟则所书。史惟则是广陵人氏，另一说为吴郡人氏，名浩，字惟则。在唐玄宗时历任伊阙尉、集贤院侍制兼校理、殿中侍御史等职，其父史白善飞白书体。宋陈思《书小史》评其隶书道："工八分，颇近钟书，发笔方广，字形俊美，亦为时所重。"[①] 明代赵崡赞誉史惟则所书《大智禅师碑》为"开元分书第一手"。

《大智禅师碑》（图 4-3-26），书刻于唐开元二十四年（736 年）。碑额为篆书题写"大唐故大智禅师碑"，碑通高 345 厘米，宽 114 厘米，厚 32 厘米，碑文 32 行，满行 61 字，碑文隶书，严挺之撰文。碑主大智禅师，俗姓姜，讳义福，上党铜鞮人，佛教禅宗北宗代表人物之一，系盛唐慈恩宗的第七代传人，开元二十四年五月卒，赐号"大智禅师"。此碑装饰精美华丽，螭首左右各雕三条龙互为蟠结，佛像居中，碑侧减地线刻雕饰以蔓草、凤凰、骑狮、仙童和瑞兽，加以史惟则端庄丰腴之隶书，更显庄严静穆。此碑现存西安碑林，为唐代佛教题材隶书之名品。

（三）韩择木隶书《荐福寺碑》

《荐福寺碑》（图 4-3-27）全称《上都荐福寺临坛大戒德律诗之碑》，是韩择木的代表作品之一。

韩择木，昌黎（今河北昌黎）人，是唐宋八大家之一韩愈的叔父，唐开元时期的书法名家，唐隶四大家之一。官至右散骑常侍，工部尚书。宋《宣和书谱》云："韩择木，昌黎人也。官至工部尚书、散骑常侍。工隶，兼作

[①] ［宋］陈思：《书小史》传九"唐"，印钦定四库全书本，中国书店，2018 年，第 270 页。

八分字。隶学之妙，惟蔡邕一人而已，择木乃能追其遗法，风流闲媚，世谓蔡邕中兴焉。"①诗圣杜甫在《李潮八分小篆歌》中写道："尚书韩择木，骑曹蔡有邻，开元以来数八分，潮也奄有二子成三人。"

韩择木隶书结构中收，波挑四面开张，显得窈窕有姿，呈秀逸之美。《荐福寺碑》亦是唐代隶书的名品。

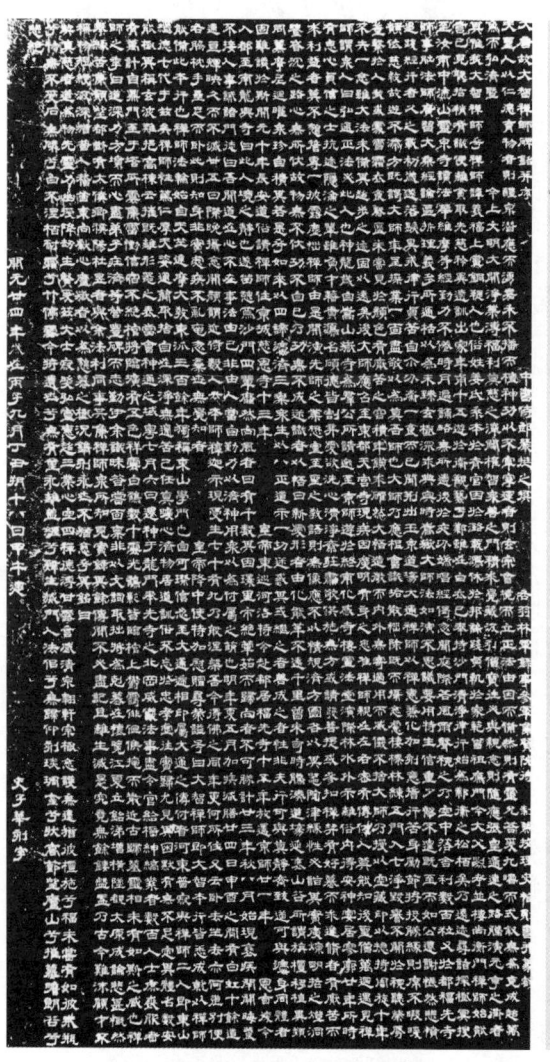

图 4-3-26　唐史惟则《大智禅师碑》拓本　　　图 4-3-27　唐韩择木《荐福寺碑》拓本

---

① ［宋］《宣和书谱》，王群栗点校，浙江人民美术出版社，2012年，第21—22页。

六、唐代其他类别佛教书刻

唐代佛教书刻种类繁多,除主要的碑刻及摩崖外,佛教善业泥、造像碑题记、造像塔铭等书刻亦别具艺术价值。

善业泥,即刻模具用泥压坯,并烧制而成的泥塑造像,在北朝时期已有所见,今见隋代亦有数件精品,在唐代较为兴盛。至唐代善业泥在雕刻工艺上有了进一步的提高,善业泥一般为双面,正面以浮雕形式雕刻佛像造型,背面则多刻有文字。较为有名的一品刻有:"大唐善业泥,压得真如妙色耳。"(图4-3-28)"善业泥"之称亦由此而来。

唐代造像碑也得到较大的发展,造像形式亦较为多样,其书刻基本上与同时期其他书刻同步发展,展现出唐代造像碑刻之风貌,其中不乏大量精品,如唐代武则天时期心经造像碑(图4-3-29)。另有造像龛,亦是唐代佛教书刻的一种常见形式。

唐代高僧三藏法师玄奘,于唐龙朔二年敬造释迦佛像(图4-3-30),其底座铭文题记具有很高的书法水平,近似薛稷书风,亦或为玄奘法师所书,今藏于中国国家博物馆。

第四节 唐代的僧侣书法与高僧写经

图 4-3-28 大唐善业泥正面与背面

唐代是中国历史上政治、经济、文化的高峰时期之一,唐代的佛教文化与书法艺术也随之达到新的高度。盛唐以包容开放的姿态，将佛教艺术带入了多元与融合的状态。佛教僧侣与帝王将相，文人逸士多有交往，涌现出了诸如怀素、辨光、亚栖、湛然、高闲、贯休等著名僧侣书家，以及怀仁、怀恽、大雅等以集字刻石传世的僧侣。

图 4-3-30　唐代玄奘造像底座及题记
刘灿辉 摄

图 4-3-29　武周长寿元年（692 年）
敬仁玄造《心经》造像碑拓本

一、怀素

怀素是唐代僧侣书法中的杰出代表，亦是中国书法史上重要人物之一。怀素（737~799 年），字藏真，唐零陵郡（今湖南永州）人，后移居长沙。怀素俗姓钱，是著名诗人钱起的侄子。怀素 7 岁即入零陵书堂寺为僧，喜习草书。其书法远溯二王，近取张旭，并常与颜真卿等名士讨论研究书法之道。远涉万里，求师访友，探求书法真谛。他在《自叙帖》中亦谈及自己的学书经历:"幼而事佛,经禅之暇,颇好笔翰。谒见当代名公,错综其事,遗编绝简,往往遇之。豁然心胸,略无疑滞,鱼笺绢素,多所尘点,士大夫不以为怪。"怀素最初曾跟随张旭的学生钱彤学习书法,苦练几十年,把写字用的盘板都写穿了,这就是怀素习书"穿盘"典故的由来。

后来怀素来到长安城,草圣张旭已经去世,而怀素将张旭的狂草书法进一步发扬光大,并得到长安文人名士的认可和赞誉,名声大振。与草圣张旭并称为"颠张醉素",成为狂草书法的代表人物。

关于怀素学书的典故亦多有流传,有"怀素书蕉""退笔成冢""穿盘"等。怀素出家时种植了许多芭蕉树,坚持在芭蕉树叶上练习书法,终于熟练掌握草法,并留下"怀素书蕉"的典故,《唐国史补》中记载:"僧怀素好草书,自言得'草圣三昧'。弃笔堆积,埋于山下,号曰'笔冢'。"①记述怀素习书勤奋,以至于写坏的毛笔太多,堆积如小山,怀素将其全部掩埋,故得"笔冢"之典故。

唐陆羽的《僧怀素传》里亦对怀素之事有较为详细的记载,其中常为引用的是怀素与颜真卿讨论书法得乎自然感悟的片断:"颜公徐问之曰:'师亦有自得之乎?'对曰:'贫道观夏云多奇峰,辄常师之。夏云因风变化,乃无常势;又遇壁折之路,一一自然。'颜公曰:'噫!草圣之渊妙,代不绝人,可谓闻所未闻之旨也。'"②

文中讲述了怀素对草书的理解与感悟,怀素与颜真卿交流后,其书风亦略受颜真卿书法思想影响,变得更为沉着浑厚。怀素在《藏真帖》中写道:"近于洛下偶逢颜尚书真卿,自云颇传长史笔法,闻斯八法,若有所得也。"颜真卿亦为《怀素上人草书歌集》作序,予以赞扬,序文道:"开士怀素,僧中之英,气概通疏,性灵豁畅,精心草圣,积有岁时,江岭之间,其名大著。故吏部侍郎韦公陟,睹其笔力,勖以有成。今礼部侍郎张公谓赏其不羁,引以游处。兼好事者,同作者以赞之,动盈卷轴。夫草稿之作,起于汉代,杜度、崔瑗,始以妙闻。追乎伯英,尤擅其美。羲献兹降,虞陆相承,口诀手授。以至于吴郡张长史,虽姿性颠逸,超绝古今,而模楷精法详,特为真正。真卿早岁,常接游居,屡蒙激昂,教以笔法,资质劣弱,又婴物务,不

---

① [唐]李肇:《唐国史补》卷中。
② [清]董诰:《全唐文》卷四百三十三。

能悬习，迄以无成。追思一言，何可复得？忽见诗作，纵横不群，迅疾骇人。若还旧观，向使师得亲承善诱，函挹规模，则入室之宾，舍子奚适。嗟叹不足，聊书此以冠诸篇首。"

颜真卿在此序中对怀素书法给予高度的评价与赞誉。之后，士大夫们纷纷为怀素书法写下诗歌，礼部侍郎张谓诗云：

稽山贺老粗知名，吴郡张颠曾不易。
奔蛇走虺势入坐，骤雨旋风声满堂。

员外郎卢象《赠怀素》道：

初疑轻烟淡古松，又似山开万仞峰。

永州刺史王邕所写《怀素上人草书歌》诗云：

衡阳双峡插天峻，青壁巉巉万余仞。
此中灵秀众所知，草书独有怀素奇。
怀素身长五尺四，嚼汤诵咒吁可畏。
铜瓶锡杖倚闲庭，斑管秋毫多逸意。
或粉壁，或彩笺，蒲葵绢素何相鲜。
忽作风驰及电掣，更点飞花兼散雪。
寒猿饮水撼枯藤，壮士拔山伸劲铁。
　　君不见张芝昔日称独贤，
　　君不见近日张旭为老颠。
二公绝艺人所惜，怀素传之得真迹。
峥嵘癯出海上山，突兀状成湖畔石。
　　一纵又一横，一欹又一倾。
临江不羡飞帆势，下笔长为骤雨声。
我牧此州喜相识，又见草书多惠力。
怀素墨妙不可得，问卷临池转相忆。

处士朱遥也写下了《怀素上人草书歌》：

> 几年出家通宿命，一朝却忆临池圣。
> 转腕摧锋增崛崎，秋毫茧纸常相随。
> 衡阳客舍来相访，连饮百杯神转王。
> 忽闻风里度飞泉，纸落纷纷如跕鸢。
> 形容脱略真如助，心思周游在何处。
> 笔下惟看激电流，字成只畏盘龙去。
> 怪状崩腾若转蓬，飞丝历乱如回风。
> 长松老死倚云壁，蹙浪相翻惊海鸿。
> 于今年少尚如此，历睹远代无伦比。
> 妙绝当动鬼神泣，崔蔡幽魂更心死。

以上诗作多以谈论和称赞怀素书法形象和感受为主，另有诗歌赞美怀素师承及风格。御史李舟说道："昔张旭之作也，时人谓之张颠，今怀素之为也，余实谓之狂僧。以狂继颠，谁曰不可。"礼部侍郎张谓又说："稽山贺老总知名，吴郡张颠曾不面。"御史大夫许瑶诗云："志在新奇无定则，古瘦漓骊半无墨，醉来信手两三行，醒后却书书不得。"

御史戴叔伦亦作诗称赞，全诗为：

> 楚僧怀素工草书，古法尽能新有馀。
> 神清骨竦意真率，醉来为我挥健笔。
> 始从破体变风姿，一一花开春景迟。
> 忽为壮丽就枯涩，龙蛇腾盘兽屹立。
> 驰毫骤墨剧奔驷，满坐失声看不及。
> 心手相师势转奇，诡形怪状翻合宜。
> 人人细问此中妙，怀素自言初不知。

御史窦冀《怀素上人草书歌》则以表现怀素运笔疾速迅捷为主，全文如下：

> 狂僧挥翰狂且逸，独任天机摧格律。
> 龙虎惭因点画生，雷霆却避锋芒疾。
> 鱼笺绢素岂不贵，只嫌局促儿童戏。
> 粉壁长廊数十间，兴来小豁胸襟气。

> 长幼集，贤豪至，枕糟藉鞠犹半醉。
> 忽然绝叫三五声，满壁纵横千万字。
> 吴兴张老尔莫颠，叶县公孙我何谓。
> 如熊如黑不足比，如虺如蛇不足拟。
> 涵物为动鬼神泣，狂风入林花乱起。
> 殊形怪状不易说，就中惊燥尤枯绝。
> 边风杀气同惨烈，崩槎卧木争摧折。
> 塞草遥飞大漠霜，胡天乱下阴山雪。
> 偏看能事转新奇，郡守王公同赋诗。
> 枯藤劲铁愧三舍，骤雨寒猿惊一时。
> 此生绝艺人莫测，假此常为护持力。
> 连城之璧不可量，五百年知草圣当。

怀素的叔伯父名士钱起，也作诗《送外甥怀素上人归乡侍奉》赠之：

> 释子吾家宝，神清慧有馀。
> 能翻梵王字，妙尽伯英书。
> 远鹤无前侣，孤云寄太虚。
> 狂来轻世界，醉里得真如。
> 飞锡离乡久，宁亲喜腊初。
> 故池残雪满，寒柳霁烟疏。
> 寿酒还尝药，晨餐不荐鱼。
> 遥知禅诵外，健笔赋闲居。

怀素将上述诗歌中之精华篇章、佳句摘录入其草书《自叙帖》（图4-4-1）中。《自叙帖》为纸本墨迹，纵28.3厘米，横775厘米，共126行，唐大历十二年（777年）怀素所书。帖前有明李东阳篆书引首"藏真自序"。宋米芾《宝章待访录》、黄伯思《东观余论》、清安岐《墨缘汇观》等书均有著录。曾经南唐内府，宋代苏舜钦、邵叶、吕辩，明代徐谦斋、吴宽、文徵明、项元汴，清徐玉峰、安岐、清内府等收藏。原迹今藏于台北故宫博物院。

除怀素《自叙帖》中引用和录入的诗歌外，尚有诸多名士为怀素草书作

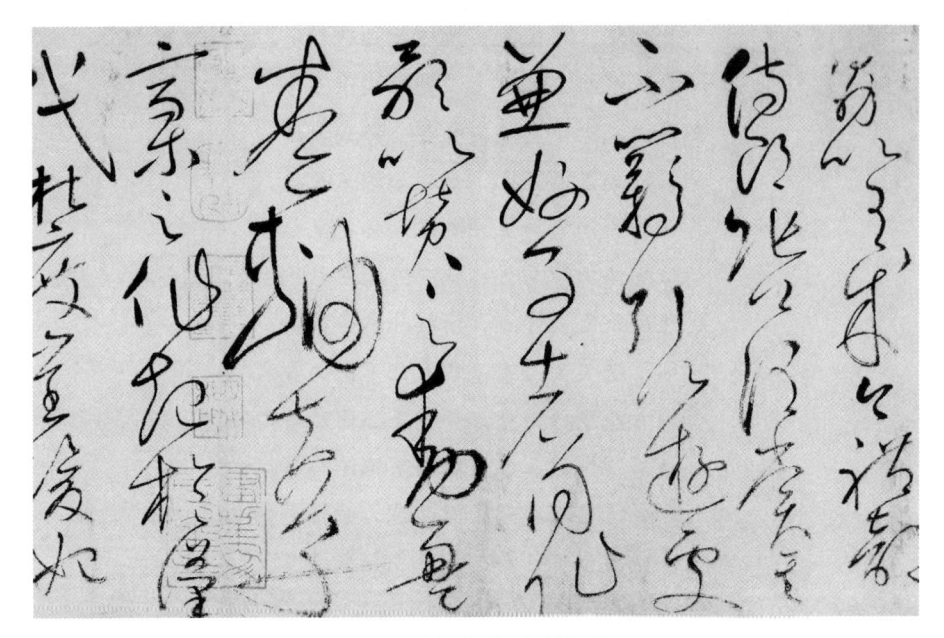

图 4-4-1　唐怀素《自叙帖》局部

诗歌，中唐著名诗人任华《怀素上人草书歌》写道：

> 狂僧前日动京华，朝骑王公大人马，暮宿王公大人家。
> 谁不造素屏？谁不涂粉壁？
> 粉壁摇晴光，素屏凝晓霜，待君挥洒兮不可弥忘。
> 骏马迎来坐堂中，金盆盛酒竹叶香。
> 十杯五杯不解意，百杯已后始颠狂。
> 一颠一狂多意气，大叫一声起攘臂。
> 挥毫倏忽千万字，有时一字两字长丈二。
> 翕若长鲸泼剌动海岛，欻若长蛇戎律透深草。
> 回环缭绕相拘连，千变万化在眼前。
> 飘风骤雨相击射，速禄飒拉动檐隙。
> 掷华山巨石以为点，掣衡山阵云以为画。
> 兴不尽，势转雄，恐天低而地窄，更有何处最可怜，褭褭枯藤万丈悬。
> 万丈悬，拂秋水，映秋天；
> 或如丝，或如发，风吹欲绝又不绝。
> 锋芒利如欧冶剑，劲直浑是并州铁。

时复枯燥何禠襂，忽觉阴山突兀横翠微。
中有枯松错落一万丈，倒挂绝壁蘷枯枝。
千魑魅兮万魍魉，欲出不可何闪尸。
又如瀚海日暮愁阴浓，忽然跃出千黑龙。
夭矫偃蹇，入乎苍穹。
飞沙走石满穷塞，万里飕飕西北风。
狂僧有绝艺，非数仞高墙不足以逞其笔势。
或逢花笺与绢素，凝神执笔守恒度。
别来筋骨多情趣，霏霏微微点长露。
三秋月照丹凤楼，二月花开上林树。
终恐绊骐骥之足，不得展千里之步。
狂僧狂僧，尔虽有绝艺，犹当假良媒。
不因礼部张公将尔来，如何得声名一旦喧九垓。

此诗作生动记述了怀素杖锡远游于京城，谒见王公贤达，酒后书写草书的场景，亦是怀素北上长安，信受礼遇，如鱼得水般游历长安的生动写照。另有敦煌石窟新出歌怀素诗篇，亦盛赞怀素之书法。

怀素传世墨迹法书较多，除《自叙帖》外尚有《怀素书小草千字文》（图 4-4-2）《食鱼帖》（图 4-4-3）《论书帖》（图 4-4-4）《苦笋帖》（图 4-4-5）等。刻帖类有《大草千字文》《东陵圣母贴》《藏真帖》《律公帖》等。

《小草千字文》为怀素经典之作，现藏于台北故宫博物院。共 84 行，计 1054 字，末行署贞元十五年（779 年）。人誉怀素书迹"一字千金"，故怀素此帖又被称为"千金帖"。此帖为怀素晚年所作，书法法度严谨，字字珠玑，古朴自然，为临习草书的上佳范本。

怀素墨迹《食鱼帖》，纸本墨迹（古人摹本），此帖中锋用笔，点画遒劲，章法错落有致而不失法度。

《苦笋帖》为怀素传世之绢本墨迹，此帖章法严谨，用笔张弛有度，收放自如，虽篇幅较小亦足见精彩，可谓逸品。明代项元汴跋此帖道："用笔婉丽，出规入距，未有越于法度外。畴昔谓之狂僧，甚不解。其藏正于奇，蕴真于草，含巧于朴、露筋于骨，观其以怀素称名，藏真为号，无不心会神解。"

《论书帖》为怀素所书纸本墨迹，书风较为严谨，章法亦不逾雷池，应

图 4-4-2　唐怀素《小草千字文》局部

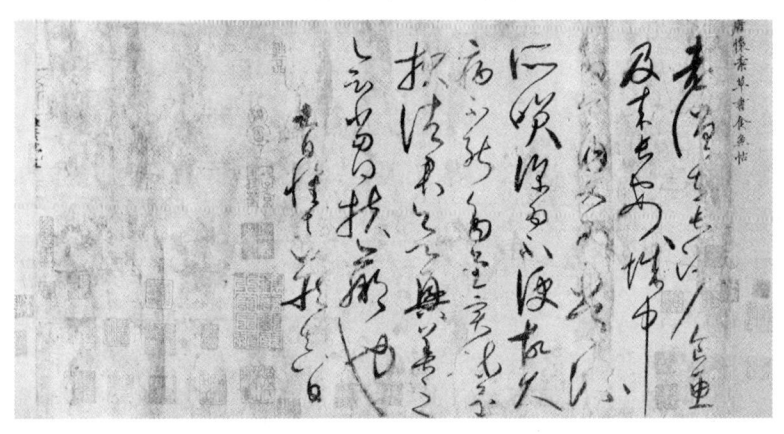

图 4-4-3　唐怀素《食鱼帖》

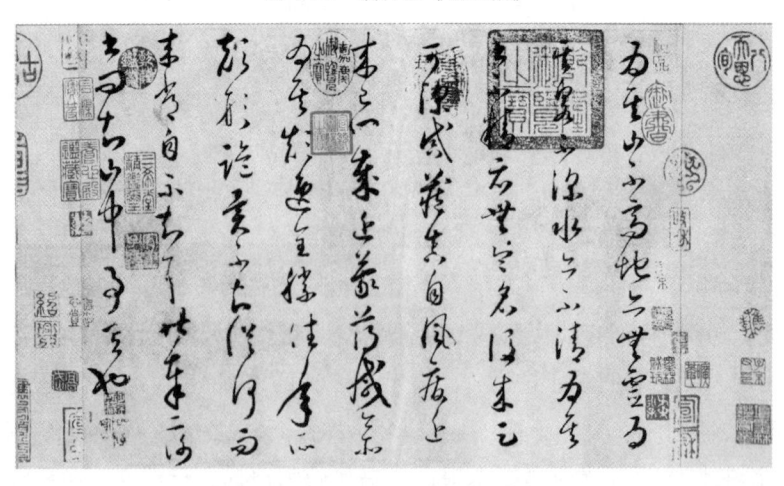

图 4-4-4　唐怀素《论书帖》局部

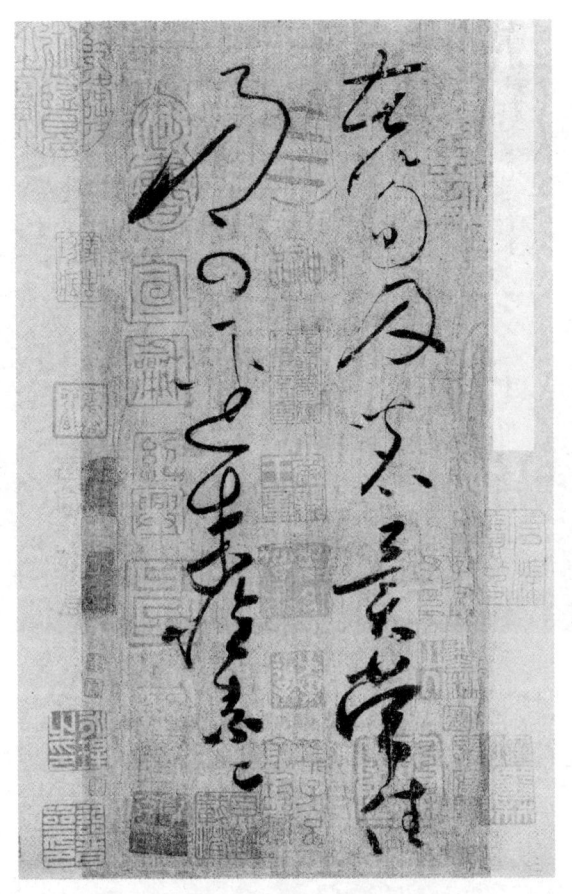

图 4-4-5　唐怀素《苦笋帖》

为怀素早年之书作，亦有人认为是古人伪本。此帖宋《宣和书谱》已有著录。元代书画家赵孟頫跋云："此卷是素师肺腑中流出，寻常所见，皆不能及之。"

怀素除传世墨迹外，尚有较多刻帖传世，刻帖中较有代表性的是《大草千字文》(《群玉堂帖》本，图4-4-6)和《圣母帖》(图4-4-7)。

据《宣和书谱》卷第十九载，宋史御府所藏怀素书迹计一百零一种，分别为孝经四、自叙、鄂公门将赞三、草书歌二、秋风辞、草圣诗、早春诗、自咏诗、寄人诗、忆人诗、游山诗、题酒楼诗、酒船诗、劝酒诗、狂醉诗、醉僧图诗、寄浩公诗、回雁诗、论草圣帖、论章草帖、论书帖、神仙帖、游山帖、下山帖、寻道帖、贫道帖、玉壶帖、仙杖帖、长生帖、临川帖二、山水帖、山亭帖、早行帖、松声帖、花发帖、上林花发帖、奉李帖、送人帖、药物帖、石膏散帖乘兴帖附、白石散帖、寄药帖、颠书帖、二谢帖、二些等帖、奉二谢帖、奉书帖、挥翰帖、笔老帖、遣兴帖、清和帖、近代帖、久在帖、动静帖、临池贴、凭事帖、勤读帖、天然帖、本欲帖、足下帖、知命帖、自首帖、世人帖、飞钓帖、雄逸帖、汝等帖、还期帖、客舍帖、陶阮帖、江公帖、得书帖、帅古帖、取步帖、衣钵帖、河内诸子帖、河东帖、成阳帖、吴郡帖、新安县帖、醉颠帖、草颠帖、小草颠帖、行草笔法、公孙大娘等帖、临王羲之怀间帖、千文帖、梦游天姥山等歌五。可知在宋代尚有甚多怀素书迹流传。

图 4-4-6 唐怀素《大草千字文》局部

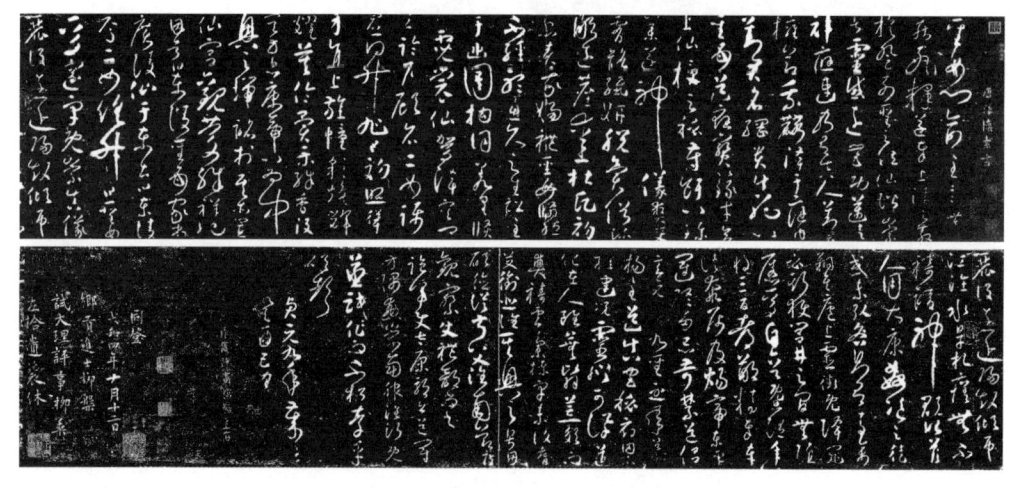

图 4-4-7 唐怀素《圣母帖》局部

二、怀恽

怀恽（640~701年），河南南阳人，本姓张，著名净土宗僧人。至武则天永昌元年（689年），怀恽奉敕为实际寺主，大显元年（701年）去世。怀恽的传世书迹传为《隆阐法师碑》（图4-4-8）。

《隆阐法师碑》碑题"大唐实际寺故寺主怀恽奉敕赠隆阐大法师碑铭并序",碑通高259厘米,宽94厘米,碑文34行,满行65字,行书体,风格为典型的王羲之书风。此碑刻立于天宝二年(743年),即怀恽去世40余年后,但碑文中却刻有"怀恽及书"字样,故存疑,待进一步考证。

此碑书法得二王书法之神韵,结体遒美,气韵生动,为唐代行书碑刻之佳作。碑文记载了净土宗的创始人善导大师和怀恽法师弘扬净土宗的功迹。碑阴刻有宋代篆书名家郭忠恕以古文、篆、隶书所写的《阴符经》,碑石今存于西安碑林。

三、湛然

湛然(711~782年),唐代高僧及僧侣书法家,天台宗九祖。常州荆溪(今江苏宜兴)人。世称"荆溪大师""妙乐大师"。

湛然在20岁时始学天台宗教义,习《摩诃止观》等书籍,后跟随天台

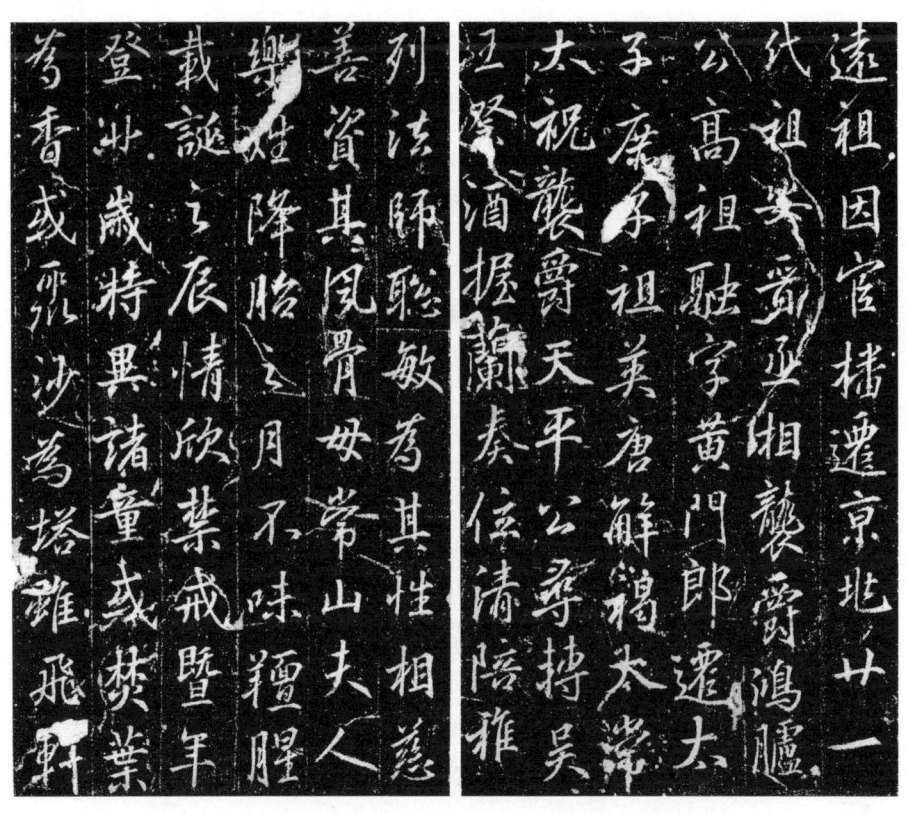

图4-4-8 唐《隆阐法师碑》拓本选页

宗八祖玄朗，其后十余年更是潜心研究天台宗，至38岁始正式在宜兴净乐寺出家。玄朗死后，湛然出入于东南名地弘扬天台宗佛法。天宝、大历年间，玄宗、肃宗、代宗均下旨征召，湛然皆称病固辞。湛然弟子众多，较有名望的有道邃、行满、元浩等30余人，道邃、行满之后又传教于日本遣唐学问僧最澄，最澄回到日本后开创了日本天台宗，成为日本著名的僧侣书法家。

湛然以楷书和隶书为工，湛然书迹，近年在洛阳周边出土数种，一为书刻于唐开元二十八年（740年）《唐故荥阳郡夫人郑氏德曜墓志铭》，二为湛然撰并书的《长河宰卢公李夫人墓志文》，书刻于唐开元二十九年（741年），此志石纵横皆为48厘米，文后署有"大福先寺沙门湛然撰兼书"。书体结体端庄，唐楷之中略见魏书之风。志石存于河南偃师商城博物馆。唐吕总《续书评》写道："释湛然，子云之后，难可比肩。"①对湛然书法予以较高评价。明陶宗仪《书史会要》亦载："释湛然师事钟繇，工真、行，比见《衡岳碑》亦无愧色，吕总谓子云之后，难与比肩"。②

四、无可

僧无可，范阳（今河北涿州）人，俗名贾区，为唐代大诗人贾岛之堂弟。无可不仅书法造诣高超，在诗词上亦颇具盛名，其诗风高古空灵，充满禅意，诗坛将其与贾岛并称为"岛可"，并传有《僧无可诗集》。无可的书法今可见于《寂照和尚碑》（图4-4-9），此碑全称《大堂安国寺故内外临坛大德寂照和上（尚）碑铭》，唐开成六年（841年）立于陕西咸阳，书体为瘦劲优美的柳体楷书风格，展现了僧无可深厚的书法修为。

五、高闲

高闲为晚唐高僧，著名僧侣书法家，湖州乌程（今湖州）人。自幼在湖州开元寺出家，之后北上长安，住四明、荐福等寺。后得唐宣宗召见并赐紫袍，加大德号，后复归湖州，圆寂于开元寺。

高闲以草书闻名，其草书取法张旭与怀素，韩愈在《送高闲上人序》中写道："往时张旭善草书，不治他伎，喜怒窘穷，忧悲愉佚，怨恨思慕，酣

---

① ［唐］吕总：《续书评》"真行书二十二人篇"。引自《历代书法论文选续编》，第34页。
② ［明］陶宗仪：《书史会要》，徐美清点校，浙江美术出版社，2012年，第131页。

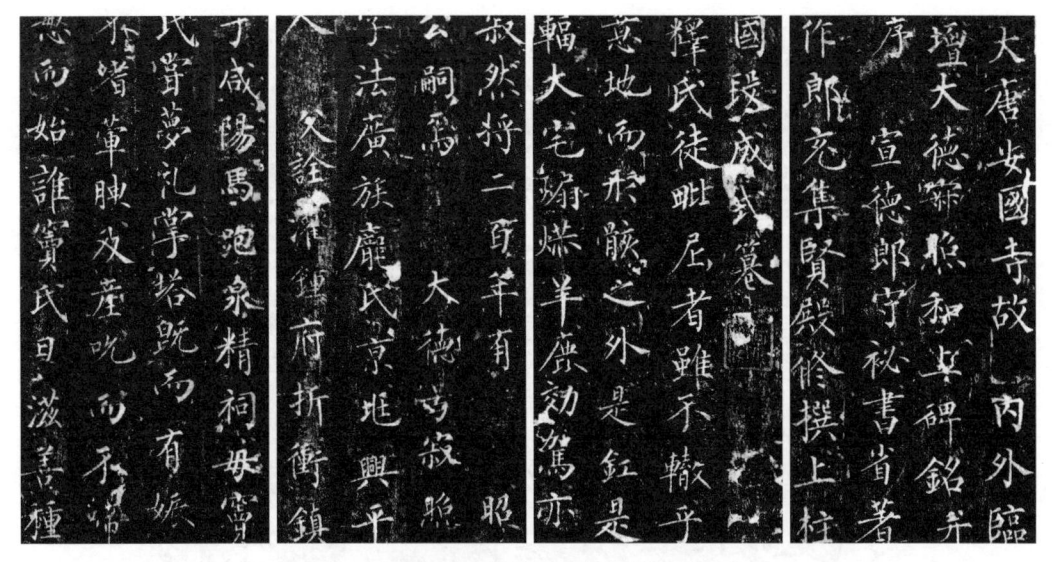

图 4-4-9 唐无可（贾可）《寂照和尚碑》拓本选页

醉无聊不平，有动于心，必于草书焉发之。观于物，见山水崖谷，鸟兽虫鱼，草木之花实，日月列星，风雨水火，雷霆霹雳，歌舞战斗，天地事物之变，可喜可愕，一寓于书。故旭之书，变动犹鬼神，不可端倪，以此终其身，而名后世。今闲之于草书，有旭之心哉！"[①]高闲传世书法有草书《千字文》墨迹（图 4-4-10）。高闲《千字文》墨迹为纸本草书，卷前内容"天地玄黄"至"园莽抽条"之"园"字之前已残佚，"莽"字之后存 53 行，共计 243 字，纵 30.8 厘米，横 331.3 厘米，现存上海博物馆。

此卷书法，虽云师法张旭，但字迹间仍多见己意。宋代董逌在《跋高闲千字文》中道："闲之书不多存于世，其学出张颠，在唐得名甚显，韩退之尝谓张旭喜怒忧悲必于书发之，故能变化若鬼神，观闲书者，知随步置履于旭之境矣，彼投迹无差者，岂复循已弃之辙迹而求致之哉，正善学旭者也。"

六、鉴真

鉴真（688~764 年），亦称"过海大师""唐大和尚"，俗姓淳于，广陵

[①] ［唐］韩愈：《送高闲上人序》，引自《韩昌黎文集校注》，马其昶校注，马茂元整理，上海古籍出版社，2014 年，第 303 页。

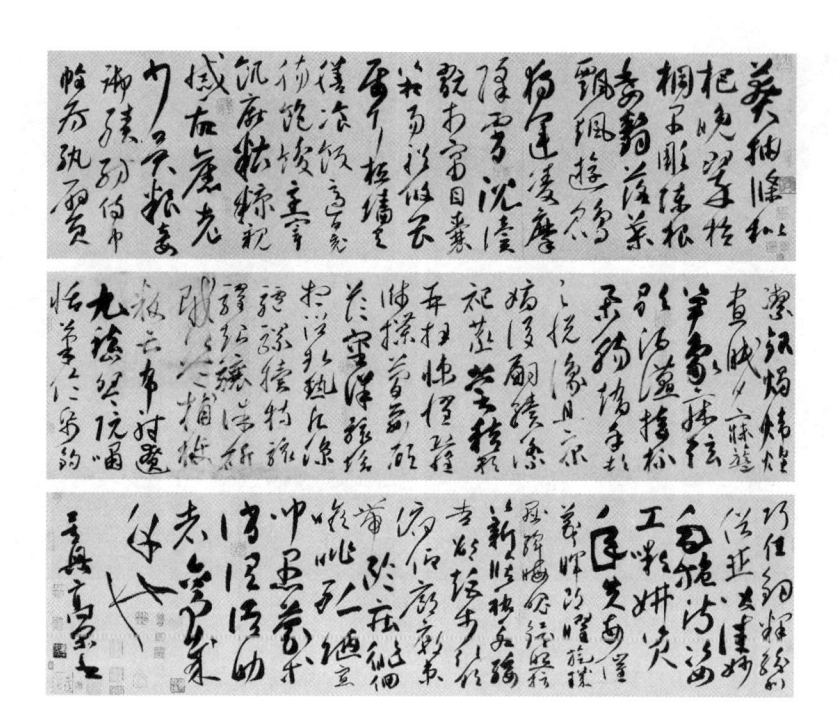

图 4-4-10　唐高闲《草书千字文》局部

江阳（今扬州）人。律宗南山宗传人，是从中国到日本首创佛教律宗的大师。鉴真在中日友好史和文化交流史上具有重要的意义，被日本人尊称为"天平之甍"。

　　鉴真幼时家贫，14 岁时出家于大云寺，师从智满禅师，后至长安师从弘景法师，之后返扬州任大明寺主持。唐开元二十一年（733 年，日本天平五年），日本遣唐学问僧荣睿、普照到达中国学习，并劝请鉴真赴日传佛。鉴真自天宝二年（743 年）起开始东渡，五次受挫，历尽艰险，最终第六次东渡成功，于天宝十三年（754 年，日本天平胜宝六年）抵达日本。据《唐大和尚东征传》书载，随从鉴真到达日本的，尚有扬州白塔寺僧法进、泉州功超寺僧昙静、台州开元寺僧思托、扬州兴云寺僧义静、衢州灵耀寺僧法载、窦州开元寺僧法成等 14 人，滕州通善寺尼智首等 3 人，扬州优婆塞潘仙童、胡国人安如宝、昆仑人军法力、腾波国（印尼）人善聪等共 24 人。鉴真到达日本后，在东大寺设立戒坛院，并修建了唐招提寺。

　　鉴真东渡对日本佛教、建筑艺术、雕塑艺术及语言文字诸方面都做出了巨大的贡献。同时，鉴真东渡，带入日本了大量的书法及写经墨迹，对于中国书法在日本的传播功不可没。鉴真在书法上也颇具造诣，传有书法尺牍存世（图 4-4-11）。其弟子法进等人，在书法上亦颇具功力。

七、皎然

皎然（720~793 年），字清昼，俗姓谢，湖州长城（今浙江长兴）人，皎然与颜真卿之交游，传为佳话。皎然之先祖谢灵运与颜真卿之先祖颜延之，皆为元嘉年间文学名家，有"颜谢"之称。史载颜真卿于皎然亦心赏契合，形影不离，常同出入于山水名胜、寺院等地。皎然虽无书法传世，但有论书诗二首留存：

其一，《张伯高草书歌》：

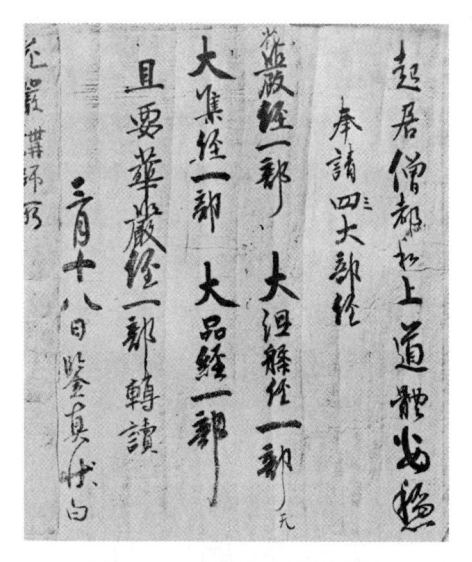

图 4-4-11　唐鉴真《尺牍》墨迹

> 伯英死后生伯高，朝看手把山中毫。
> 先贤草律我草狂，风云阵发愁钟王。
> 须臾变态皆自我，象形类物无不可。
> 阆风游云千万朵，惊龙蹴踏飞欲堕。
> 更睹邓林花落朝，狂风乱搅何飘飘。
> 有时凝然笔空握，情在寥天独飞鹤。
> 有时取势气更高，忆得春江千里涛。
> 张生奇绝难再遇，草罢临风展轻素。
> 阴惨阳舒如有道，鬼状魑容若可惧。
> 黄公酒垆兴偏入，阮籍不嗔嵇亦顾。
> 长安酒榜醉后书，此日骋君千里步。

其二，《陈氏童子草书歌》：

> 书家孺子有奇名，天然大草令人惊。
> 僧虔老时把笔法，孺子如今皆暗合。
> 飙挥电洒眼不及，但觉毫端鸣飒飒。

> 有时作点险且能，太行片石看欲崩。
> 偶然长挈浓入燥，少室枯松欹不倒。
> 夏室炎炎少人欢，山轩日色在阑干。
> 桐花飞尽子规思，主人高歌兴不至。
> 浊醪不饮嫌昏沉，欲玩草书开我襟。
> 龙爪状奇鼠须锐，水笺白皙越人惠。
> 王家小令草最狂，为予洒出惊腾势。

以皎然论述诗可知，皎然对于书史乃至笔法，均能通晓，虽未见书迹传世，亦可称僧侣书家或书法理论家。

八、辩光

辩光为晚唐僧侣书家，俗姓吴，字登封，永嘉（今浙江温州）人，为唐代著名史学家吴兢后裔。吴兢（670~749年），汴州浚仪（今河南开封）人。唐时居史馆任职30余年，撰写《梁史》《齐史》《陈史》各10卷，《隋史》20卷等，著书甚多。有《贞观政要》传于今世，《贞观政要》常被唐代及之后的皇帝当做座右铭。辩光出于名门，擅文学与书法，并以草隶见长。《宋高僧传》列传载其："长于草隶，闻陆希声谪宦于豫章。光往谒之。陆恬静而傲气，居于舟中。凡多回投刺，且不之许接。一日设方计干谒，与语数四，苦祈其草法，而授其五指拨镫诀。"① 此处即是讲述辩光向陆希声请教学习书法的事迹，并授其用笔的"五指拨镫法"。之后，辩光书艺进步迅速，其转腕用笔之技巧已达到非常高超的境界，书名远播，并得到唐昭宗李晔的亲自召见，在御榻前挥毫做书，颇得昭宗赞赏，赐以紫方袍为嘉奖。《宣和书谱》收入其《赠登第等诗》和《千字文》，并评道："观辩光墨迹，笔势遒健，虽未足以与智永、怀素方驾，然亦自是一家法，为其时所称，岂一朝夕之力欤！"② 其弟子从环、温州僧正智琮，皆得其真传。辩光同唐末文人名士亦多交游，陆宸、李溪、卢汝弼、吴融、崔远、张颢等均有诗歌赠予辩光，诗人吴融《赠辩光上人草书歌》中写道：

---

① ［宋］赞宁：《宋高僧传》卷第三十，范祥雍点校本，中华书局，1987年，第753页。
② ［宋］《宣和书谱》卷第十九，王群栗点校，浙江人民美术出版社，2012年，第175页。

> 篆书朴，隶书俗，草圣贵在无羁束。
> 江南有僧名辩光，紫毫一管能颠狂。
> 人家好壁试挥拂，瞬目已流三五行。
> 摘如钩，挑如拨，斜如掌，回如斡。
> 又如夏禹锁淮神，波底出来手正拔。
> 又如朱亥锤晋鄙，袖中抬起腕欲脱。
> 　有时软萦盈，一色秋云曳空阔。
> 　有时瘦巉岩，百尺枯松露槎桠。
> 忽然飞动更惊人，一声霹雳龙蛇活。
> 稽山贺老昔所传，又闻能者惟张颠。
> 上人致功应不下，其奈飘飘沧海边。
> 可中一入天子国，络素裁缣洒毫墨。
> 不系知之与不知，须言一字千金值。

辩光的弟子贯休，在书法上亦有成就。贯休诗《辩光大师草书歌》道：

> 僧家爱诗自拘束，僧家爱画亦局促。
> 唯师草圣艺偏高，一掬山泉心便足。

诗中体现了辩光之书法格调高逸，辩光淡泊名利寄兴山林之高僧修为。

九、亚栖

亚栖亦为晚唐间较为著名的僧侣书法家，亚栖为洛阳人，亦以草书见称。唐昭宗李晔曾多次召见，令其书写草书，并两度赐其紫袍，时有盛誉。《宣和书谱》卷十九记："经律之余，喜作字，得张颠笔意。"[①] 宋内府首藏其《对御草书歌》《观智永草书歌》《观高闲草书歌》《罗汉赞》《山寺诗》《六艺帖》等草书十五种。有书法理论《论书》一篇传世，其文曰：

> 凡书通即变。王（羲之）变白云体，欧（阳询）变右军体，柳（公权）变欧阳体，永（智永）禅师、褚遂良、颜真卿、李邕、虞世南等，

---

① [宋]《宣和书谱》卷第十九，王群粟点校，浙江人民美术出版社，2012年，第174页。

并得书中法，后皆自变其体，以传后世，俱得垂名，若执法不变，纵能入石三分，亦被号为书奴，终非自立之体。是书家之大要。

亚栖论书虽篇幅不大，但足可见其对于书法艺术的传承和理解，已经达到相当的高度，特别是讲述书艺传承与流变之关系，堪称书坛之至理名言。

十、唐代其他僧侣书家

唐代僧侣书家众多，除前述声名远播者之外，尚有部分僧侣书家亦见著录或有作品传世，因数量众多，选录部分以记之：

文惠，唐宪宗李淳时期洛南沙门，未见史载，书迹有书于元和十一年（816年）的《唐安义墓志》，近年新见拓本于洛阳。其书法点画沉稳精到，有静穆之风。

玄应，西京庄严寺僧，曾担任"正字字学"一职，存世书迹可见元和十三年（818年）所撰行书《兴国寺宪超塔铭》。

建初，唐文宗时期西京安国寺僧，存世有开成年间《元奘塔铭》及《基公塔铭》。其书体秀劲，合乎法度，《金石萃编》有录其文。

元雅，据《宣和书谱》卷二载其好古，喜学于科斗小篆，以其作《千文》，并以隶书题于其侧。其小篆笔意淳古，隶书亦洒脱自然。宋时御府藏有元雅的科斗小篆千字文。

昙林，唐代僧侣书家，生卒不详。《宣和书谱》卷五载其善作小楷，下笔有力，翰不虚动。宋史御府藏有其《金刚经》一卷，并有金书经目《金刚上味陀罗尼》，书写整齐，整体始终一律，不失行次，便于阅读。虽拘泥于法度，然其严谨端正，亦可嘉美。

行敦，《宣和书谱》卷十一云："释行敦，莫详其世，作行书仪刑羲之笔法。当天宝间，寓安国寺。以书名于世。"行敦书法亦继承二王帖学体系，是集王羲之书者十八家之一。其心慕笔随，亦得二王风神。宋御府藏其行书《乐府帖》。

齐己，《宣和书谱》卷第十一载其为潭州益阳人。自少即出家为僧，擅吟诗赋，并留心书翰，其诗文与书法一起广为传播。有《白莲集》一书行于世，其书法洒落有度，非寻常书家可及，多有书稿传世。宋御府藏其行书有《拟嵇康绝交书》《谢人慧笔诗》《怀楚人诗》《渚宫书怀等书》《送冰禅侄诗》《寄冰禅德诗》《冰禅帖》，楷书有《庐岳诗》和《寄明月上诗》等。

景云，唐时僧侣书家，世系不详。《宣和书谱》卷十九云其幼通经纶，性说超悟。擅于草书，初学张旭，笔法精熟，得草书之神韵。曾有草书《将箴》藏于宋御府。《宣和书谱》称其草书"左盘右蹴，若浓云之兴，迅雷之法，使观者惊骇。斯盖不独行于字画之间，抑又见其写胸中之奇也"。

贯休，字德隐，本姓姜，婺州兰溪人。7岁时即出家为僧，每日诵读经书，博闻强记。擅诗歌，多有妙语警句。其书法皆自出新意，不入俗格。作字尤为奇崛，以草书为妙。喜书《千字文》，欲与智永比肩。宋时尚有《常待帖》《千字文》《梦游仙诗》等书迹存于御府。

梦龟，唐东林寺僧人，善作草书，风格奇异。《宣和书谱》卷第十九云："作题草奇怪百出，虽未可语惊蛇飞鸟之迅，而笔力遒劲，亦自是一门之学。"又云："唐兴，士夫习尚字学，此外惟释子多喜之，而释子者又往往喜作草字，其故何耶？"可见唐代僧侣学习书法之盛，其中尤以习草书者为多。

文楚，唐元和年间僧侣书家，《宣和书谱》卷十九有载。亦喜作草书，以智永禅师为宗，长久练习渐自有所得。文楚所作《千字文》落笔清雅，不染俗尘，如飞云映素月，有洗人心怀之美誉。刘泾《书沽》云："以怀素比玉，嗇光比珠，高闲比金，贯休比玻璃，亚栖比水晶，世人以为善取况者。恨泾不见文楚，故未有定论。"可见文楚书艺可并肩僧侣书法名家也。

十一、唐代高僧写经

唐代高僧中，多见写经者。诸如温州大云寺僧鸿楚刺血写《法华经》一部；玄览，检州华严寺僧，写经二千余轴，金字《涅般经》为首；子瑀，湖州大云寺僧，载其写经之藏，凡一万六千卷；增忍、灵武龙兴寺僧人，刺血写经二百八十三卷；文纲，京师崇圣寺僧，刺血写经六百卷；嘉尚，京北大恩寺僧，为唐玄奘抄录所释经论七十五部，计一千三百三十五卷；成都福感寺定兰亦刺血写经；善导，写《弥陀经》数万卷；扬州大明寺寺僧鉴真则写就《一切经》三部，各一万一千卷。另据岑勋所撰《大唐西京千福寺多宝塔感应碑》中记载，禅师楚金："无我观身，了空求法，先刺血写《法华经》一部，《菩萨戒》一卷，《观普贤行经》一卷。""又奉为主上及苍生写《妙法莲华经》一千部，金字三十六部，用镇宝塔。又写一千部，散施受持。灵应既多，具如本传。"

唐代著名诗人岑参《观楚国寺璋上人写一切经院南有曲池深竹》诗，记述了楚国寺高僧璋上人的写经情况，是对唐代高僧写经场景的展现，诗云：

璋公不出院，群木闭深居。

誓写一切经，欲向万卷馀。

挥毫散林鹊，研墨惊池鱼。

音翻四句偈，字译五天书。

岑参此诗中所言之高僧璋上人，闭门写经，立书万卷之志，且书艺高超，可见高僧写经之盛，以及僧侣研习书法的普遍性。佛教写经与中国书法互为促进，互为流传与传播，已浑然一体。

除却高僧写经外，尚有大量经生、书手以及寺院未见经传的善书僧侣。他们均经过长时间的书写练习，具有相当的书法水平。虽大部分作品趋于工整，但亦不乏书法价值，唐代大量的高僧写经书法，流传至今者，对佛教及中国书法的传承具有非常宝贵的价值。

第五节　唐代敦煌写经及写本风格

在藏经洞发现的经卷写本中，唐代写本占到总数的70%以上，足以说明唐代写经的普及。在敦煌写经中以9世纪写本居多，8世纪及10世纪写本次之，7世纪之前的写本只占较少的比例。

唐人写经，已从北朝时期写经的多元风格，经过隋代写经的过渡时期，发展到了一个相对成熟的阶段。特别是官方的参与，使书写更为精到，严谨，更为专业化，而且取法欧阳询、虞世南者亦不在少数，并呈现出分工细化的特点。在唐龙朔二年（662年）写本《阿毗昙毗婆沙卷六十及序》（图4-5-1）中，落款为"经生沈和写用纸十七张""造经僧道爽别本在校记"，可见写经与校对已分工明确。在唐贞观二十二年（648年）国诠所写《善见律经卷》（图4-5-2）亦可见明确分工，并由负责此事的官员赵模监制而成。

在上元二年（761年）敦煌写经本《金刚般若波罗蜜经》（图4-5-3）写本中，则可更见分工之细化。落款首行"上元二年三月廿二日秘书省楷书贾敬本写""用纸十二张"，之后更有"装潢手解善集"，而后有"初校书手萧袆"，并"再校""三校"，经过三次校对后，又见"详阅太原寺大德神符""详阅太原寺大德嘉尚""详阅太原寺主慧立""详阅太原寺上座道成"等四人详阅，之后署"判官司农寺上林署令李德，使朝散大夫守尚舍奉御阎玄道监"。上元二年《妙法莲花经》（图4-5-4）亦是如此，可见唐代写经已发展为一套严谨的体系。

唐代写经之书法可概分为三种风格：

其一，是由北朝及隋代继承而来的北朝书风。在楷书中体现出较为典型的魏楷风格，结体较为扁平，横向取势，强调起笔与收笔，捺笔亦比较强调，显得古朴静穆。

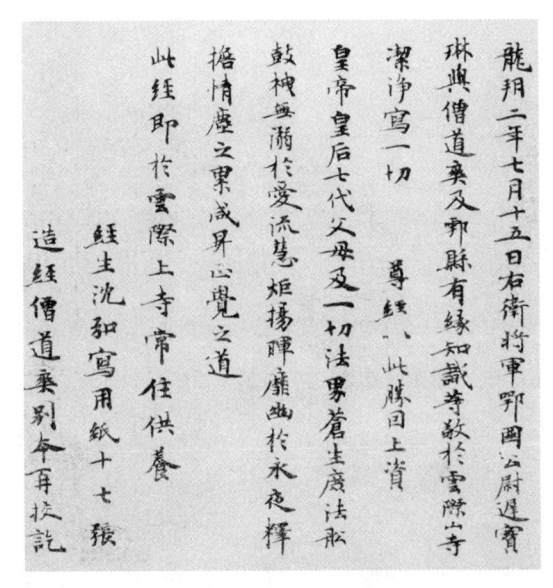

图4-5-1　唐代敦煌写经
《阿毗昙毗婆沙卷第六十及序》局部

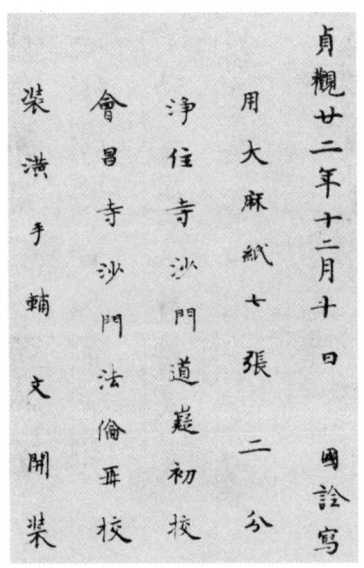

图4-5-2　唐贞观二十二年（648年）
国诠写经《善见律经卷》局部

如书于武周久视元年（700年）的《弥勒上生经》（图4-5-5），即颇具钟繇及王羲之、王献之风神，古朴而不失灵动。抄写者署名为交河县龙泉乡人贾方素，其书法造诣之深不输于唐代书法名家。书写于开元九年（721年）的《妙法莲华经卷第五》，则呈现出更为典型的北朝书风，呈现出北朝魏碑书法晚期"横画平法"的特征，并强调捺笔和横画的顿笔，与著名的北魏普泰元年（531年）《张玄墓志》书风颇似。

其二，典型的唐楷风格。初唐之后的写手，多已从于欧、虞、褚、薛等名家取法，显示出更为典型的唐楷笔法，相对北朝书风显得优美娴熟。唐代国诠所书《善见律经卷》（图4-5-6）即是唐楷中的经典。《善见律经卷》写于贞观二十二年（648年），署名"国诠写"，后录有"校""装""监""总

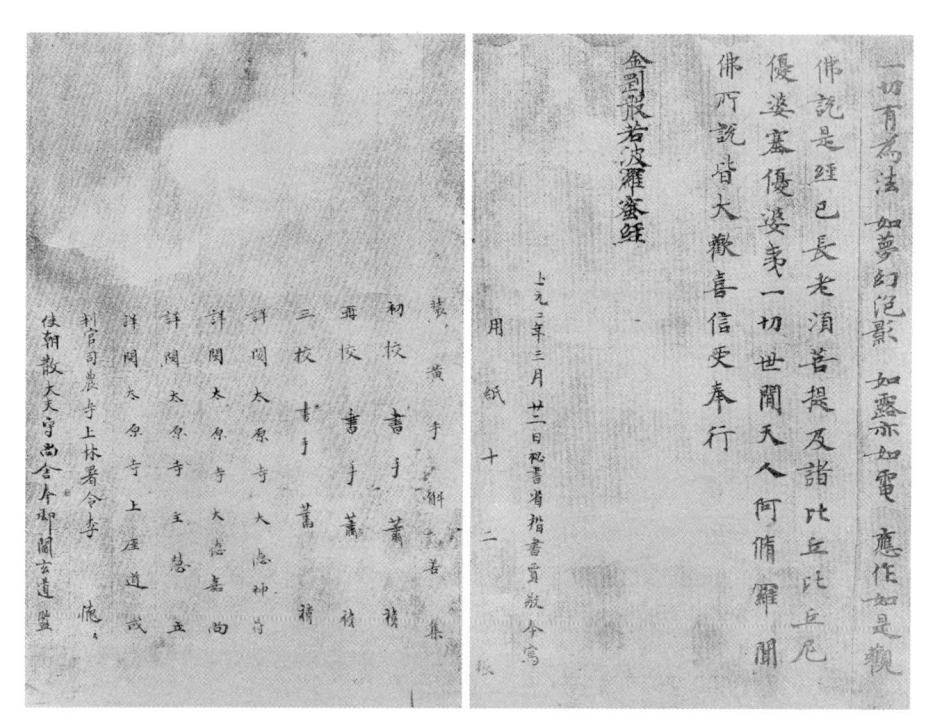

图 4-5-3　唐上元二年（675年）《金刚般若波罗蜜经》写本局部

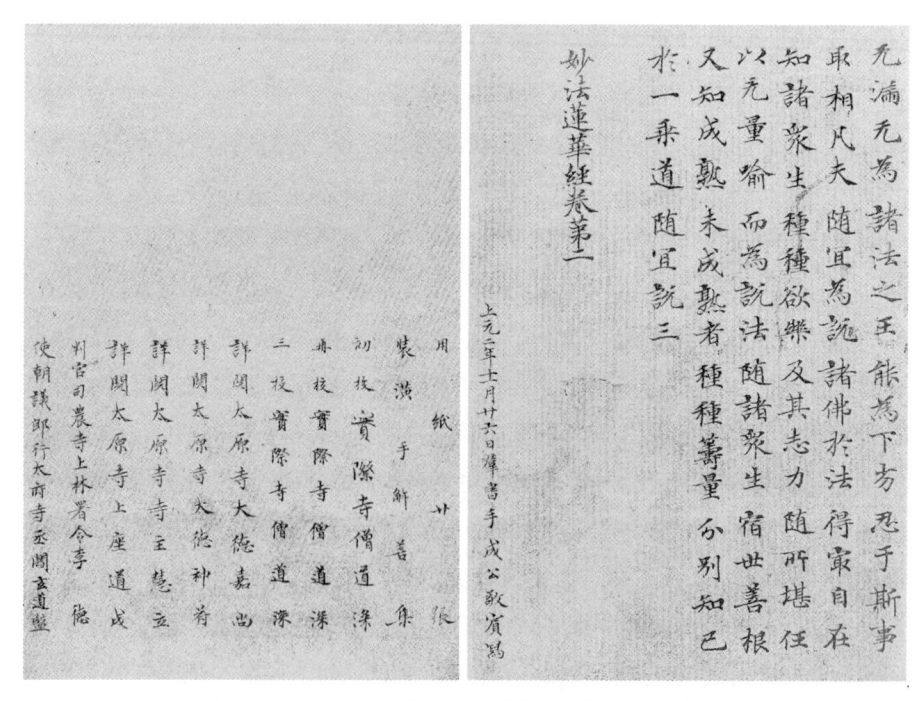

图 4-5-4　唐上元二年（675年）《妙法莲花经》写本局部

监"等名,并见赵模、阎立本等名家参与。此卷小楷雅致精美,是不可多得的唐楷珍品。

其三,行草书体写经。随着唐代行草书的发展。行草书已被应用至写经之中,特别是唐太宗推崇的王羲之书法,敦煌写经中亦见数种王羲之《兰亭序》及尺牍临本。而书写于天宝十二年(753年)的《法华经玄赞卷》等经卷中,则可见熟练的小草书体写经。罗振玉旧藏敦煌石室《恪法师第一抄经》(图4-5-7),应出自高僧手迹,经卷首题"恪法师第一抄",其书法具二王之法度,兼见章草意韵,古雅流美。今藏于辽宁博物馆。

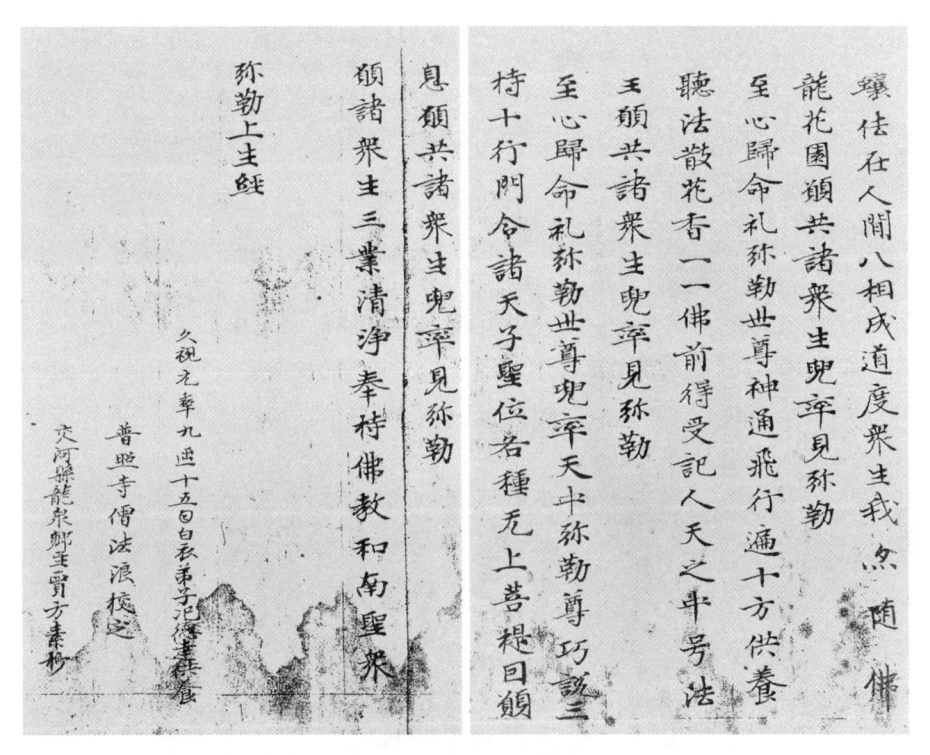

图4-5-5 武周久视元年(700年)《弥勒上生经》写本局部

安史之乱后,唐代国力逐渐衰退,唐末至五代,敦煌写经书法水平整体下降,显得较为草率和随意,但仍具时代气韵。如以行楷书写于大中十年(856年)的《瑜伽师地论卷第四十》(图4-5-8),尾署"大中十年六月十六日沙门僧惠山随听学书记",此卷为行楷书体,虽不甚工整,但见率真自然之态。今藏于故宫博物院。

敦煌遗书中,可见编号P·2544的《王羲之兰亭序》临本,编号P·4642

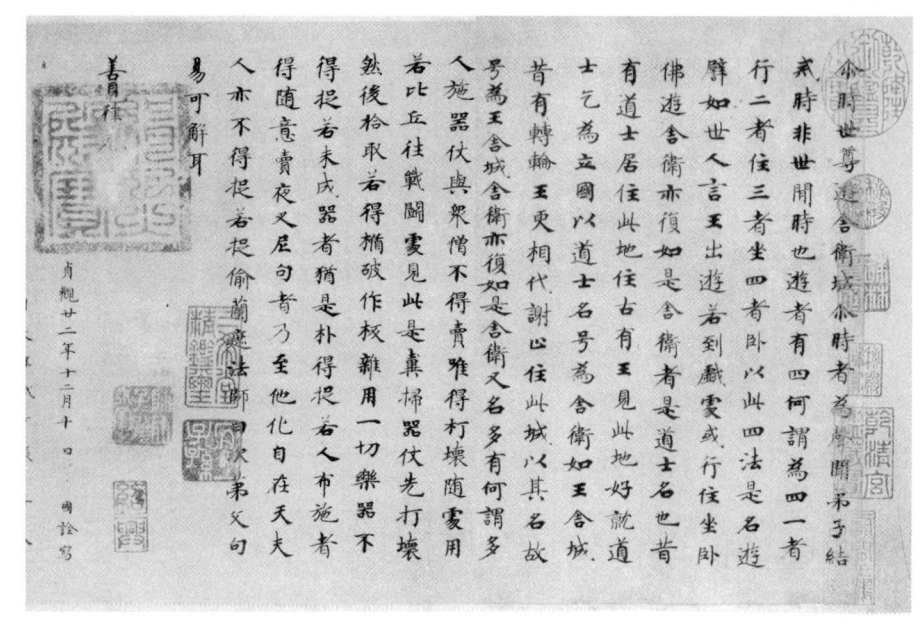

图 4-5-6　唐国诠所书《善见律经卷》局部

的临王羲之尺牍墨迹（图 4-5-9），编号 P·3561 的蒋善进临《真草千字文》（图 4-5-10），蒋善进所临智永《真草千字文》，形神兼备，气韵生动，具有很高的书法水准，可称书法佳作。据此应知抄经手在抄经之余，十分注重习书临帖，其主要目的应是更好的抄写佛经，是佛教经典与书法艺术结合的又一实例。

在敦煌莫高窟中还发现了唐代石刻书法拓本，是非常珍贵的书法文献资料，其中唐代著名书法家柳公权所书《金刚经》为唐拓之孤本，弥足珍贵，特别是在金石碑帖领域意义重大。

图 4-5-7　敦煌石室《恪法师第一抄经》局部　罗振玉旧藏

敦煌所出《金刚经》全称《金刚般若波罗蜜经》（图4-5-11），又称《能断金刚般若波罗蜜经》，此拓本传为柳公权47岁时的得意之作，充分体现了"柳骨"的骨力之美。1908年拓本被发现于敦煌藏经洞，此拓本有题记5行，明确记载了长庆四年（824年）四月柳公权所书。孤本的流传，也说明了佛教在书法艺术传承中的重要作用。对于此刻本《金刚经》是否确为柳公权所书，在当今学术界尚有争议。

敦煌还发现了《化度寺故僧邕禅师舍利塔铭》拓本，此铭为唐代著名书法家欧阳询所书，唐李百药撰写。后经学者考证敦煌所出此铭拓本为唐宋年间翻刻版本，可知宋代之前，即有翻刻或重刻名家所书佛教书刻之风。

概言之，敦煌写经中的唐人写经，体量大且风格成熟。初唐写经上接北朝书法及隋楷之古朴遗韵，中唐写经风格趋于典雅优美，至晚唐五代写经书法出现了异化与衰退。唐代敦煌写经的风格变化，亦是其时代佛教与书法发展的真实反映。

图4-5-8 唐大中十年（856年）《瑜伽师地论卷第四十》局部

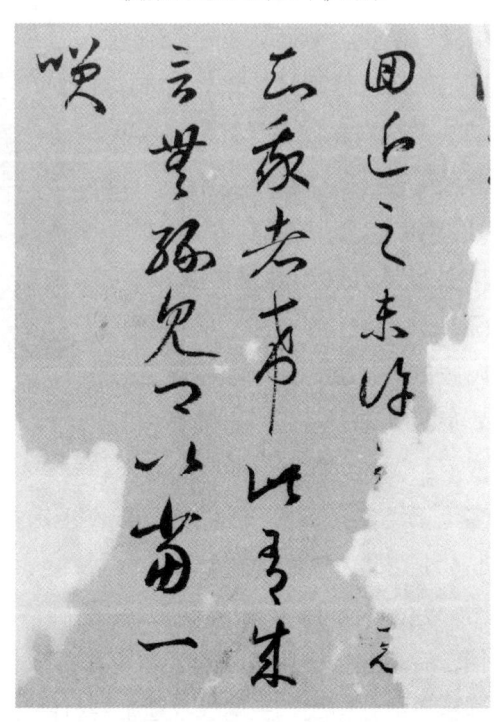

图4-5-9 敦煌所出王羲之行草书尺牍临本残纸

图 4-5-10　蒋善进临智永《真草千字文》

第六节　唐代名家写经与刻经及题记书法

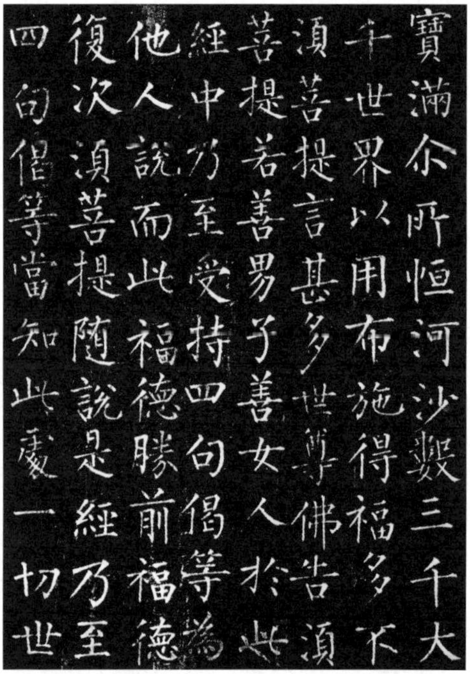

唐代著名的书法家参与写经并有文献可寻者众多，据宋代赵明诚所著《金石录》记载，有唐玄度书《六译金刚经》、柳公权所书《西明寺金刚经》、邬彤书《金刚经》及《尊胜经》等；《宝刻类编》则记有畅整书《阿弥陀经》、薛稷《陀罗尼经》、徐浩《金刚经》《心经》、卢鸿《隆华殿经》、柳公权《尊胜陀罗尼经》《消灾经》；《墨池篇》记有吕向《楞伽阿跋多罗宝经》，于僧翰《尊胜陀罗尼经》以及元载、牛僧儒《陀罗尼经》等。此外，还有大量未载入文献的名家写经。唐代名家写经的形式多见于经幢刻石及石窟题刻，或立于佛教名胜，王知敬所书《金刚经》（图4-6-1）即立于嵩山少林寺。

图 4-5-11　敦煌本柳公权《金刚经》局部

幢，原是指中国古代仪仗中的旌幡，是在竿上以丝织物制成，亦称幢幡，后来逐步演化为将佛经刻写在石柱上，成为经幢。一般由幢顶、幢身、基座三部分构成，主体幢身通常刻有佛教的经文、咒文、佛像等，多呈六棱柱形或八棱柱形。经幢自唐代起大为盛行，内容以《佛顶尊胜陀罗尼经》（图4-6-2）最多，另较为多见的有《大悲心陀罗尼经》《大随求即得大自在陀罗尼经》《大吉祥大兴一切顺陀罗尼经》《金刚经》《般若波罗蜜多心经》《弥勒上生经》等。

据《佛顶尊胜陀罗尼经》经文中说道："佛告天帝，若人能书写此陀罗尼，安高幢上，或安高山，或安楼上，乃至安置窣堵波中……若有苾刍苾刍尼、优婆塞、优婆夷、族姓男、族姓女。于幢等上或见。或与幢相近，其影映身。或风吹陀罗尼上幢等尘落在身上。彼诸众生所有罪业。应堕恶道、地狱、畜生、阎罗王界、阿修罗身。恶道之苦，皆悉不受。亦复不为罪垢染污。"佛教宣称经幢有如此神力，故唐代刻立经幢之风尤盛。亦有诸多名家参与其中。经幢是佛教艺术与书法艺术传承的又一载体。

图 4-6-1　唐王知敬书《金刚经》刻石拓本局部

值得重视的还有龙门石窟中的刻经部分，在这方面的著录资料较少。龙门石窟共刊刻佛经18部以上，其中《金刚般若波罗蜜经》4部，《般若波罗蜜多心经》3部，《佛顶尊胜陀罗尼经》2部，《佛说阿弥陀经》《佛说菩萨诃色欲法经》《六门陀罗尼经》《观世音经》各1部，及《付法藏因缘传》。在龙门莲花洞北壁中部靠上，是北魏孝明帝所造十六释迦像，像两侧有一高60厘米、宽23厘米的刊经碑，刊刻《般若波罗蜜多心经》，落款是武周时期的年号"久视元年八月二十一日皇甫元享书经"，久视元年为公元700年。在十六佛偏东侧一北魏龛下有一高14厘米、宽70厘米的碑面，刊有《心经》内容。龙门其他刻经还有武周时期的《佛说菩萨呵色欲法经》，位于龙门东山的《佛说阿弥陀经》《金刚波若波罗蜜经》及《付法藏因缘传》（图4-6-3）等经文石刻，传为薛稷所刻，均具有较高的书法及史料价值。2008

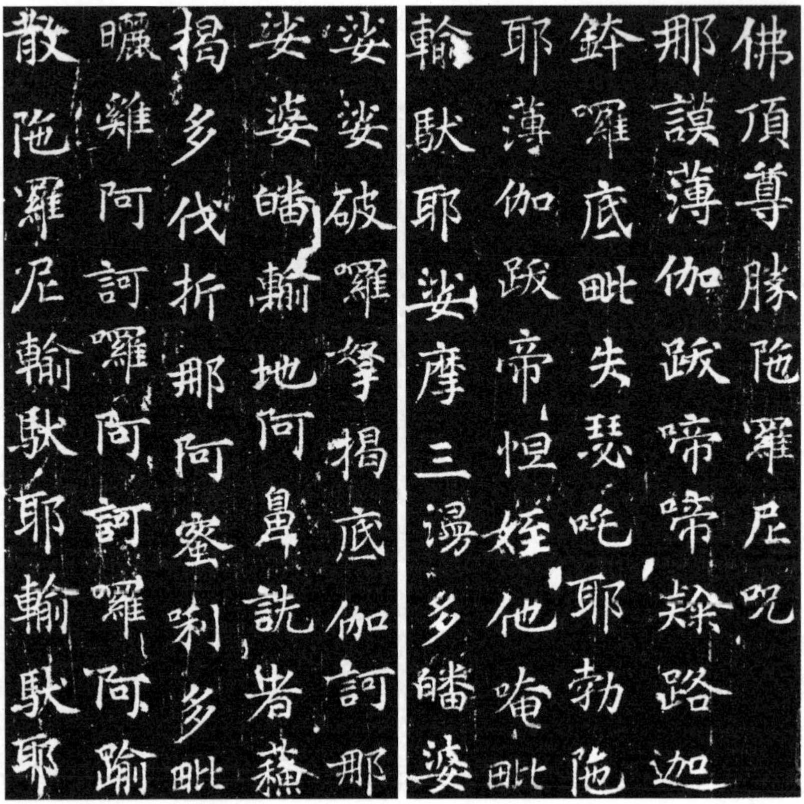

图 4-6-2 《佛顶尊胜陀罗尼经》拓本局部

年 3 月,龙门石窟研究院与北京大学考古文博学院组成联合考古队,对龙门石窟东山擂鼓台三洞窟前遗址进行了发掘,出土了各类文物 1900 件,其中有唐代经幢 1 件,为唐天祐三年(906 年)《佛顶尊胜陀罗尼经幢》,高 160 厘米,八棱柱形,每面宽约 15 厘米,书者为东都右街内持念大德,其书法为柳体楷书,遒劲有力(图 4-6-4)。

1992~1993 年,洛阳文物考古部门在洛阳唐代白居易居住之履道里遗址,考古发掘出一批白居易遗物,其中有经幢残石二段,应为同一经幢之石。较大一件经幢共有六面,每面宽 15.5~17 厘米,六面均刻有楷书汉字,现存 230 余字,内容为陀罗尼经文,其中有"开国男白居易造此佛顶尊胜大悲"等内容(图 4-6-5);另有一独立残石,仅存两面,残存 26 字,应为经幢之一部分。从出土地层分析,经幢大概毁于五代或北宋初年。其中有"唐大和九年……陀罗尼"等内容,白居易晚年与佛僧多有交集,这件经幢应是白居易出资建造,其书法为端庄自然的唐楷,或为白居易所书。

唐代造像题记亦较为丰富，如龙门石窟的唐代造像题记亦较为集中，其中又以唐太宗、唐高宗、唐玄宗时期居多，字数不多，风格多样，其中不乏精品，《优填王造像题记》（图4-6-6）在清代一度被误认为是北魏题记而列入《龙门二十品》中，据此可知，龙门石窟的一些唐代题记较多的传承了北朝的书风。

另有清光绪年间四川灌口出土一批佛教刻经，概有数十种，多为残石，内容为《心经》《涅槃经》等佛教经典。其书法形神兼备，神采奕奕，有初唐及盛唐之气象（图4-6-7）。

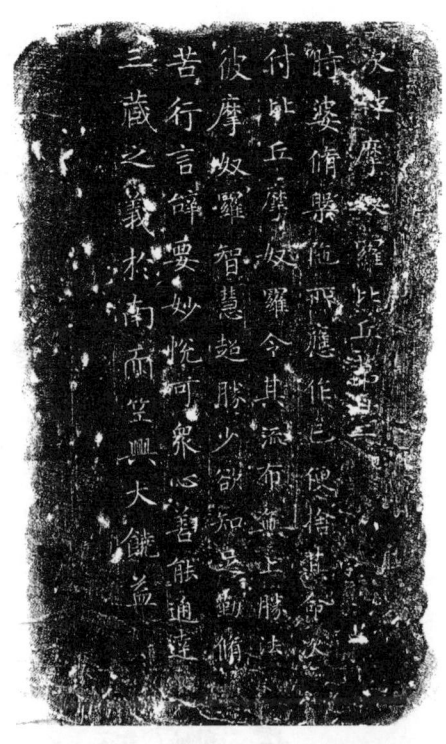

图4-6-3　龙门石窟擂鼓台中洞主室右壁摩奴罗比丘第廿二传文拓本　传为薛稷书

图4-6-4　龙门石窟唐天佑三年（906年）持念书《陀罗尼经幢》

第四章　鼎盛的唐代佛教与书法

第七节　唐代僧侣与书法的域外传播

中日两国自东汉起已有邦交往来，但至隋唐时期，中国文化艺术对日本的影响日益深刻。日本当时在政治、经济、文化等方面与中国相比存在很大的差距。日本深刻认识到中国是东方文化的渊源与高峰，需要更全面地到中国汲取优秀的文化，遂借弘佛学法之名，大量派遣使者及学问僧到大唐全面学习，书法作为文化的主要载体，不可替代地成为

图 4-6-5　大和九年（835 年）白居易造《陀罗尼经幢》残石拓本

图 4-6-6　龙门石窟唐《优填王造像记》拓本

图 4-6-7　四川灌口出土唐代刻经拓本

文化汲取中的重要部分。学问僧在当时的文化背景下，被赋予更多的文化担当。学问僧中最具代表性的最澄、空海及学问生橘逸势等，通过在大唐的交游、学习、研究及对晋唐法帖的资料收集，汲取了唐代推崇的二王书风之精华并传回日本，使日本全面引进和接受唐代书风并流传至今。这亦见证日本的主流书法源于中国，是中国书法的重要支流。

《隋书》载，开皇二十年（600年，日本推古天皇八年）倭王阿每即遣使入隋朝贡，揭开了隋唐时期遣隋使遣唐使的篇章。后更借弘佛之名派遣隋使和学问僧来中国，学习优秀的中华文化，在发现和吸收后，更加狂热地试图汲取和模仿。在唐朝时期，日本派遣遣唐使和学问僧，前后竟达19次之多，其中包括迎入唐使1次，送遣唐使3次。学问僧在带回大量经卷、书籍和法帖的同时，在书法上学习和继承了唐人的风貌，并借嵯峨天皇之势快速影响日本书坛，使得唐代以李世民为首推崇的以二王风格为代表的"唐风"[①]书法广泛流传于日本，成为日本书坛的主流书风并影响至今。

一、学问僧的起源与文化背景

遣唐使源于遣隋使。《隋书·东夷传》载：

> 使者曰：闻海西菩萨天子重兴佛法，故遣朝拜。

从记载上来看，日本派遣使者到中国来，最初是为学佛弘法而来。当第二批遣使时，便是为了广泛汲取中华文化而来，《日本书记》中明确记有四名学问僧的名字，即"学问僧新汉人日文、南渊汉人请安、志贺汉人惠隐、新汉人广齐"。这些学问僧全是汉人及新汉人，懂汉字与汉文，对中国文化的情感深厚，可以快速直接地学习中国文化。他们在中国留学时间较长，特别是南渊请安和僧日文，回到日本后成为日本政治文化改革的中坚力量。日本推古天皇三十一年（623年，唐武德六年），在隋时即派遣入中国的留学生和学问僧上奏：

---

① 《日本书法史》"译者的话"，载（日）榊莫山著《日本书法史》，陈振濂译，上海书画出版社，1985年。

> 大唐国者，法式备定，珍国也，常须达。①

可见遣隋使在经历隋唐变革回国后，目睹大唐文化之兴盛，上奏天皇要求加强遣唐学习。

遣唐使自唐贞观四年（630年，日本舒明天皇二年）八月起，至唐乾宁元年（894年，日本宇多天皇宽平六年）为止，经历26代264年，前后共任命19次之多。

遣唐使在《日本书记》中早期称为"西海使"，遣唐使常由大使、副使、判官、录事构成，是从日本最通晓经史、熟悉唐朝情况和擅长文墨的人才中选任的。学问僧和学问生是其中的主要人员，学问僧是指以学习研究佛教为主的僧侣，而学问生即留学生则注重学习学术以及儒学和其他文化。同时遣唐的，还有知乘船事、造船都匠、主神、译语、医师、阴阳师、画师、音乐长、玉生、挟抄、射手、水手等诸多类别人员，除航海所需人员外，均是各行各业中选拔出的优秀人才。其中，学问僧对中国书法的学习和传播起到了主要和决定性的作用。

二、学问僧在中国的书法学习与文化交流

自佛教在东汉传入后，佛教文化即与书法艺术紧密结合在一起，佛教借助写经、刻经等方式传播，这对于书法的传播和留存同样具有重要的意义。高僧中出现了安道一、智永、怀素、湛然等一大批以书法闻名的僧侣书家，同时，著名书家褚遂良、欧阳询、薛稷、颜真卿、柳公权、史惟则等乃至帝王李世民、武则天皆以各种形式参与了佛教题材的书法创作。帝王、大臣、书法名家的介入，印证了佛教文化在其时正是精英文化的代表，佛教文化与书法艺术密不可分。

遣唐使的主要使命，就是要更全面更深入地学习中国文化为己所用。学问僧更主要的任务是学习佛教和相关经典文化。唐代佛学兴盛，佛教文化与书法艺术相互交融，因此也就促进了日本学问僧对中国书法的学习和传播。

日本遣唐的学问僧，是从僧侣中以才华而闻名的人选中，按照其特长挑选出来的。大概分为三个阶段：第一阶段从舒明天皇时代经齐明、天智至

---

① 《书纪》"推古天皇三十一年"条。引自（日）木宫泰彦：《日中文化交流史》，胡锡年译，商务印书馆，1980年，第73页。

文武天皇时代（629~707年），这一阶段的学问僧留学时间较长，许多人长达二三十年，其主要精力在对经书的学习上，而对书法的学习研究尚不够深入；第二阶段是奈良时代（708~780年），这一时期日本学问僧学习的时间比较长，开始注意对中国书法的研究、收藏与学习，并深入地学习和研究唐代文化；第三阶段是平安朝时期（781~1185年），学问僧学习时间大为缩短，一般在五年以内，以一两年者居多，但对于书法采取有针对性的取法和不懈练习的方式，并取得了不俗的成绩。

以学问僧在中国书法的汲取传播上所取得的成就而言，以最澄、空海、橘逸势等最为著名。

最澄（767~822年），俗姓三津首，幼名广野。唐德宗贞元二十年（日本恒武延历二十三年，804年）七月，以学问僧之名随第十七批遣唐使赴唐，并于延历二十四年（805年）回国。最澄在入唐后登天台山从道邃学习天台宗，后至越州的龙兴寺学习密教。在学习密教的同时，也大量收集经卷及书法资料回国学习。最澄虔诚地学习了以二王帖学为代表的唐代书风，在他的代表作《久隔帖》中，即可明显看出类同《圣教序》（图4-7-1）及二王尺牍的笔法。《久隔帖》（图4-7-2）在汲取《圣教序》之结构特点的基础上，也在二王尺牍中汲取了灵动的笔法，因此能写出如此具有"唐风"的典雅之作，这是最澄虔诚的学习二王书法的结果。对于最澄的书法艺术，陈振濂先生在著作《日本书法史》中评价道，纯粹的中国风，是最澄能在当时书坛获得重要地位的一个重要因素，他极好地顺应了崇仰中国书法的时尚。他真正称得起是启发日本书坛学习中国书法的"法键"。[①]

日本学问僧中最负书法盛名的莫过于空海。空海也被誉为

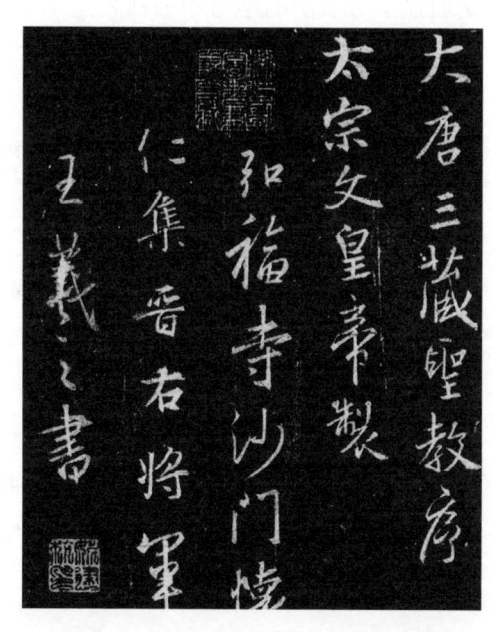

图4-7-1　唐怀仁《集王羲之书圣教序》局部

---

① 陈振濂：《日本书法史》，天津古籍出版社，2010年，第98页。

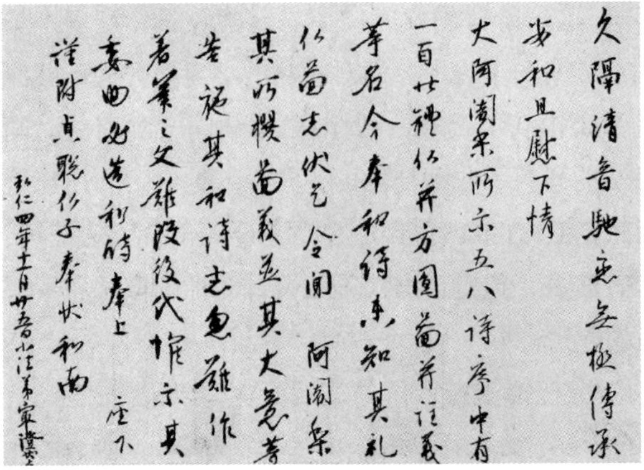

"日本的王羲之""日本书圣",可知其书法渊源及地位。空海（774~835年），俗姓佐伯氏,日本又称其"弘法大师"。据《日中文化交流史》载：

图 4-7-2 日本最澄《久隔帖》局部

> 空海入唐到长安,从青龙寺的惠果学习密教,带回新译经一百二十四部,二百四十卷,梵字真言赞等四十二部,四十四卷,论疏章三十二步,一百七十卷及佛像、祖师影、真言道具等物。回国后因学问道德卓著,尤其擅长诗文、书法受到了嵯峨天皇宠遇……①

空海由于入唐前即具有较高的诗文及书法修养,在学习佛法的同时,也就加强了对书法的学习和书法名迹的收集,与诗人、书法家也有较多的交流。唐朝诗人胡伯崇在《赠释空海歌》中云：

> 天假吾师多伎术,就中草圣最狂逸。

诗中将空海书法誉为比肩草圣张旭,足见空海在当时已负书法之盛名。空海曾向中唐书法理论家韩方明学习笔法。韩方明书法论著《授笔要说》中概要记载了五种执笔法,空海曾向其学习。② 对此,沈曾植在《海日楼札丛》载：

> 释空海入唐留学,就韩方明受书法,尝奉宪宗敕补唐宫壁上字。所传执笔法执腕法,其一,枕腕,小字用之;其二,捉腕,中字用之;其

---

① （日）木宫泰彦：《日中文化交流史》,胡锡年译,商务印书馆,1980年,139页。
② ［唐］韩方明：《授笔要说》,引自《历代书法论文选》,286页。

三，悬腕，大字用之……①

这段话记述了空海潜心于对书法中执笔法的研究。空海的著作《执笔法使笔法》（图4-7-3）应是源于韩方明的《授笔要说》。空海在唐学期间及回国后，写下了《风信帖》（图4-7-4）《灌顶记》《大日经》《金刚般若经解题残卷》等书法名作，以其娴熟的二王书风与诗文修养奠定了在日本的"书圣"地位，并直接影响了嵯峨天皇。

空海在中国期间，在长安青龙寺拜惠果为师学习，并继承了惠果高僧的衣钵，成为真言宗密教第八代阿阇梨。② 空海汉文造诣颇深，其师高僧惠果圆寂后，空海感慨不已，以精炼的汉文写下纪念碑文《大唐神都青龙寺故三朝国师阿阇梨惠果和尚之碑》。碑文中也提及自己远渡重洋，到大唐求学拜师的经历：

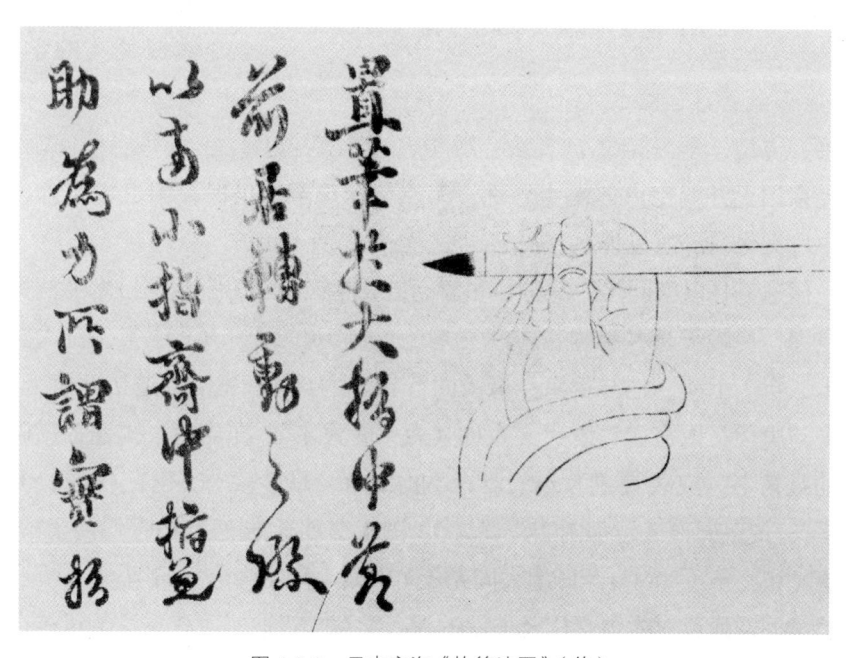

图4-7-3　日本空海《执笔法图》（传）

---

① 沈曾植：《海日楼札丛》卷八，《日本书法》引《杂家言》。
② 阿阇梨，梵文音译，意为教授弟子，纠正弟子行为，为其轨范的导师的称呼。引自《佛教小辞典》，上海辞书出版社，2006年，第547页。

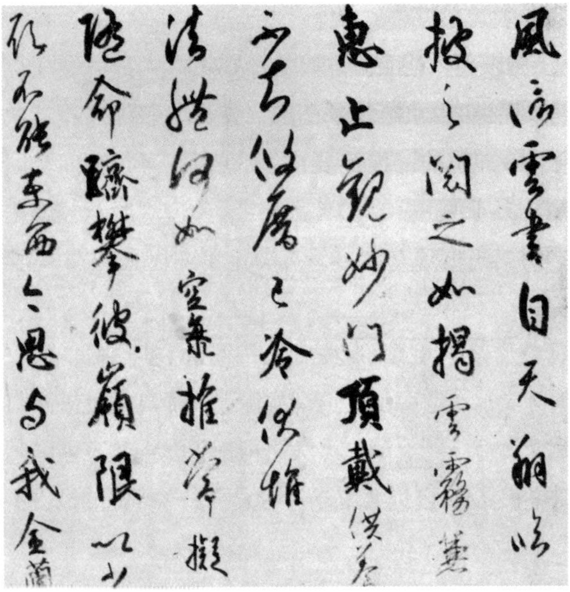

佛教与中国书法

弟子空海，顾桑梓则东海之东，想行李则难中之难，波涛万万，云山几千也。来非我力，归非我志。招我以钩，引我以索。泛舶之朝，数示异相。归帆之乡，缕说宿缘……①

图 4-7-4　日本空海《风信帖》局部

碑文展现了空海扎实的汉文功力。空海在中国还学习了印度梵文，成为日本历史上第一个掌握梵文的学者。他广交饱学之士，钻研碑铭、传记，学习诗文、书法、雕塑、音乐等艺术。在空海启程回国时，唐宪宗诏见并赐空海菩提宝念珠一串，此念珠至今仍保存于日本京都，成为中日文化交流的见证。

橘逸势是以学问生的身份，和学问僧一起入唐学习，后在日本书法史上与空海、嵯峨天皇并称为日本"三笔"。唐贞元二十年（804 年，日本延历二十二年）七月，他与空海、最澄同行赴唐，抵达长安后，遍访明哲受业，并多与唐代文人交游，唐代文人称其为"橘秀才"。在当时，橘逸势赖以成名的是隶书，史载其"为人放诞，不拘细节，最妙隶书，宫门榜题，多成其手"，传有书作《伊都内亲王愿文》（图 4-7-5）。橘逸势在唐朝留学三年，于唐元和元年（806 年，日本大同元年）八月，随空海一行回国。

学问僧通过对中国文化及书法的深入学习，汲取了唐代书法的风神，并通过与唐代文人及书家的广泛交流，达到了书风及文风的统一，为"唐风"在日本的传播打下了坚实的基础。

---

① 空海：《大唐都青龙寺故三朝国师灌顶阿阇梨惠果和尚之碑》，见《遍照发挥性灵集》卷二。

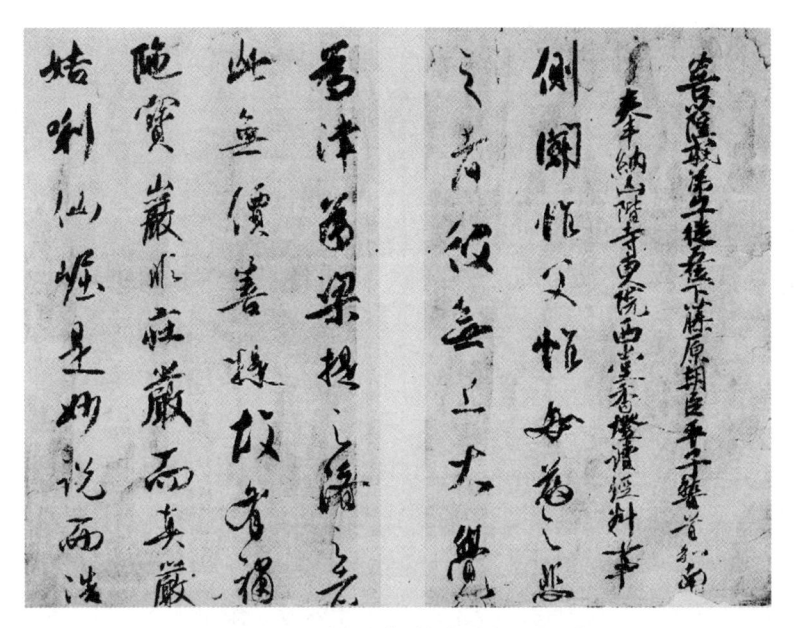

图 4-7-5　日本橘逸势《伊都内亲王愿文》

三、通过学问僧等僧侣交流传入日本的法书及碑帖

遣唐学问僧在第一阶段（629~707 年）带回国内的多为经卷。虽然经卷多由当时之经生抄写，仍具有很高的书法价值。奈良朝之前遣唐使及学问僧带回的物品，因缺少文献记载不可详知。到奈良时期，开始明确记载有大量经卷和书法真迹或拓本流入日本，其中还有王羲之、王献之等人的作品，这一时期流入日本的最有名的当数"渡海三帖"。

"渡海三帖"（图 4-7-6），经考证为唐代响拓，所谓"响拓"，即是依据真迹进行双钩填墨而成的摹本。"渡海三帖"由《丧乱帖》《得示帖》《二谢帖》连成一纸，又称"丧乱三帖"，纵 28.7 厘米，横 58.9 厘米。在中唐时期流入日本，现藏于日本宫内厅三之丸尚藏馆。"渡海三帖"笔法精妙，表现手段丰富而精彩，是王羲之书风的典型代表作品，对王书的研究和创作应用具有极高的艺术价值，历来为书家和学术界所推崇。作为二王书法的代表之作，"渡海三帖"以其丰富的艺术语言和线条美感，震撼着崇尚唐风的日本书法家的心灵。空海书法正是在汲取了"渡海三帖"的经典元素后，结合颜真卿风格厚重的线条表现，进而获得了巨大的成功。在二王书风和大量晋唐法帖的影响下，日本书法从不成熟的假名书法和民间书风中得以摆脱出来，向"唐风"迈进。

图 4-7-6　王羲之《渡海三帖》（唐摹本）　中唐时期流传入日本至今

日本学问僧还劝说了一大批深蕴佛法与大唐文化的唐朝僧侣前往日本。奈良朝进入日本的僧人中，对于佛教和文化方面影响最大的，是天平胜宝六年（756年）从扬州龙兴寺到日本的高僧鉴真及其弟子们，鉴真来到日本完全是受到了日本学问僧荣睿和普照的极力相邀。① 鉴真在天平胜宝六年（756年），从大唐带入日本的大量物品，其中和书法较为紧密相关的有《大方广佛华严经》八十卷，《大佛名经》十六卷，金字《人品经》一部，金字《大集经》一部，南本《涅槃经》一部四十卷，《四分律》一部六十卷等。这些经书应是经生及学问僧精心抄写之作，在当今出版的日本书法集中也常见此类写经书法。又载有："王右军行书真迹一帖，小王真迹三帖，天竺朱和杂体书五十帖。"② 此处明确记录了鉴真东渡将二王法帖带入日本之史实。到了平安朝时期，日本学问僧中出现了8位代表人物，分别是最澄、空海、常晓、圆行、圆仁、惠运、圆珍、宗睿，称为"入唐八家"。"入唐八家"的《请来目录》中大量记载了请回经卷和法帖的情况，最有代表性的是最澄在《法门道具等目录》中，详细列举了带回日本的17种书法资料：③

赵模千字文	大唐拓本
真草千字文	大唐拓本
台州龙兴寺碑	大唐拓本
王羲之十八帖	大唐拓本

---

① 鉴真（688~763年），扬州大明寺高僧、律学大师，应日本学问僧普照、荣睿之邀赴日传授戒律。从天宝元年至天宝九年（742~750年），共进行五次东渡皆失败，终于在天宝十二年（753年）东渡成功，带去48部经律论疏，及王羲之、王献之等人书法精品50余帖。
② （日）木宫泰彦：《日中文化交流史》，胡锡年译，商务印书馆，1980年，189~190页。
③ （日）木宫泰彦：《日中文化交流史》，胡锡年译，商务印书馆，1980年，189~190页。

欧阳询书法	大唐拓本二枚
褚遂良集一枚	大唐拓本
梁武帝评书	大唐拓本
两书本一卷	（留唐临摹）
古文千字文	（留唐临摹）
大唐圣教序	大唐拓本
天后圣教序	大唐拓本
润州牛头山第六祖师碑	大唐拓本
开元神武皇帝书法	鹈鸰大唐拓本
王献之书法	大唐拓本一枚
安西内出碑	大唐拓本
天台佛窟和上书法一枚	真迹
真草文一卷（留唐临摹）	

除最澄外，空海亦带回大量佛经和书法作品，有真迹和碑帖拓本，献于日本嵯峨天皇，并录于其《性灵集》中。① 较具书法代表性的有：

《飞白书》一卷；

《德宗皇帝真迹》一卷；

《欧阳询真迹》一卷；

《张谊真迹》一卷；

《大王诸舍帖》一首（王羲之）；

《不空三藏碑》一首；

《岸和尚碑》一铺；

《徐侍郎宝林寺诗》一卷（徐浩）；

《释令起八分书》一帖；

《谓之行草》一卷；

《王右军兰亭碑》一卷；

《李邕真迹屏风》一帖；

……

---

① 朱关田：《中国书法史·隋唐五代卷》，江苏教育出版社，2009年，第273页。

在上述例举的书法资料名录中，多为王羲之、王献之、欧阳询、褚遂良、徐浩、李邕等著名书家之作，亦有开元神武皇帝和德宗皇帝的书法，在书体上以楷书和行书为主。这些书法也代表了唐代书法的顶尖高度，是唐代的主流书法。此外，在诸多学问僧的《请来目录》中，亦散见经卷、书法真迹、拓本等书法物品的记载。这些来自大唐珍贵的书法资料传入日本后，以其强大的艺术魅力，迅速占据了日本书坛的主导地位，为日本书法汲取和传播"唐风"书法创造了物质上的重要条件，特别是对于奈良至平安时期的日本书法的发展变革具有重大的意义。正如陈振濂先生在《日本书法史》中所说："这些晋唐著名书家的手迹，对日本书法的重要启示是难以估量的。"[①]

四、学问僧对日本书法的推动及"唐风"的形成

在历史上，嵯峨天皇是一位十分思慕大唐之风的日本天皇。嵯峨天皇对唐风和书法的仰慕和喜爱，使得以学问僧为主所汲取学习的唐代书法，在日本得以快速而广泛的传播。

嵯峨天皇于786年即位，之后迅速推行了新文化政策。他对唐代鼎盛的文化艺术极其思慕，将佛教与学问并置于重要的地位。他憧憬着唐代的政治与文化形态，并以此为最高之执政追求。不仅全面学习了大唐宫廷的礼仪，改穿唐装，在宴会上备中国菜肴，并原封不动地学习继承了唐代书法艺术，以及《论语》《诗经》等中国经典文化遗产。

在这种背景下，学问僧最澄和空海获得了千载难逢的历史机遇。延历十三年（804年）七月，空海和最澄以学问僧为名，随第十七批遣唐使赴唐。最澄于延历二十四年（805年）回国，空海则于大同元年（806年）回国。最澄空海回国后，带回大量佛教经卷、佛画，还有一大批书法真迹和碑帖。

空海回国后以丰富的学识和深厚而卓越的诗文及书法功力，受到嵯峨天皇的赞许和宠遇。嵯峨天皇于弘仁七年（816年）赐空海纪伊高山建金刚峰寺，又于弘仁十四年（823年）赐给京都的东寺，建真言弘通道场，使得空海的地位大为提升，此举类似于唐玄奘西行取经回国后，受到唐太宗李世民之礼遇。

在语言文字方面，空海以唐朝《开元文字音义》为依据，编写了日本史

[①] 陈振濂：《日本书法史》，天津古籍出版社，2010年，第95页。

上第一部汉字字典《篆隶万象名义》，在书中将篆书和隶书对照编排，并标注简明意义解释。并撰写《梵文字悉昙并释文》一书，把自己在中国所掌握的梵文传入日本国内。①

嵯峨天皇通过与唐朝归来的学问僧空海、最澄等人的不断接触，加之其对诗文书法亦较为擅长，更加深了对"唐风"书法的仰慕，从传为嵯峨天皇之作的行书《李峤杂诗残卷》（图4-7-7）中，即可见唐代书法大家欧阳询之书风，在用笔和结体上，与欧阳询传世之作《仲尼梦奠帖》（图4-7-8）颇为神似，在书法上二帖均呈现出结体狭长、中宫收缩的特点，在用笔上以内擫为主，从相似程度推断，嵯峨天皇在欧书的学习上投入了相当的精力。在被认定为唯一可靠的嵯峨天皇的书法作品《光定戒牒》（图4-7-9）中，亦可见二王帖学一脉之"唐风"，《光定戒牒》是嵯峨天皇38岁时御笔亲书，书作上押有"太政言印"等十一方印章，是其代表的书法作品之一。《光定戒牒》的书法，已不再是单纯的欧阳询书风，而是融入了二王法帖的结体与笔法，在结体上已由原来的一味狭长向多元变化过渡，技法较之《李峤杂诗残卷》更为丰富，在笔法上也更为灵动娴熟。特别是在"以无""沙门"等字的写法上已完全是二王书风，通篇不再有《李峤杂诗残卷》那种局促之感，而显示出优雅从容之态，富有典雅的晋唐气韵。

学问僧空海和最澄同作为第十七批遣唐学问僧，联系紧密。在二人交往中，产生了大量的书信往来。其中，空海写给最澄的书信《风信帖》，成为日本书坛顶峰之作。

《风信帖》为空海在弘仁三年（812年）40岁左右所书，本是一封交往的书信，却体现了"无意于佳乃佳"的最高境界。帖中展现了空海娴熟的晋唐笔法，结体与意态与王羲之书风并无二致，

图4-7-7 日本嵯峨天皇《李峤杂诗残卷》局部

图4-7-8 欧阳询《仲尼梦奠帖》局部

---

① 洪修平：《中国佛教文化历程》增订版，江苏教育出版社，2005年，第364页。

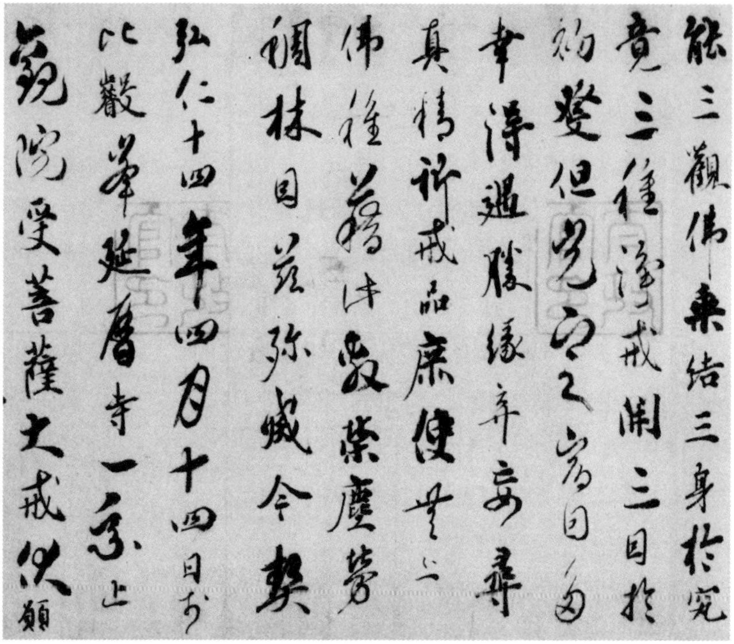

图 4-7-9　日本嵯峨天皇《光定戒牒》局部

足以见空海对晋唐书法的潜心苦学及其艺术天赋。对于在大唐的书法学习，空海自云："余在中国时习骨法，今于墨法虽未得之，而稍觉规矩。"[①] 可见其对中国书法的汲取与感悟，同时亦见其对中国书法艺术之敬畏，认为自己只是掌握了部分技法，并未达到书法的最高境界。

空海的书法不仅对唐时推崇的二王尺牍书风（图 4-7-10）加以学习，而且对唐代书家颜真卿的书法风格（图 4-7-11）亦有所吸收，这可从空海所书《灌顶历名》（图 4-7-12）中略见一斑。弘仁三年（812 年），在日本高雄山寺，高僧空海、最澄等开始了参山活动，并举行了金刚界灌顶仪式。空海在最澄的建议下，主持了这次灌顶仪式，从最澄以下，有 150 名僧人受戒，受戒僧人的姓名，空海都亲笔记录下来，这件备忘录式的灌顶名册，成为空海流传日本书坛的珍贵墨迹。在这墨迹中即可看出，其与《风信帖》在风格上的区别，不再是单一的优美典雅，而是受到了颜真卿奔放劲健的书风的影响，并把二者的特点都体现出来，这是十分难能可贵的，也印证了空海

---

① （日）榊莫山：《日本书法史》，陈振濂译，上海书画出版社，1985 年，第 24 页。

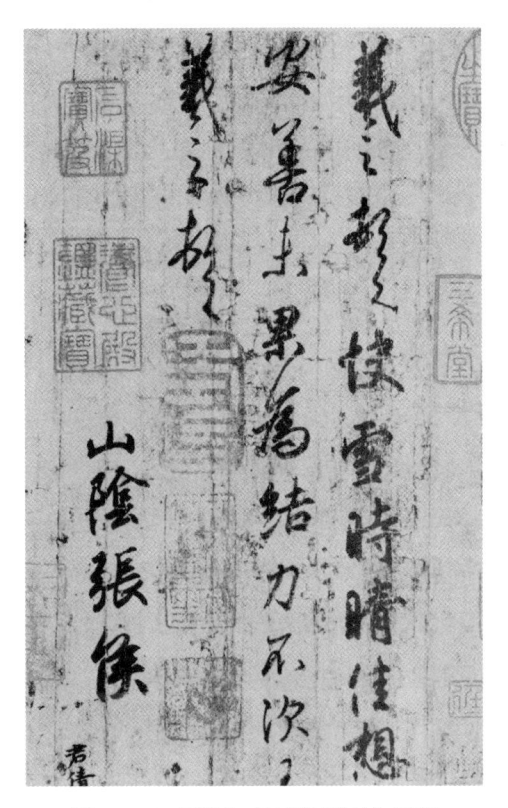

图 4-7-10 王羲之《快雪时晴帖》局部

在学习晋唐法帖时并非简单照搬，而是在多种风格上进行着变化与尝试。王羲之尺牍风格和颜真卿《祭侄稿》书风交相辉映，和谐地融为一体，体现了空海高超的书写技巧和对"唐风"潜移默化的继承和掌握。正如日本学者榊莫山在《日本书法史》中所说的那样："一方面，空海的书法似乎暗中卷入了对中国书风崇拜的漩涡，并持续地沉醉其中；另一方面则开拓了书法的视野，他在中国书法体格和形态中找到了富有

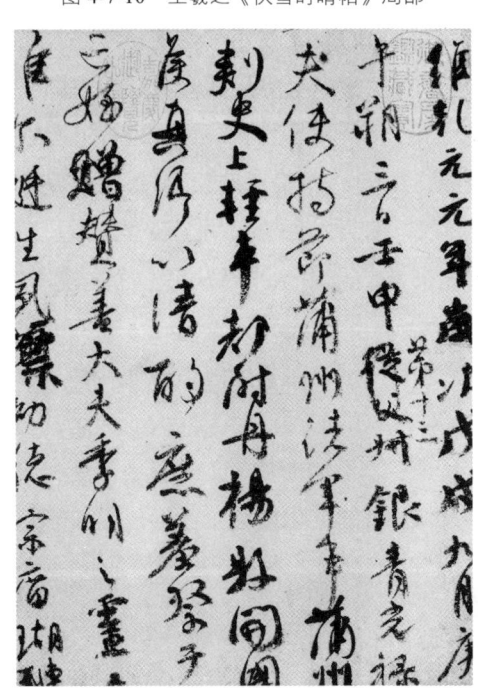

图 4-7-11 颜真卿《祭侄文稿》局部

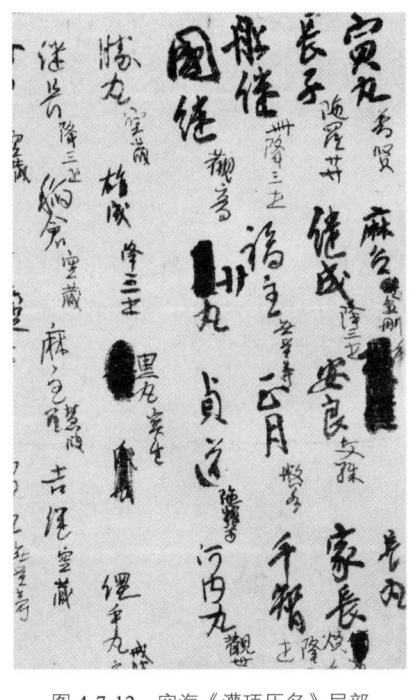

图 4-7-12 空海《灌顶历名》局部

教养的知识阶层的趣味。"①

陈振濂先生也谈及空海对晋唐书法的汲取与继承,其《日本书法史》认为:"空海似乎在自己的艺术天地里努力开拓,他试图以自己的创造对正统的书法提出挑战,执拗地想要树立起崭新的格局。于是,他在书法中获得了意想不到的成功。第一,由于他在唐朝师承名家,因此他的书法有扎实稳固的传统根基;第二,由于他身处异域,因而较少保守性,能凭借自己的天才思考对书法发展施加崭新的影响"。②

而同样作为遣唐学问僧的最澄,在学习佛教天台宗的同时,亦学习了唐代盛行的二王书风,并不逾雷池地作为己用。在大同元年(806年),最澄登记了空海从唐朝回国时带回来的各种物品目录,其中包括大量书法墨迹和碑帖拓本。在《空海请来目录》作品中,可见最澄书法真迹,其书法与当时唐代书风毫无二致。最澄另一代表作《久隔帖》,亦与《圣教序》十分相似,是唐代书法的忠实学习和代言者。另一位享有盛名的日本平安初期书家橘逸势,在大唐接触和学习了大量书法作品,回国后也成为日本书坛的代表人物之一,和嵯峨天皇、空海并称为"平安三笔"。他们所倡导的以二王帖学一路为正脉的"唐风",在日本成为主流书风并广为传播。

以日本学问僧为主导而引发的"唐风"是日本书法史上的重要变革,对于日本书法有着重要的意义。其一,"唐风"的形成改变了之前日本书坛的混沌局面,确立了日本书法的主要架构;其二,以晋唐法帖为主导的"唐风"书法的传播,指引了日本书法的发展方向,深远地影响了日本书法的发展,之后出现的小野道风、藤原佐理、藤原行成即"平安三迹",是唐风影响和传承的结果;其三,对"唐风"书法汲取,使日本书法只用了较短的发展时间,就接近了经过漫长发展历程的中国书法的艺术水平。从另一个角度看,在保留唐代书法文化遗迹上也做出了贡献。

通过对日本遣唐使学问僧情况的梳理和论证,可知通过遣唐使特别是学问僧对唐代书法的汲取、学习和传播,对日本的书法产生了巨大而深远甚至是决定性的影响。日本学者木宫泰彦写道:"日本的中古文化多是接受和吸收了唐代文化经过消化整理,使之与日本固有的文化融合全面形成,关于这

---

① (日)榊莫山:《日本书法史》,陈振濂译,上海书画出版社,1985年,第26页。
② 陈振濂:《日本书法史》,天津古籍出版社,2010年,第96页。

点，任何人也不会有异议。"① 在以空海、最澄为代表的学问僧及崇尚"唐风"的嵯峨天皇、橘逸势等人的推动下，日本书坛遵循中国书法之规范，全面汲取唐代推崇的二王书风并广泛传播，使日本书法迅速发展并成为中国书法在域外发展的重要支流。

五、佛教书迹在新罗等地的传播

新罗是古代朝鲜半岛国家，从公元前57年至公元935年，共立国992年。国号"新罗"，是从503年正式确立的。670~676年，唐朝与新罗战争后，新罗向唐朝请罪称臣，并统一了朝鲜半岛大同江以南地区，称统一新罗。至9世纪末期，统一新罗分裂为"后三国"，935年，"后三国"被高丽统一。

统一新罗亦热衷学习大唐之文化。贞观二十二年（648年）新罗王弟金春秋入唐，亲自到国学参观释奠和讲论，唐太宗赐予亲手书写的《温汤铭》和《晋祠碑》拓本及新修的《晋书》一部。② 682年，统一新罗设立国学，习读《论语》《礼记》等书籍。在书法学习上受唐代推崇二王书风的影响，对二王帖学顶礼膜拜。据目前所知其时代表书作，多与佛教相关。如统一新罗书家金生《朗空大师白月栖云塔碑》、灵业《断俗寺信行禅师碑》、金陆珍《鍪藏寺阿弥陀如来造像》、金彦卿《宝林寺普照神师彰圣塔碑》等，均为代表着朝鲜半岛统一新罗书法的经典，其书风皆类似于《集王羲之书圣教序》风格，是佛教文化及晋唐书风在统一新罗传播的见证。

---

① （日）木官泰彦：《日中文化交流史》，胡锡年译，商务印书馆，1980年，第125页。
② 荣新江：《丝绸之路与东西文化交流》，北京大学出版社，2015年，第127页。

第五章　五代佛教与书法的衍变

五代是指唐代之后战乱割据时期的五个朝代。907~959 年，在中原地区相继统治的后梁、后唐、后晋、后汉、后周五个王朝。同一时期，南方地区又形成了吴、南唐、前蜀、后蜀，吴越、楚、闽、南汉、北汉、南平等小国，史称"十国"，合称"五代十国"。

五代十国时期存在时间较短，加上战乱频繁，政治、文化、经济衰落，在书法成就上亦与盛唐相去甚远。唐末书坛过于遵循成法，特别是楷书一体，已显示出程式化的倾向；行书亦过于单一强调二王书风，随之年代更替，古法渐失，已有流入俗体之嫌。杨凝式书法上接晋唐，又自出新意，遂为五代十国时期书法的代表人物。僧侣书家彦修、贯休、应之、晓峦、昙域等或有作品传世，或见于书史，与五代时期避世的士大夫们共同开启了"禅意"书风的时代。

禅宗六祖慧能（638~713 年），唐代中期将禅宗逐步发扬光大。至五代时，禅宗已颇具影响，并影响至书画艺术领域。故将禅宗文化与书法章节放至本章，以期承上启下。

第一节　禅宗文化源流及对中国书法的影响

据《五灯会元》卷一所记，当年佛祖释迦牟尼在灵山对诸弟子说法，拈花示众，众人皆不解其意，惟有迦叶尊者心领神会，微微一笑。佛祖已知其领悟佛法，赞曰："吾有正法眼藏，付嘱摩诃迦叶。"

佛祖灵山传于摩诃迦叶的佛法，据说为"以心传心"的禅宗。摩诃迦叶遂成为禅宗的开山祖师,并被尊为佛祖十大弟子之首。摩诃迦叶之后,禅宗在印度又传了二十七代,并无明显建树,直至其二十八代传人菩提达摩在南北朝时期,受其师二十七祖般若多罗尊者指点,"渡江"传法,渡过印度洋、太平洋,于梁武帝普通七年(526年)九月二十一日抵达广州。登陆后收到刺史萧昂等人的欢迎,同年十月一日,达摩来到金陵(南京)与梁武帝萧衍相见。达摩以禅家法语启示梁武帝,惜梁武帝不知其所云,大惑不解。达摩甚为失望,告辞后至江边折苇化舟,一苇渡江,到河南嵩山少林寺面壁。今少林寺后有嵩山达摩洞,已为著名佛教文化景点之一。《洛阳伽蓝记》中亦记载达摩至洛阳参观永宁寺之事。

达摩东来华夏,禅宗逐步传播于中国,初传于北齐高僧慧可(二祖),慧可又传于隋代僧璨(三祖),僧璨传于唐代道信(四祖),道信又传于唐代弘忍(五祖),弘忍传于惠能(六祖)……印度的禅学至中国后,与中国的魏晋玄学及老庄思想相融合,形成了一个具有新意的宗教流派,并逐步发扬

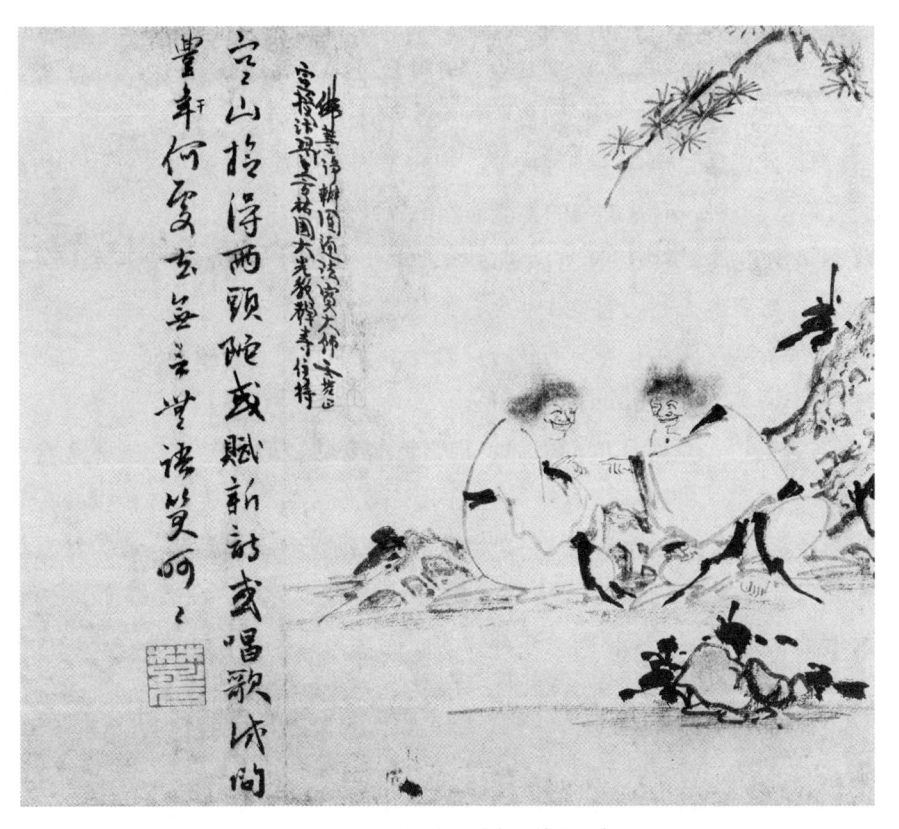

图 5-1-1　元因陀罗《寒山拾得图》

光大。当代学者葛兆光认为中国禅宗的特点为：首先，禅宗是一个关于"梵我合一"的精密的世界观理论，我心即佛，佛即我心，日月星辰，山河大地，佛我僧俗等世界万物，皆为我心；其次，中国禅宗有一套自心觉悟的解脱方式，要达到梵我合一之境，必经坐禅渐修或心下顿悟，正如六祖惠能《坛经》所说"识心见性，自成佛道"。①

这种讲究以心法为主的禅宗修炼方式，摆脱了沉浸于兴建佛寺洞窟、诵经礼禅等传统方式，且与《老子》《庄子》玄学之风相呼应，受到了文人士大夫的接受和欢迎。至六祖惠能时期，禅宗逐步发扬光大，正是"一花开五叶，结果自然成"。②

禅宗六祖惠能（638~713年），本姓卢氏，原为范阳籍岭南新州之樵夫，偶然听得他人诵读《金刚经》，忽觉"心明便悟"，遂至佛寺拜五祖弘忍学法，弘忍当时并未发现惠能之佛性，遂派其去碓房踏碓劳动，八个月后，弘忍欲选衣钵传人，遂令弟子呈偈。

弘忍大弟子神秀，于佛法用功甚勤，呈偈语云：

身是菩提树，心如明镜台，时时勤拂拭，莫使有尘埃。

神秀此偈语，包含了佛教中戒、定、慧的思维方式，应属佳作，神秀亦颇为自得。不料，原是樵夫的惠能连作偈语两首：

菩提本无树，明镜亦非台；佛性常清静，何处有尘埃。
心是菩提树，身为明镜台；明镜本清静，何处染尘埃。

惠能偈语，是对印度禅宗戒、定、慧的升华，心既是佛，入天人合一之境，达臻了新的禅宗境界。弘忍遂于深夜密召惠能，将衣钵传授并传其《金刚经》妙旨，惠能遂为禅宗之"六祖"。惠能至韶州曹溪一代传法，称"南宗"，而神秀则在北方传法，为禅宗之"北宗"。在敦煌所见抄本《楞伽师资记》卷一中，则记述神秀为弘忍之传人，故"南宗""北宗"各

---

① 葛兆光：《禅宗与中国文化》，上海人民出版社，1986年，第7-8页。
② 菩提达摩偈语，见《敦煌新本六祖坛经》，上海古籍出版社，1993年，第63页。

有其说。

禅宗之南宗认为，只需顿悟本心，便可身居俗世而修行自觉。认为："起心动念，弹指动目，所作所为，皆是佛性全体之用。"① 即可出入于红尘，又可谈禅论佛，如此便捷的禅修受到了文人士大夫的认同，遂得以迅速发展兴盛。

自唐末至宋代，文人雅士，多以禅为雅，追求"顿悟"之法。如王维、柳宗元、刘禹锡等名士，还有政治家兼书法家裴休等。从唐五代至宋，禅已完全士大夫化了。擅书画者有仁济、巨然、令宗、居宁、慧崇、觉心、继绍、希白等，都是当时文坛艺坛的著名人物。欧阳修本反对佛教，后与庐山东林寺祖印禅师交谈后开悟，亦信奉禅宗佛教，并自号"六一居士"，著书《居士集》。另有宋代著名文人苏轼、黄庭坚，二者皆为书坛名家，亦习禅宗。这一时期的书家受禅宗思想影响，已不再拘泥于唐人法度，在艺术表现上强调"我心即佛"的自我表现，崇尚写神去形，为唐代之后的"尚意"书风打开了新的境界。

第二节　杨凝式与"禅意"书风的萌芽

杨凝式（873~954年），字景度，号虚白，华州华阴（今陕西华阴）人。唐末五代时期著名书法家。为门下侍郎杨涉之子。唐昭宗时期进士，官秘书郎，后历仕于后梁、后唐、后晋、后汉、后周五代，官至太子太保，故世称"杨少师"。杨凝式于后周世宗显德元年（954年）去世，追赠太子太傅。

杨凝式之父杨涉，原为唐朝宰相，后投靠后梁皇帝朱温，杨凝式反对其父投靠朱温，正言阻谏，此事后为朱温得知。杨凝式恐事泄引来灾祸，遂呈佯狂之态，时人谓之"杨风子"。杨凝式内心不愿归降后梁，但事实上他和父亲又同时在后梁任官职，这种矛盾的心理和事实，在其书法上展现出来，或言书法已成为其心理的寄托。

宋张世南《游宦记闻》载，杨凝式以"心疾"为名闲居，时人称其"风子"，其笔迹遒放，宗师欧阳询与颜真卿，而加以纵逸。又载其："既

---

① 《禅源诸诠集都序》卷二。引自葛兆光《禅宗与中国文化》，上海人民出版社，1986年，第31页。

久居洛，多遨游佛道祠，遇山水胜迹，辄流连赏咏。""或称杨虚白，或称希维居士。"① 这种心态及生活状态，亦决定了其"禅意"书风的形成，并对后世特别是宋代"尚意"书法产生了巨大的影响。"宋四家"之首苏轼自言："仆书尽意作之似蔡君谟，稍得意似杨风子（凝式），更放似言法华（僧人）。"② 黄庭坚诗云："世人皆学《兰亭》面，欲换凡骨无金丹，谁知洛阳杨风子，提笔便到乌丝栏。"③ 应是对杨凝式书法的绝妙评价。

杨凝式虽非僧侣，仅以"希淮居士"自称。但其充满"禅意"的书法，可谓开宗立派，承唐启宋。其代表之作为《韭花帖》（图 5-2-1）与《神仙起居法》（图 5-2-2）。

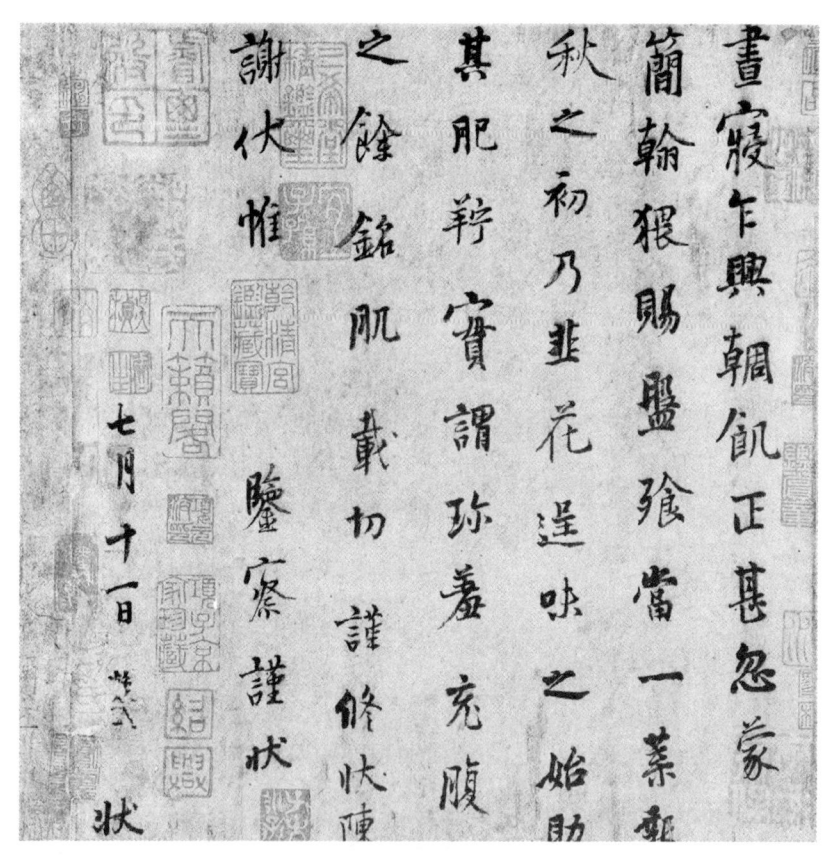

图 5-2-1　五代杨凝式《韭花帖》墨迹局部

---

① ［宋］薛居正等撰：《旧五代史》"杨凝式传"，中华书局，1976 年。
② ［宋］苏轼：《论书》，引自《历代书法论文选》，第 315 页。
③ ［宋］黄庭坚：《山谷集·题杨凝式书》，引自《四库全书》。

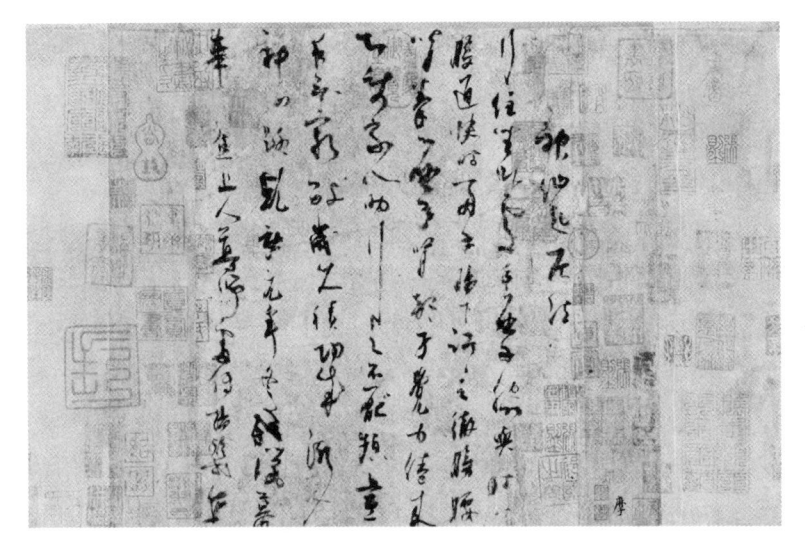

图 5-2-2　五代杨凝式《神仙起居法》墨迹

第三节　五代的僧侣书家

彦修，五代时后梁乾化年间（913~915年）高僧，有刻帖《寄边衣诗》及《入洛诗》传世。书法与亚栖、訾光齐名，传世草书有《寄边衣诗》《入洛帖》刻石，高124厘米、宽56厘米，现存于西安碑林。北宋李丕绪跋其书道："乾化中僧彦修善草书，笔力遒劲，得张旭法。惜哉名不振于时。"彦修之书法得张旭草书之法，行云流水，气息酣畅。（图5-2-3）

图 5-2-3　五代彦修《草书帖》拓本局部

贯休（833~913年），俗姓姜，字德隐、德远，五代十国前蜀僧人，金华兰溪（今浙江省兰溪市）人。贯休7岁时即出家，后云游各地，在诗、书、画诸方面均取得成就。乾宁初（894年）谒见吴越王，献诗五章。天复（901~904年）年间入蜀，蜀主王建称其为"禅月大师"。《唐诗纪事》载："休工篆隶。"《益州名画录》载其："善草书图画，时人比作怀素、画师阎立本。"[1]虽有过誉之嫌，但可见其书画在其时已负盛名，比肩于怀素与阎立本，宋代陈思《书小史》中记载贯休"工草隶，南士皆比之怀素"。[2]《宣和书谱》载："休作字尤奇崛，至草书益胜，斩峻之状，可以想见其人。喜书《千字文》，世多传其本，虽不可以比迹智永，要自不凡。"[3]并载宋御府曾收入贯休草书7件，行书1件，有行书《梦仙游诗》、草书《千字文》《常侍帖》等。惜未见其书法作品传世。

贯休在诗歌上的成就更高，是文学史上著名的诗僧，有《禅月集》传世，贯休的《观怀素草书歌》亦生动地歌颂了高僧怀素书法的高超造诣。

贯休《观怀素草书歌》：

> 张颠颠后颠非颠，直至怀素之颠始是颠。
> 师不谭经不说禅，筋力唯于草书朽。
> 颠狂却恐是神仙，有神助兮人莫及。
> 铁石画兮墨须入，金尊竹叶数斗余。
> 半斜半倾山衲湿，醉来把笔狞如虎。
> 粉壁素屏不问主，乱拏乱抹无规矩。
> 罗刹石上坐伍子胥，蒯通八字立对汉高祖。
> 势崩腾兮不可止，天机暗转锋铓里。
> 闪电光边霹雳飞，古柏身中蚪龙死。
> 骇人心兮目眽眽，顿人足兮神辟易。
> 乍如沙场大战后，断枪橛箭皆狼藉。
> 又似深山朽石上，古病松枝挂铁锡。
> 月兔笔，天灶墨，斜凿黄金侧锉玉，珊瑚枝长大束束。

---

[1]［宋］黄休复：《益州名画录》"能格下品七人"，引自云告译著《宋人画评》，湖南美术出版社，第195页。
[2]［宋］陈思：《书小史》卷十，中国书店，2018年，第295页。
[3]［宋］《宣和书谱》，王群栗点校，浙江人民美术出版社，2012年，第176页。

  天马骄狞不可勒，东却西，南又北，倒又起，断复续。
  忽如鄂公喝住单雄信，秦王肩上塔着枣木槊。
  怀素师，怀素师，若不是星辰降瑞，即必是河岳孕灵。
  固宜须冷笑逸少，争得不心醉伯英。
  天台古杉一千尺，崖崩倒折何峥嵘。
  或细微，仙衣半拆金线垂。
  或妍媚，桃花半红公子醉。
  我恐山为墨兮磨海水，天与笔兮书大地，乃能略展狂僧意。
  常恨与师不相识，一见此书空叹息。
  伊昔张渭任华叶季良，数子赠歌岂虚饰，所不足者浑未曾道着其神力。
  石桥被烧烧，良玉土不蚀，锥画沙兮印印泥。
  世人世人争得测，知师雄名在世间，明月清风有何极。

  五代时期之蜀王非常赞赏贯休书画，召之进宫供养，并分至翰林院，翰林学士欧阳炯亦赠诗《贯休应梦罗汉画歌》，云：

  西岳高僧名贯休，孤情峭拔凌清秋。
  天教水墨画罗汉，魁岸古容生笔头。
  时捎大绢泥高壁，闭目焚香坐禅室。
  忽然梦里见真仪，脱下袈裟点神笔。
  高握节腕当空掷，窸窣毫端任狂逸。
  逡巡便是两三躯，不似画工虚费日。
  怪石安拂嵌复枯，真僧列坐连跏趺。
  形如瘦鹤精神健，顶似伏犀头骨粗。
  倚松根，傍岩缝，曲录腰身长欲动。
  看经弟子拟闻声，瞌睡山童疑有梦。
  不知夏腊几多年，一手支颐偏袒肩。
  口开或若共人语，身定复疑初坐禅。
  案前卧象低垂鼻，崖畔戏猿斜展臂。
  芭蕉花里刷轻红，苔藓文中晕深翠。
  硬筇杖，矮松床，雪色眉毛一寸长。

绳开梵夹两三片，线补衲衣千万行。
林间乱叶纷纷堕，一印残香断烟火。
皮穿木屐不曾拖，笋织蒲团镇长坐。
休公休公逸艺无人加，声誉喧喧遍海涯。
五七字句一千首，大小篆书三十家。
唐朝历历多名士，萧子云兼吴道子。
若将书画比休公，只恐当时浪生死。
休公休公始自江南来入秦，于今到蜀无交亲。
诗名画手皆奇绝，觑你凡人争是人。
瓦棺寺里维摩诘，舍卫城中辟支佛。
若将此画比量看，总在人间为第一。

五代前蜀高僧昙域和晓峦亦见于书史。昙域是贯休的弟子，号惠光大师。在其师贯休圆寂后，昙域整理贯休书稿，并于前蜀乾德五年（923年）付诸雕版印刷，名《禅月集》，并写序于其后。明代陶宗仪《书史会要》中称其"工小篆，学李阳冰"。① 晓峦又名楚峦，为书僧梦龟弟子，以草书为工。《书史会要》称晓峦"工草圣，学张芝"。② 在其时与昙域并称，亦有禅诗传世，其诗作时有盛名。

五代南唐高僧应之在书法上亦颇有成就，应之俗姓王，工于楷隶及行书，以善书冠江左。后因进士被黜免而出家为僧。升元、保大年间（937~957年）入内供奉，并应南唐中主李璟之敕书刻《楞严经》，镂版既成，李璟观之赞赏道："是深得公权之法者也。"宋《苏魏公集》载："应之，江表僧，善楷、隶，南唐中主、后主书体与之相类。当时碑刻，多其写者，至今尽存。惟江宁府保宁寺《四注金刚经》兼备众体，尤为精笔。"③《宣和书谱》称："（其）作行书，岂以文绢写进士沈松《曲直不相入赋》，颇有气骨。"④ 宋御府曾藏其行书数种，惜至今已不可见也。

五代十国时期是一个战乱不断、时局动荡的年代，书法已难见盛唐气势

---

① [明]陶宗仪：《书史会要》，徐美清点校，浙江人民美术出版社，2012年，第136页。
② [明]陶宗仪：《书史会要》，徐美清点校，浙江人民美术出版社，2012年，第136页。
③ [宋]苏颂：《苏魏公集》，引自《四库全书》。
④ [宋]《宣和书谱》，王群栗点校，浙江人民美术出版社，2012年，第106页。

恢宏之作，而多转化为一种个人寄闲抒情的手段。唐时六祖慧能所创禅宗，正迎合了士大夫的心理需要，故禅宗至五代更为兴盛，从南唐后主李煜至吴融、张祐等文人士大夫，皆与禅僧多有交游，此正是书法从唐人"尚法"走向五代"禅意"的禅机。五代书法，正是在希维居士杨凝式及彦修、贯休、昙域、晓峦、应之等禅僧的作用下，才不至于为唐末书法所禁锢而湮没于唐代书法之中，从而形成了游离于"法"与"意"之间的"禅意"书风。

第六章　宋辽金元佛教与书法之发展

宋代初立，佛教再次被大力扶持，进入了复兴的状态。加之印刷术的发展，刻经之风弥盛，亦促进佛教之繁荣。宋代禅宗的兴盛促进了以苏轼、黄庭坚为代表的"尚意"书风的形成，诸多书家以禅入书、以禅论书、以禅喻书，这一时期也产生了大量的"禅宗"墨迹。宋代还出现了以梦英为代表的一批僧侣书家。辽金佛教书迹相对较少，但亦有《普照寺》碑（图6-1-1）与佛教经卷等传世，并续刻了房山石经。元代赵孟頫独领风骚，以复古之风统领元代书坛，并留下了大量珍贵的佛教书法墨迹精品。另者，元代的佛教居士书法亦可圈可点。

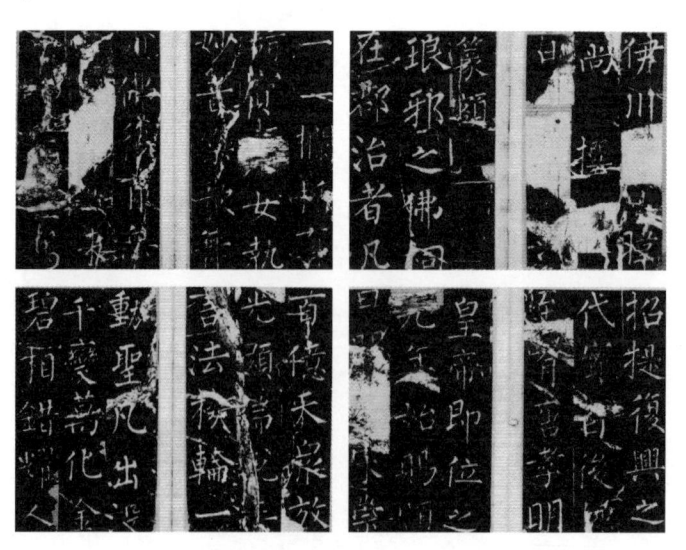

图6-1-1　金皇统四年（1144年）《普照寺碑》
又名《琅琊碑》，拓本选页，书风可见"颜筋柳骨"之传承。

第一节　宋辽金元佛教与书法综述

中国佛教发展至宋代，历经唐末武宗灭法，五代战乱及后周世宗灭佛打击后，迈入衰退期。宋太祖即位后，对佛教采取了扶植的政策，特别是佛教的禅宗和净土宗得到进一步的发展。近代学者蒋维乔在《中国佛教史》之"宋以后佛教"概论中写道："自武宗会昌之法难，继以五代之战乱，佛教之气大衰。宋兴，佛教前途欣欣向荣，如春花之怒发。盖宋太祖志在振兴文教，其于佛教亦然。建隆元年（960年）六月诏诸路寺院，经后周世宗时所废而未毁者不毁，既毁之寺，所遗留之佛像，亦命保存，且屡令书写金字银字之《藏经》；所建之寺颇多。太宗虽信道教，亦未若佛教之重也。"①

宋太祖赵匡胤即位后，立即改变后周的佛教政策，对佛教予以扶持。宋太祖常参拜佛寺，诵读佛经，并大力建寺造像，放宽度僧名额，大规模派遣僧侣到印度求法。乾德四年（966年），遣僧侣行勤等共157人出使印度求法。在历史上如此大规模由官方委派僧侣出国求法，在人数上为前朝之最。宋太祖对于佛教的贡献还在于敕刻《大藏经》。中国木刻雕印史上首部汉字大藏经《开宝藏》，即是奉太祖之命，始刻于宋开宝四年（971年），故又称《北宋官版大藏经》。

至宋太宗时期，佛教亦颇受重视。宋太宗认为佛教对于政治统治是非常有益的，他即位后大兴佛法，营造寺院，并安排朝臣参与佛事，并亲撰《新译三藏圣教序》。此后从宋真宗、宋仁宗到宋哲宗，都大力支持与提倡佛教，并常书写佛教相关书迹（图6-1-2），这一时期佛教得以极大发展。至宋徽宗时期，寺院的发展与政府

图6-1-2　北宋赵昀《禅诗团扇》

---

① 蒋维乔：《中国佛教史》，东方出版社，2013年，第184页。

的财政之间矛盾日益尖锐,加之宋徽宗信奉道教,曾一度反佛,强令佛教与道教合流,改寺院为道观,使佛教道教化,使佛教受到了一定的打击,但不久后佛教即得到了恢复。直至宋末,佛教处于稳步发展的势态。

宋代佛教以禅宗最为兴盛,净土宗亦为主流,天台宗和华严宗也有进一步的发展。禅宗的盛行对于宋代的"禅意"书风的形成影响巨大,禅宗的理趣渗透在对宋代书法的理论和实践之中。晚唐至宋,诸多书法家以禅入书、以禅论书、以禅喻书,以苏轼、黄庭坚、米芾、蔡襄"宋四家"为代表的宋代书法,大多数体现出了浓厚的"禅意"及"禅机"。宋代书法理论家朱长文《续书断》道:"书之至者,妙于参道、技艺云乎哉。"[1]强调学习书法需参悟道理与禅机。宋代逐步由唐之前佛教书法以书写为主的形式,转化为对书写者思想意识的影响,亦是佛教对中国书法影响的又一层面。

从唐武宗灭佛到五代周世宗灭佛的百余年间,佛教发展颇受影响和打击,中外佛教交流亦一度中断,至宋代才逐步得以恢复。宋代各朝皇帝大都支持中外佛教的交流,宋代来华参学佛法、朝拜佛迹的日本及高丽僧人络绎不绝,较有影响的是日本名僧奝然、成算、嘉因以及高丽名僧义天。《大藏经》刻成后,宋太宗、宋真宗、宋神宗等多次将经卷赐予前来求经的高丽、日本使者,对高丽和日本佛教的发展影响深远。不少高僧还应邀赴日本等国弘化佛法。

南宋时期,禅宗在日本得到弘传和发展,两国禅僧的交往十分密切,日本仿照中国的寺院兴建了许多禅寺,从建筑构造到禅堂设备以至禅僧的举止均学习宋代禅寺,禅门诗偈也广泛流传与日本禅林,禅宗在日本大为兴盛,这种交流亦使得大量佛教墨迹得以交流和流传,也就是所说的"禅宗墨迹"。在日本,"墨迹"特指禅林高僧的书法,并仅限于中国宋元时代高僧或同时代入日籍归化僧及日本镰仓、南北朝、空町时代禅僧的书法,并出现了一批入宋禅僧书家,如较早影响日本书坛的明庵荣西(1141~1215年)、俊芿(1166~1227年)、道元(1200~1253年)等高僧,同时日本亦从宋代请回大量高僧墨迹。圆悟及其弟子大慧宗杲、虎丘绍隆,之后虎丘绍隆再传弟子密庵咸杰门下又培养了名僧松原崇岳、破庵祖先、曹源道生,被称作"三杰",为宋代禅僧之翘楚。其弟子及其宗派后来者赴日入籍的禅僧中,出现了以兰溪道隆为代表的一批在书法上影响巨大的僧侣书家,对日本镰仓时代的书法

---

[1] [宋]朱长文:《续书断》,江苏美术出版社,2009年,第69页。

特别是禅宗书法的发展起到了关键作用。在他们的影响下，日本出现了以梦窗疏石、虎关师炼、宗峰妙超为代表的僧侣书家。

由于禅宗主张"直指人心，见性成佛"的"顿悟"心法，因此，禅宗墨迹中亦少见端庄凝重的佛教写经及法度森严的正书之作。具有禅风的印可状、尺牍、法语、偈颂、跋语、画赞、寺号、雅号等开始大量出现，在形式上亦日益丰富。手札、条屏、手卷等均为多见，并可明显看到"宋四家"的影响。正如当代学者韩天雍在其《禅宗墨迹》的序言中所述的那样："如果说唐代'尚法'书风经佛教写经带来一种法度森严的规范的话，那么，宋代'尚意'书风则赋予禅宗墨迹一种自然率意的抒情性格。"①

宋代书法，一言蔽之，谓"宋人尚意"。意从何来？禅意。禅从何来？佛教之禅宗也。宋代佛教与书法之关系，由此可见。

辽代为契丹贵族所统治，为维护统治，亦注重对汉文化及佛教文化的保护和利用，使佛教亦得之全面发展。房山石经得到帝王的拨款，进行了大规模的续刻。

辽圣宗太平七年（1027年），经州官韩绍芳奏请，圣宗准奏并委派僧人可玄主持刻经，到兴宗、道宗时已完成《涅槃经》《华严经》《宝积经》等经典之作，后又高僧通理大师及其弟子善定，募集民间善教，续刻石经约5000余块。

金代虽为女真族统治，但亦重视佛教的发展。金代佛教仍以禅宗最为盛行，并建造有大量的寺塔、经幢、雕塑、壁画等，至今尚有不少遗存。另外，民间开始大量刻印《大藏经》，对佛教文化艺术的传承亦具有较大的贡献。

至元代，皇帝信奉喇嘛教，元代各帝王皆热衷于念经、修佛、印经等佛事活动。元代规定了每个帝王在登基前，必须先就帝师受戒。帝师制度成为元代佛教的一大特点，元代赵孟頫帝师《胆巴碑》即由此而来。元代对《大藏经》又进行了校勘及印制。

元代初期"尚意"的禅风书法逐渐衰微，书家大都在肤浅地模仿苏、黄、米之风格。此时，元代的书坛领袖赵孟頫高举崇尚古法、回归二王书风的大旗，引导了元代书法的复古之风。晋唐风格在元代又被重新发掘和演绎，赵孟頫的友人鲜于枢、邓文原及其弟子康里巎巎、虞集、张雨等人，以师法晋唐的"尚法"态度，使得元代书法重回二王体系。赵孟頫虔诚信佛，并拜中

---

① 韩天雍：《禅宗墨迹》序言，中国美术学院出版社，2001年，第1页。

峰明本和尚为师，并常与中峰大和尚书信往来。流传至今的赵孟頫致中峰和尚的书札，成为元代佛教书法的珍贵遗存。

另有元代的隐士书法，亦自成一派。如倪瓒居士的禅意书法、吴镇的《草书心经卷》、白莲居士王蒙书法等，都是佛教与书法的珍贵遗存。

第二节　欧阳修与"尚意"书法之发端

欧阳修（1007~1072年），吉州庐陵（今江西吉安）人，号醉翁，晚年信奉佛教，号六一居士。著名的政治家与文学家。主编《新唐书》，撰《新五代史》，并有《欧阳文忠集》传世。

欧阳修对于书法的最大贡献，不在于其书法作品，而在于其金石书法名著《集古录》及其书法理论。《集古录》是欧阳修在北宋庆历、嘉祐年间，历时18年，集录三代以来金石遗文一千卷而成，后又从中"撮其大要，别为录目"，而成《集古录跋尾》，今《集古录》全文已佚，《集古录跋尾》流传至今（图6-2-1）。《集古录》共十卷。文四百篇，重点对上古青铜器及秦、汉、南北朝、隋唐乃至五代时期的石刻文字及法帖做以记述，具有历史学、文献学、书学等多方面价值，开中国金石学之先声。

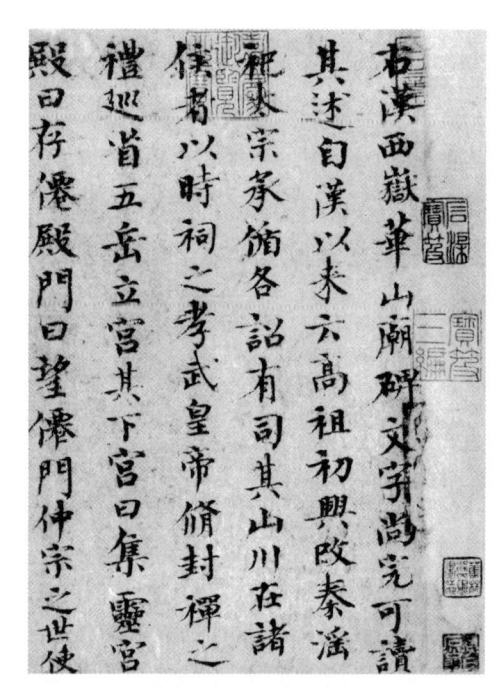

图 6-2-1　北宋欧阳修《集古录跋尾》书稿墨迹局部

《集古录跋尾》中提及的许多金石碑刻实物，许多至今已不可见，赖记录以保存。其中可见与佛教相关者计五十余种，此书对于佛教书法的记述与传播，颇具意义。

欧阳修的书法思想，亦以"尚意""自然"为尚，他在《集古录跋尾》卷七跋唐僧怀素法帖时写道："予尝谓法帖者，乃魏、晋时人施于家人、朋友，其逸笔余兴，初非用意，而自然可喜。后人乃弃百事，而以学书为业，至终老而穷年，疲敝精神，而不以为苦者，是真可笑也。"① 表达了他对于书法学习的态度，既不必刻意苦学，而以自然书写为主，这与禅宗的教义不谋而合，欧阳修的观点正是宋人"尚意"思想的发端。

第三节　苏轼、黄庭坚与"尚意"书风的形成

苏轼（1037~1101年），字子瞻，号雪堂、东坡、东坡居士，四川眉山人。其父苏洵、其弟苏辙均为宋代文坛重要人物，并称"三苏"。苏轼早年以儒家的态度，兼具纵横家之气魄，在政治上颇有抱负，历经仕途坎坷。中年之后，多出入古寺幽刹，参禅问道，禅宗的思想正吻合了苏轼的心态，禅宗的"见性成佛""直指人心""平常心是道"的要义，以激发了苏轼书法上的顿悟和敢于挑战传统和创新的勇气。苏轼在《石苍舒醉墨堂》诗中写道："我书意造本无法，点画信手烦推求。"可见其追求自然之境"尚意"的书法态度。宋《道山清话》书载："苏子瞻一日在学士院闲坐，忽命左右取纸笔，写'平畴交远风，良苗亦怀新'两句，大书、小楷、行草书，凡写七八纸，掷笔太息曰：'好！好！'散其纸于左右给事者。"② 文中所载苏轼随意而书，随心而书的书写状态，正与禅宗之思想相合，以"禅机相合"，"尚意"而为，正是苏轼书法的特点。

苏轼与高僧辩才、佛印等人有较多交往。其自署书于元祐五年（1090年）十二月二十九日的《次辩才韵诗帖》（图6-3-1），即是写给高僧辩才的

图6-3-1　北宋苏轼《次辩才韵诗帖》　台北故宫博物院藏

---

① ［宋］欧阳修：《集古录跋尾》卷七，邓宝剑、王怡琳笺注，人民美术出版社，2010年，第169页。
② ［宋］《道山清话》，清代内府藏本，转引自曹宝麟《中国书法史·宋辽金卷》，江苏教育出版社，2009年版，第127页。

尺牍，此作为纸本行书，共20行，计188字，纵29厘米，宽48厘米，今藏于台北故宫博物院。辩才法师为宋时居于杭州龙井的高僧，在诗文上有很高的修养，东坡于辩才的交往，《诗话总龟》《咸淳临安志》等均有记载。此书帖严谨中见率真，体现了苏轼深厚的行楷功力。

另见传为苏轼所作《金刚经》卷（图6-3-2），亦是典型的"苏体"风格，呈向右欹侧之势，略见拘谨之态。

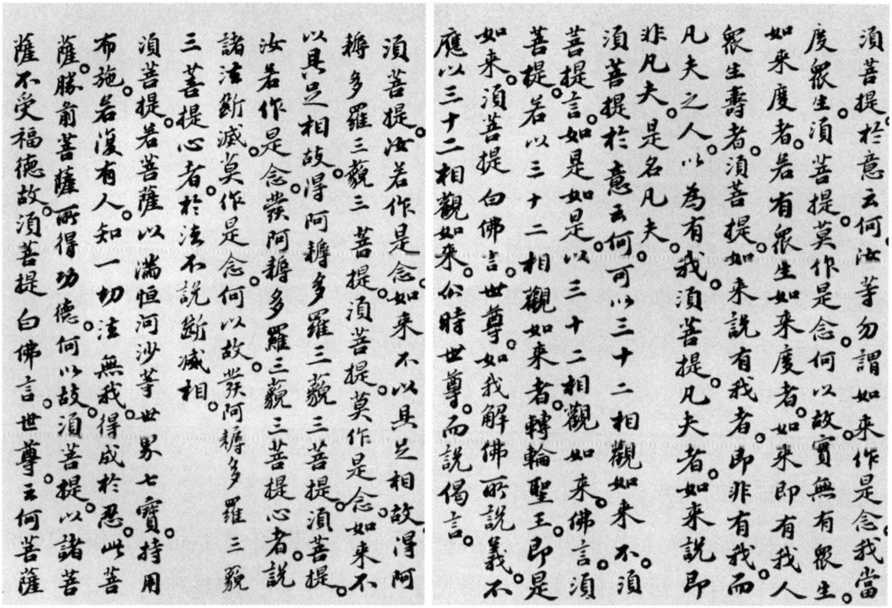

图6-3-2　北宋苏轼《金刚经》写本局部（传）

黄庭坚（1045~1105年），字鲁直，号山谷道人，晚号涪翁，洪州分宁（今江西修水）人，治平四年（1067年）及进士，仕途历任叶县尉、国子监教授、太和知县。至元丰八年（1085年）招为秘书省校书郎，后任神宗实录院检讨官，加集贤校理，后被新党弹劾，多次遭贬，仕途坎坷。

黄庭坚与苏轼被合称为"苏黄"，足见其在文学诗词、书法诸方面的造诣之深。黄庭坚、秦观、张耒、晁补之均受学于苏轼，并称"苏门四学士"，而黄庭坚居"四学士"之首，颇有成就。黄庭坚的书法有很深的传统功力，其所书《金刚经》楷书（图6-3-3），瘦硬疏朗，可观黄庭坚楷书之风神。

黄庭坚是一位非常善于"苦学"与"善悟"的艺术巨匠，他在传统上追求一种奇崛新奇的艺术语言，在文学上他提倡"词意高胜，要从学问中

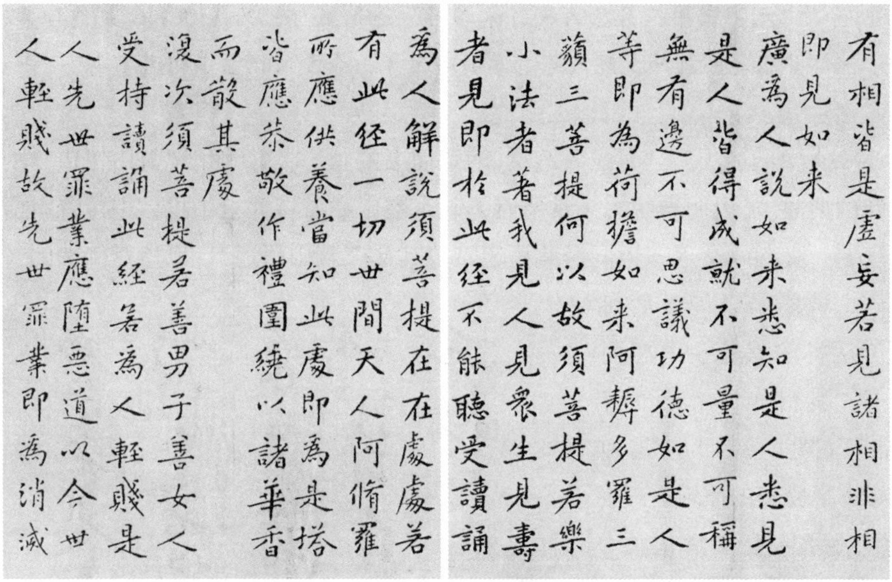

图 6-3-3　北宋黄庭坚《金刚经》写本局部

来尔",并提出"脱胎换骨""点铁成金"等与禅宗颇有关联的艺术主张,诗文喜用冷僻字,押险韵,造拗句,开创了"江西诗派"。黄庭坚在书法上追求大开大合、气息酣畅的艺术表现,和苏轼一道开辟了文坛与书坛的新气象。

黄庭坚在《山谷题跋》卷五《跋与张载熙书卷尾》写道:

> 古人学书不尽临摹,张古人书于壁间,观之入神,则下笔时随人意。①

其跋文体现了黄庭坚的"尚意"思想。不同的是,他更强调在传统的基础上的尚意,即"观之入神""下笔时随人意"的"入"和"出"的关系。黄庭坚又在其《山谷题跋》卷七《李致尧乞书书卷后》写道:

> 如此草字,他日上天玉楼中乃可再得耳!
> 书尾小字,唯余与永州醉僧能之,若亚栖辈见,当羞死。

---

① [宋]黄庭坚:《山谷题跋》卷五,转引自曹宝麟《中国书法史·宋辽金卷》,江苏教育出版社,2009年版,第140页。

元符三年二月己酉夜，沐浴罢，连饮数杯，为成都李致尧作行草。耳热眼花，忽然龙蛇入笔。学书四十年，今夕所谓鳌山悟道书也。

文中记述酒后"龙蛇入笔"、随意而书的状态，并引用"鳌山悟道"的佛门典故。《大明一统志·常德府》载，鳌山在府城北七十里，相传昔有僧宣鉴、义存、文邃三人同游此悟道，故其称"鳌山悟道"，意指对佛法的顿悟。黄庭坚以禅悟后自信从容的状态，率意而书，其自作诗《花气诗帖》（图6-3-4）即是禅意书风完美的体现。

另见《春渚记闻》载黄庭坚禅句："自是钓鱼船上客，偶除须发着袈裟。祖佛位中留不得，夜来依旧宿芦花。"

黄庭坚《诸上座草书卷》（图6-3-5），约书于元符三年（1100年），纸本，草书。凡92行477字，纵33厘米，横729.5厘米，署款"山谷老人书"。后有明代吴宽、清代梁清标题跋各一段，作品"书"字上钤"山谷道人"朱文方玺，卷前后及隔水上钤宋"内府书印""绍兴""悦生"，元"危素私印"，明李应祯、华夏、周亮工，清孙承泽、王鸿绪，近代张伯驹等鉴藏印。此帖初藏南宋高宗内府，后归贾似道；明代递藏于李应祯、华夏、周亮工处；清初藏孙承泽砚山斋，后归王鸿绪，乾隆时收入内府；至清末流出宫外，为张伯驹先生所得，后捐献给国家，现藏北京故宫博物院。

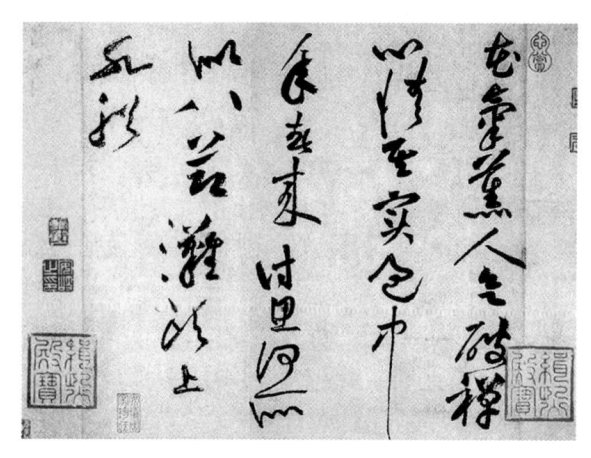

图6-3-4　北宋黄庭坚《花气诗帖》

此卷出自黄庭坚为其友李任道抄录的五代金陵释《文益禅师语录》，为其晚年书法代表作。其章法纵横跳跃，具龙虎之姿，左右开张，顾盼生姿，大开大合，收放自如；其线条圆劲宛转，盘根曲铁，生动自然，超凡脱俗，气势豪迈，得张旭怀素之妙，更具禅宗气韵。黄庭坚《山谷自论》云："余学草书三十余年，初以周越为师，故二十年抖擞俗气不脱，晚得苏才翁、子美书观之，乃得古人笔意。其后又得张长史、僧怀素、高闲墨迹，乃窥笔法之妙。"在《语录》后黄庭坚又作大字行楷书自识一则，遒劲有力，气势开

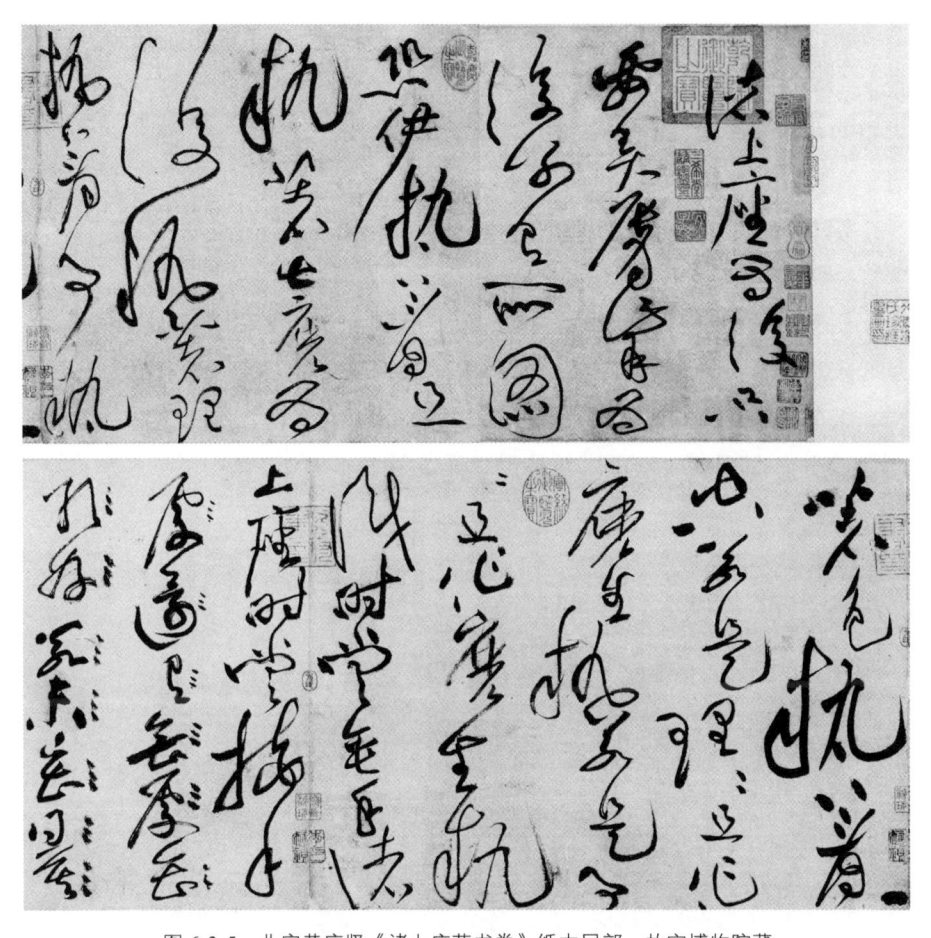

图 6-3-5　北宋黄庭坚《诸上座草书卷》纸本局部　故宫博物院藏

张,一卷书法兼备二体,互为辉映。明都穆《寓意编》、华夏《真赏斋赋注》、文嘉《钤山堂书画记》、张丑《清河书画舫》《清河见闻表》、卞永誉《式古堂书画汇考》、清孙承泽《庚子消夏记》、清内府《石渠宝笈·初编》等,均有著录。

另有宋四家之一的米芾(1051~1108年),初名黻,于元祐六年(1091年)改名芾,字元章,常用号为鹿门居士、襄阳漫士等。襄阳(今湖北襄樊)人,后迁居丹徒(今江苏镇江)。崇宁五年(1106年)任书画二学博士,迁礼部员外郎,故人称其"米南宫"。著有《书史》《画史》《宝章待访录》《宝晋英光集》等。米芾天资高迈,性格怪异,喜奇石,有洁癖,行事异于常人,人称"米颠"或曰"米痴",与禅宗颇为神合。其书法传统功力深厚,融古出新,受"尚意"之时代书风影响,米芾形成了自己"风樯阵马、沉着痛快"的独特风格。米芾与佛教相关书迹有《杭州龙井山方圆庵记》，为其中年所书，书风秀美隽逸。原石今已不存，有宋拓刻本传世，亦多见明代重刻版本。

第四节　王安石《楞严经旨要》写本

王安石（1021~1086年），字介甫，号半山，抚州临川（今属江西）人，是北宋时期著名的政治家、文学家、思想家，是文学上的"唐宋八大家"之一。因在其他方面的成就很大，其书法往往为世人忽略。佛教题材书法《楞严经旨要》，即是王安石的书法传世之作（图6-4-1）。

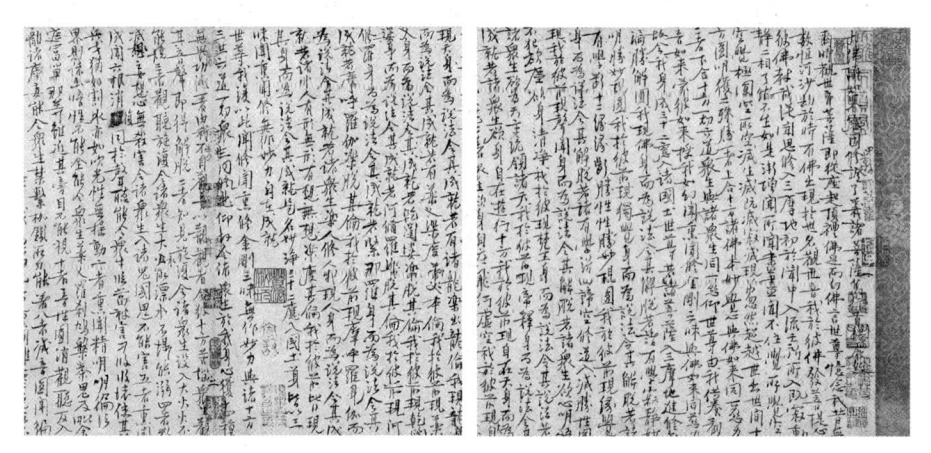

图6-4-1　北宋王安石《楞严经旨要》写本局部　上海博物院藏

《楞严经》为唐代般次蜜谛所译，共十卷。王安石摘录其中章节而书，卷前录有"大佛顶如来密因修证了义诸菩萨万行首楞严经"经一行。通篇以行楷写就，用笔娴熟自然，不拘泥于法度，自得神采，风规自远。王安石在卷末自题："余归中山，道原假楞严本，手自校正，刻于寺中。时元丰八年（1105年）四月十一日，临川王安石稽首敬书。"卷后有南宋牟献之题跋及元代王蒙题跋，王蒙题跋云："观世音菩萨发妙耳门从闻思修人三摩也，与眼鼻口舌意曰？相信，此一节楞严经之法髓也。荆王暮年详悟佛理，故特于是经提出而亲书之，所以深警禅学之士，岂复有心较世间之荣辱是非及字画之工拙也哉！后学王蒙叹慨而敬书之。"

王安石此卷书法经明代项元汴、清代安岐、曹溶等人收藏，后入藏上海博物馆。《宣和书谱》卷第十二评王安石书法道："凡作行字，率多淡墨疾书，初未尝略经意，唯达其辞而已，然而使积学者尽力莫能到，岂其胸次有大过人者，故笔端造次便见不凡？而评其书者，谓得晋宋人用笔法，美而不妖娆，秀而不枯瘁，自是一世翰墨之英雄。"①对王安石书法予以较高评价。

第五节 南宋张即之佛经墨迹

张即之（1186~1263年），字温夫，是南宋著名书法家。祖籍和州（今安徽和县），自其祖父张郯一代起迁移至浙江定居。张即之出身于名门世家，为唐代著名诗人张籍第八世孙，宋代著名词人张孝祥之侄。《宋史》云："即之以能书闻天下，金人尤宝其翰墨。"②其书承家传，其叔父张孝祥在书法上亦造诣甚高，有《宏智禅师碑》书刻传世。陆游称赞张孝祥书法云："紫薇张舍人书时所贵重，锦囊玉轴，无家无之。"③曹勋亦赞其用笔："如枯松折竹，架雪凌霜，超然自放于笔墨之外。"④形象地描述了张孝祥书法特点。张即之书承家传，也呈现出同样的风貌。

张即之传世书法以楷书为多，其中大部分为佛经相关内容。如《金刚经》（图6-5-1）《佛遗教经》（图6-5-2）《楞严经》《度人经》等，数量颇多。张即之性喜禅学，多与僧侣交游，高僧道璨、笑翁、大歇、惟一等均为其座上宾朋。张即之以翰墨弘扬佛事，书写了大量的佛教经卷及匾额。张即之在抄写佛经中，体现出了文人学者的严谨治学的态度，对于佛经的版本、用字、勘校等方面用功甚勤，展现了自身的特点。正如当代学者陈根民所说："张即之是借助在当时流布极广、影响较大的佛经书法来确立其在楷书史上的杰出地位的。"⑤

张即之书法，对日本书坛亦影响巨大，张即之书法在日本亦声名远扬，名噪于时，深受日本禅林之欢迎，在日本至今仍藏有传为张即之的禅宗墨迹，并影响了兰溪道隆等日本僧侣书家。

---

① [宋]《宣和书谱》卷二十。王群栗点校，浙江人民美术出版社，2012年。
② 脱脱、阿鲁图：《宋史》张即之传。
③ 陆游：《渭南文集》，引自刘正成主编《中国书法全集》第40卷，荣宝斋出版社，2000年，第46页。
④ [宋]朱熹：《朱子大全集》，引自刘正成主编《中国书法全集》第40卷，荣宝斋出版社，2000年，第46页。
⑤ 陈根民：《张即之书艺摭谈》，引自刘正成主编《中国书法全集》第40卷，荣宝斋出版社，2000年，第48页。

图 6-5-1　南宋张即之《金刚经》墨迹局部

图 6-5-2　南宋张即之《佛遗教经》墨迹局部

第六节　宋代的僧侣书家及禅宗墨迹

宋代的僧侣书家，以梦英为代表人物。梦英生于后汉乾祐年间（948~956

年），活跃于北宋，梦英法号宣义，自号卧元叟，衡阳郡（今湖南衡阳）人。梦英能诗文，善书法，诸体皆能，尤以篆书为工，其篆书石刻《篆书千字文碑》及《篆书说文目录偏旁字源》（图6-6-1）在书坛颇具影响。他的篆书通畅自然，纵横有度，是继唐代李阳冰之后书法史上又一位以篆书传世的书家。

《篆书千字文碑》刻立于宋咸平元年（998年），由僧智全、普严、守志所建，原碑已佚，今存拓本传世。梦英《篆书千字文碑》为玉箸篆之体，继承李阳冰之风格，以匀称瘦劲见长。

《篆书目录偏旁字源碑》又称《偏旁字源碑》及《梦英说文字源》，刻立于宋咸平二年（999年）。内容为梦英依照东汉许慎所著《说文解字》一书中的部首顺序，以篆书书写了碑额与偏旁，后有宋代著名古文字学家郭忠恕以楷书书写的"反切注音"。梦英性格率真，对自己的篆书评价亦不故作谦虚，体现了他率真的性格，梦英在自序中写道："阳冰之后，篆书之法，世绝人工，唯汾阳郭忠恕共余继李监之美，于夏之日，冬之夜，未尝不挥毫染素，乃至千百幅，反正无下笔之所，方可舍诸。及手肘胼胝，了无倦色。考三代之文，穷六书之法。俱落笔无滞，纵横得宜。"

梦英对于篆书的研习下了苦功，其立志于篆书之复兴，自序中又道："使千载之后，知余振

图6-6-1　北宋梦英法师
《篆书目录偏旁字源碑》拓本

古风,明籀篆,引工学者取法于兹也。"《梦英篆书目录偏旁字源碑》高300厘米,宽99厘米,篆书目录17行,行33字,并附有楷书释文及答书,碑石现存于西安碑林。

善俦,宋真宗时僧人,生卒年不详,因集有《习晋王羲之书龙泉山普济禅院碑铭》,康有为将其列入古今集右军书十八家之一,此碑集于宋大中祥符三年(1010年),阎仲卿撰,善俦集王羲之行书并篆额,安文璨刻,计32行,满行55字。明赵崡在《石墨镌华》中评道:"虽不及《圣教》《隆阐》,然仍有唐风。"①清代学者毕沅则认为可能是仿王羲之而书,并在《关中金石记》中写道:"古有集书,无称习书者,习书应是依仿为之。"②

僧静万,康有为亦将其列入古今集右军书十八家之一,集有《玉兔静居诗刻》,此碑为张仲严诗,静万集王羲之行书,栗文德刻石,立于晋州神山县(今山西临汾县)玉兔寺中。

除却上述几位高僧外,擅长书法的宋代高僧还有很多,许多高僧在禅宗思想的孕育下,在苏轼、黄庭坚、米芾等尚意书风的影响下,形成了宋代僧侣书法"禅宗书法"的风貌。随着日本学问僧来中国学习交流,禅宗墨迹亦远渡东洋,影响了当时的日本书坛。在日本,禅僧的书法被称之为"墨迹",素为人所尊重。"禅宗墨迹"被用来专指中国宋、元时代高僧书迹,以及日本镰仓、南北朝好室町时代的高僧墨迹。

禅宗的基本宗旨为:"教外别传,不立文字,直指人心,见性成佛。"所以高僧留下的墨迹,反映了高僧禅悟的一种境界,禅宗墨迹并不刻意于对法度的追求,而是体现出一种超脱与自然的书写风格,正是"无意于佳乃佳"的自然流露,将禅意表现的自由而率真,使观者能通过作品感悟禅师内心的状态,从而产生共鸣和领悟。

禅宗墨迹内容多为佛教内容,常见种类有十几种,较有代表性的有:

清规 即禅林内部的僧伽制度,是对僧伽观念与行为约束的准则。

法语 是指禅师、高僧对修行僧及弟子开示佛法的语句(图6-6-2),内容平易易懂。另有韵文、散文等。又可分为上堂法语、小参法语、秉拂法语、小佛事法语、拈香语、讲道语、问答语、示众语、警策法语等,还有

---

① [明]赵崡:《石墨镌华》卷十一,清乾隆年间知不足斋正本,引自薛英群主编《中国西北文献丛书续编·西北考古文献卷》第七册。
② [清]毕沅:《关中金石记》卷五。引自薛英群主编《中国西北文献丛书续编·西北考古文献卷》第七册。

为临事仪式而作的讽诵文及启白文等。

活跃于南宋时期的僧侣书家密庵咸杰（1118~1186年），俗姓郑，福建福州人，历住径山、灵隐、天童诸寺，其有《密庵和尚语录》传世。其传世法语为绫本墨迹，于南宋淳熙六年（1179年），书于径山万寿寺。其书风于率真中见古法，颇具禅风。

疏 是在禅宗中多用于新主持任命时为祝贺而作的四六骈俪文，包括入寺疏、对缘疏、淋汗疏、革疏等。入寺疏又可分为山门疏、诸山疏、江湖疏、同门疏、友社疏等。入寺疏多为寺院，相邻诸寺及入寺僧人的友人、同

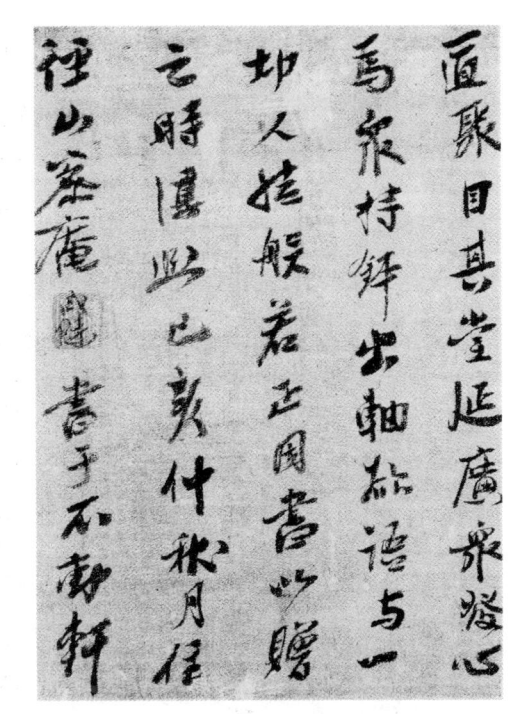

图 6-6-2 南宋密庵咸杰法语墨迹（局部）
日本京都市龙光院藏

道、同门、同派等的贺文。功缘疏是指为建立堂塔或修缮寺院而作的带有募捐性质的公文。疏多较为正式，常书写在横幅折叠的宣纸上，对于事件的记录和佛教书法的传播具有珍贵的价值。

榜 多采用壁书的形式，原为官府向大众发出的告示，在禅宗中指僧院向大众发布的各类告知。

印可状 亦称"附法状"，是指禅师对参禅弟子在学道及修业过程的评价，类似于现在的毕业证书或毕业鉴定（图6-6-3）。一般只有参悟佛法达到一定境界的弟子，可获得印可状，禅宗对于印可状的授予是非常认真而谨慎的。所以印可状在禅宗墨迹中具有较高的地位。

圆悟（1063~1135年），为北宋著名禅师。俗世名克勤，字天著，宋彭州崇宁（今四川成都）人。为五祖法演之弟子，深得宋徽宗及高宗赏识，有著作《碧岩录》。圆悟送给其弟子虎丘绍隆的印可状书法墨迹，后漂洋过海传入日本，在日本禅林中被誉为最古的"第一墨迹"。南宋高僧无准师范（1178~1249年），生于辽宁锦州，后常住余杭径山寺院中，有很高的禅学修为，诸多日本学问僧皆拜其为师。日本的东福寺开山园尔即为其高足，嘉

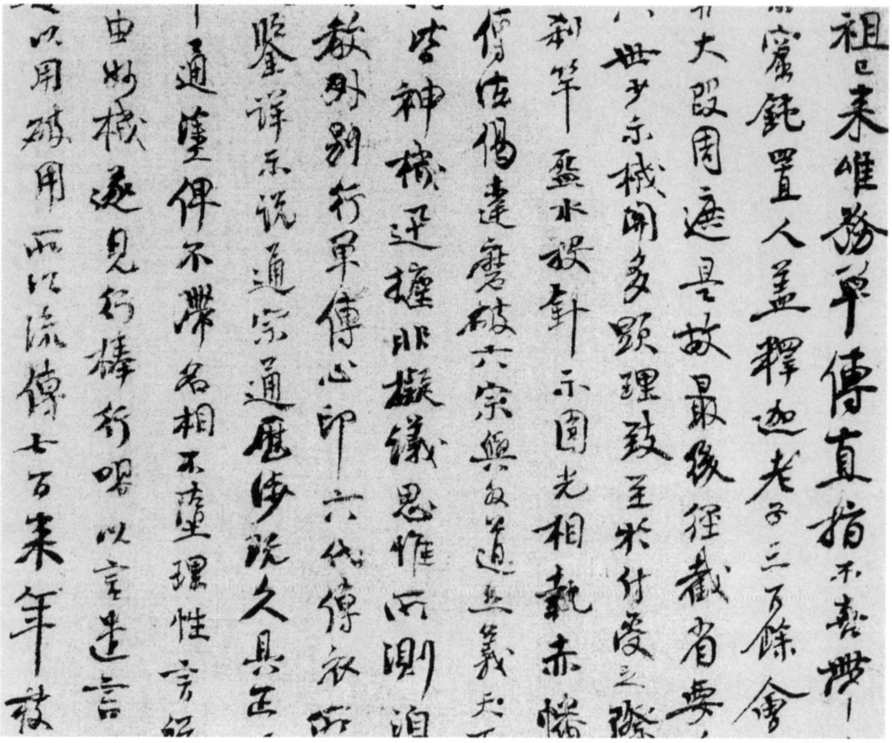

图 6-6-3　北宋圆悟《印可状》局部　日本东京国立博物馆藏

熙元年,无准师范为园尔颁写了印可状(图 6-6-4),通篇墨迹气韵贯通,劲健通达,乃佛教书法之佳作。僧道潜,字参寥,是著名的禅僧诗人,与苏东坡等文人名士交往甚密。宋徽宗曾赠其"妙总大师"之禅号。道潜唯一传世墨迹为致淑通教授尺牍(图 6-6-5),其书法承晋唐遗韵,以行楷行草自由结合,信手拈来,有王羲之尺牍之雅韵。

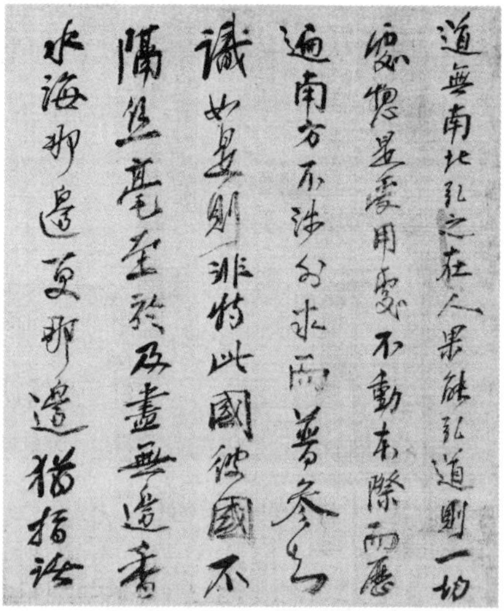

尺牍　作为书法语词,多见于书界,晋人法书多尺牍之作,常指手札与书信。禅宗之尺牍,有仅以

图 6-6-4　南宋无准师范《圆尔印可状》局部

禅家法语记述之作,亦见雅俗语言共用之作,因尺牍多随意书写,无拘无束更能体现禅宗书法的特点。

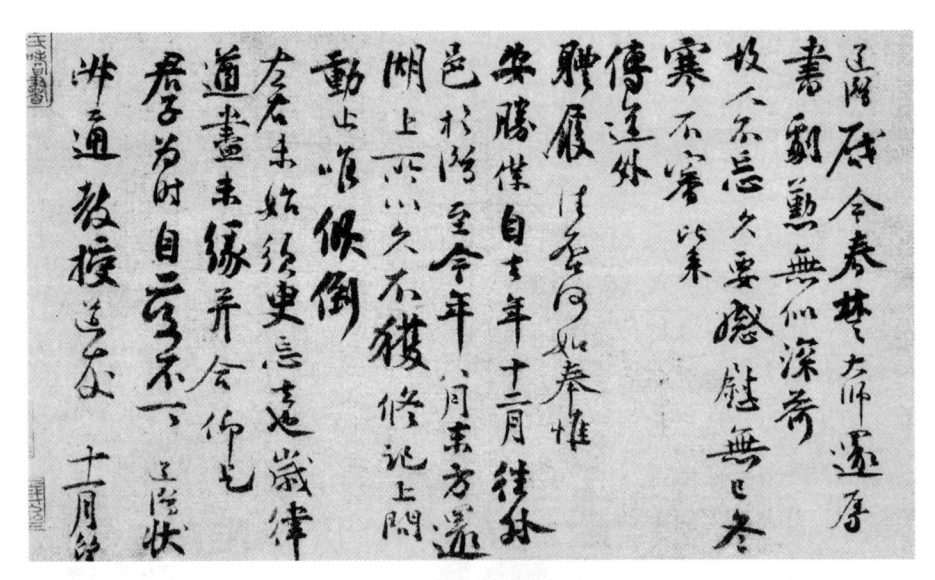

图 6-6-5　北宋道潜《尺牍》墨迹局部

南宋时期高僧大慧宗杲（1089~1163 年），以著作《正法眼藏》而扬名于禅林，并成为大慧系禅流的开山鼻祖。传世尺牍《赠天相居士》墨迹，（图 6-6-6）体现了大慧宗杲高超而娴熟的书法修为，游刃有余于晋韵与宋意之间。

像赞　赞是一种文体，多为韵文，以颂扬为主。亦多见于题画，禅宗在表现释迦、达摩以下祖师或自己前辈的画像上的题赞称"祖师赞"，在自己画像上题字称"自赞"。像赞多用于四六骈俪文的韵文，在山水、花鸟、人

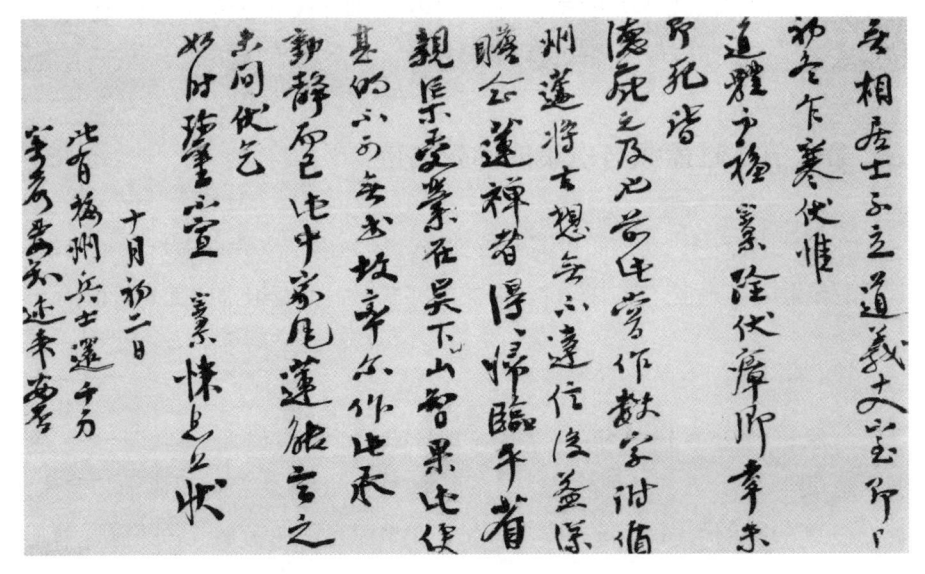

图 6-6-6　南宋大慧宗杲《尺牍》墨迹局部

物等禅画上题赞亦颇多见。

道号二大字 按照中国禅林习惯，除弟子在得度时由师匠授予法名外，还要另赐号以提高弟子在禅林中的地位，"道号"即由此而来。早期多以横幅大字书写二字"道号"。

额字 即匾额题字，禅宗额字专指在禅寺悬挂的匾额，常见的有悬挂于山门的寺名额、山号额，在寺内殿堂上悬挂的佛殿、方丈等，庵、轩、室等匾额亦在此列，多为大字榜书而为。（图6-6-7）

一行物 即将佛名号、经文、座右铭、古诗等用大字书写在一行宣纸上，日本禅宗称之为"一行物"。

安名 是指给新受戒的出家者所取法名，多注重实用性，常以一定的格式书写于纸上。

图6-6-7 南宋张即之《方丈》匾额墨迹 日本京都东福寺藏

偈 亦称"颂"或"讽颂"。日本墨迹中的偈，常见的有五言、七言、律诗、古体诗等，偈亦包含"投机"偈、饯别偈、遗偈等。此类禅宗墨迹传承至今较多。

除上述常见佛教书法分类外，尚有不少类别佛教书迹传世。足见佛教书法形式之丰富，亦体现了佛教文化的多样性。

第七节 赵孟頫与虞集的佛教书迹

在元代书家中，赵孟頫可谓一枝独秀，作为以宋入元的书坛领袖人物，其墨迹传世之作颇多。其中与佛教相关的亦较多，具有很高的艺术价值。

一、赵孟頫

赵孟頫（1254~1322年），字子昂，号松雪、松雪道人。浙江吴兴（今浙江湖州吴兴区）人，又称赵吴兴。系皇室之后，是宋太祖赵匡胤十一世孙，秦王赵德芳之后代，官至翰林学士承发、集贤学士。赵孟頫五体兼善、书画皆能。《元史》云："篆籀分隶真行草无不冠绝古今，遂以书名天下。"① 其以行书最为见长，书风承二王之余脉，秀逸劲媚，笔法精熟，被誉为"赵体"，与欧阳询、颜真卿、柳公权并称为"楷书四大家"。赵孟頫所书《心经》行书册页（图6-7-1），气韵畅达，笔精墨妙，广为传播。

图6-7-1 元赵孟頫《心经》墨迹

赵孟頫与中峰和尚书信往来甚多，存世以《中峰和尚信札》（图6-7-2）为代表。此帖为纸本，高27厘米左右，宽度不一，为行草书体，分别是《吴门帖》《俗尘帖》《山上帖》《南还帖》《醉梦帖》《两书帖》《还山帖》《入城帖》《丹药帖》《尘事帖》《疮痍帖》。帖中赵孟頫以弟子身份向老师中峰和尚问候或求教以及谈论各种事情。此尺牍书法布局自然，章法错落雅致，直入晋唐，风神超迈，是赵孟頫书法的代表作。

图6-7-2 元赵孟頫《致中锋和尚尺牍》墨迹

赵孟頫的佛教文化相关书法还有《胆巴碑》（图6-7-3）《妙严寺记》《龙兴寺祝延圣主命长生碑》《光福寺重建塔记》（墨迹，图6-7-4）《上斋记》《万安寺茶榜》《送瑛公住持隆教寺疏》等。

《光福重建塔记》为赵孟頫晚年所书，纵28.6厘米，横284厘米，今

---

① 宋濂、王祎：《元史·赵孟頫传》。

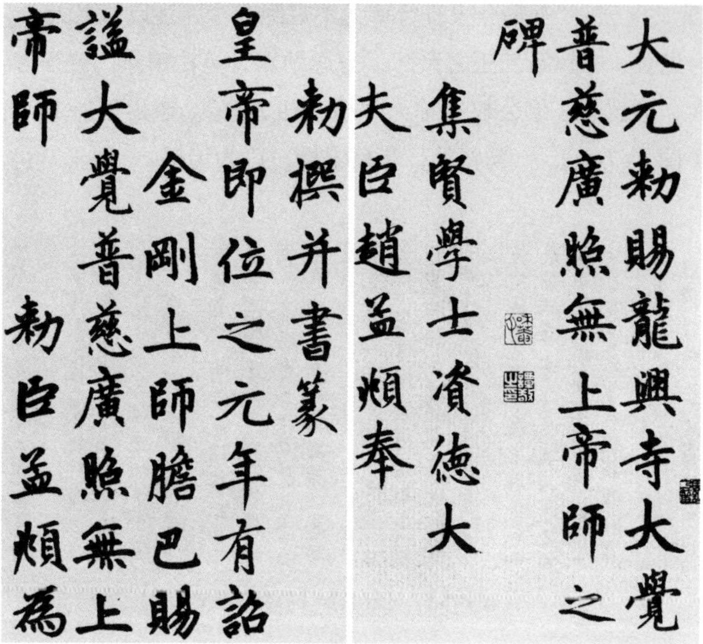

图 6-7-3 元赵孟頫《胆巴碑》墨迹局部

现藏于故宫博物院。纵 33.6 厘米，横 166 厘米，纸本，书于延祐三年（1316 年）。卷后有清姚元之、杨砚、李鸿裔、潘祖荫、王懿荣等人跋。钤有清许乃普等人收藏印。《东图玄览》《清河秘箧表》《南阳名画表》《式古堂书画汇考》等书著录。此是赵孟頫奉元仁宗敕命撰写，时年 63 岁，为赵氏晚年楷书的代表作。

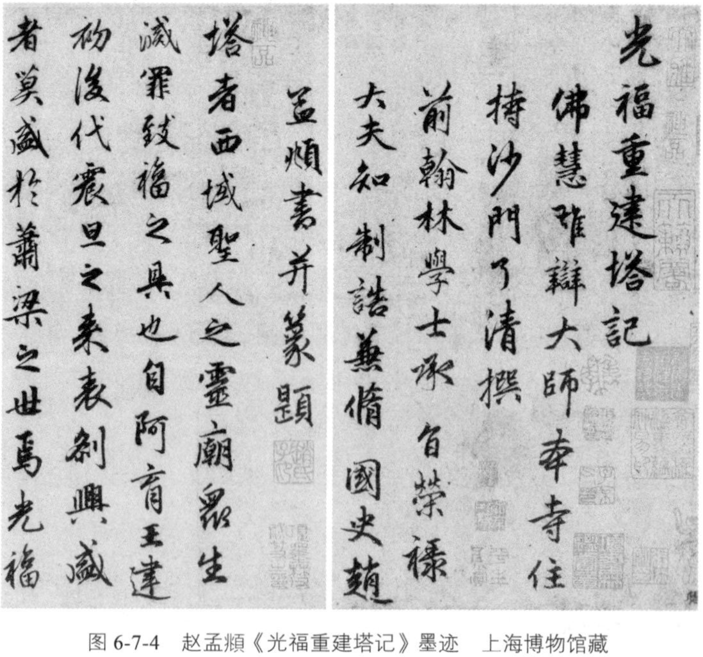

图 6-7-4 赵孟頫《光福重建塔记》墨迹 上海博物馆藏

藏于上海博物馆。光福寺位于吴县邓尉山龟峰，始建于梁大同年间，元代寺内原塔毁坏，至元延祐年间（1314~1320年），众僧齐心协力化缘重建古塔。并于至治元年（1321年）建成立碑为记，由光福寺主持佛慧雄辩大师沙门丁清撰文，前翰林学士承古荣禄大夫知嗥兼修国史赵孟頫书并篆题。赵孟頫此书温雅自然，风规自远。后有明代书家董其昌题跋云："此卷笔意虚和，尤可宝也。"赵孟頫的另一墨迹《雪岩和尚拄杖歌》，亦藏于上海博物馆。《拄杖歌》本为宋代高僧祖钦撰写，祖钦字雪岩，婺州人氏。曾在多个寺院主持，高峰妙云即是祖钦和尚传人，此卷乃赵孟頫为元僧高峰妙云弟子所书。其书法亦是典型的赵体书风，通篇以行书为主，偶见草书。以二王帖学为宗，气韵通达，风规自远。

二、虞集

虞集（1272~1348年），字伯生，号邵庵，晚称翁生，是宋丞相虞允文五世孙。其少年时辟石室，题邵庵夫诗于壁，名曰"邵庵"，故世称邵庵先生。元仁宗延祐年间，与赵孟頫同任职于翰林院，元代泰定帝时迁翰林直学士兼国子监祭酒，元文宗继位后援之以奎章阁侍书学士，进翰林侍讲学士，预修《经世大典》。元统初年卒，谥文靖。

虞集书法除受赵孟頫之影响，却能自出机杼，优游于晋唐之间。笔者以为其气韵不输于赵子昂。虞集博学多识，又精于书画鉴赏题跋，与柯九思常品鉴书画、诗词唱和。张雨曾诗赞曰："侍书爱题博士画，日日退朝书满床。"虞集著有《道园学古录》《道园遗稿》，书论文章有《论书》《论隶书》《论草书》等。其诗文之名高于书名，与杨载、范梈、揭傒斯并称"元代四大家"。

虞集书法得二王之真谛，并融入宋人尚意之隽逸。和佛教题材有关书作为《白云法师帖》和《蒋山寺诗并序卷》。

《白云法师帖》（图6-7-5），纵30.7厘米，横51.8厘米，纸本行草书体，是虞集写给白云法师的书信，今藏故宫博物院，为虞集晚年所作，文中自称"眼昏写字多不整齐"，实为谦虚之辞。《白云法师帖》法度严谨、笔法娴熟、气韵流畅，为二王书风之佳作。

《蒋山寺诗并序卷》为纸本行书，凡30行，每行字数不一，全文373字，纵36.2厘米，横100.1厘米。《石渠宝笈三编》著录，今载《故宫书画录》卷一。原作现藏台北故宫博物院。

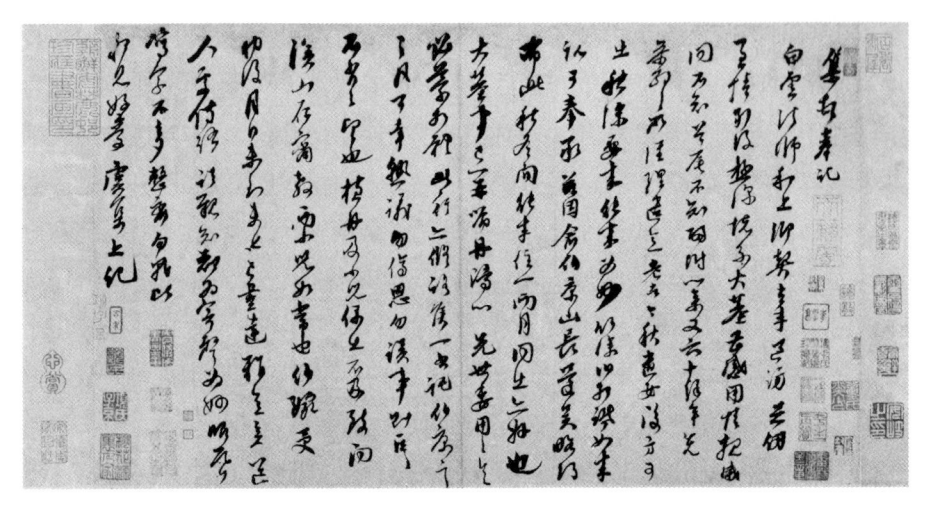

图 6-7-5　元虞集《白云法师帖》墨迹　台北故宫博物院藏

第八节　元代画家居士与佛教书法

一、倪瓒书法

元代后期，朝政腐败混乱，军事割据严重，社会动荡不安，诸多文人士大夫因此隐退于江湖，以书画为乐，此风在江南太湖一代尤为明显。

倪瓒即是江南隐士书画家中的代表人物之一，倪瓒（1306~1374年），初名珽，字元镇，一字玄瑛，号云林子、云林生。曾别署风月主人、幻霞生、沧浪漫士、净名居士等。倪瓒出身于富贵之家，在年轻时过着悠闲富足的生活，在其23岁之后，家道败落，其无奈离家出游以求解脱，并游走于佛、道之间。在诗中云："嗟余百岁强过半，欲借玄富学静禅。"

倪瓒的书法静穆幽远，简淡清逸，结体略呈横势，捺笔颇见隶意，更显高古清劲。（图6-8-1）明何良俊云："云林书师大令，无一点俗尘。"清笪重光云："云林书法得笔于分隶，而所书《内景黄庭经卷》

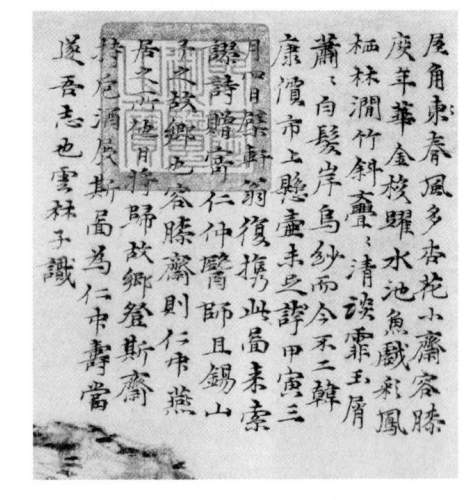

图 6-8-1　元倪瓒居士题画小楷墨迹

宛然杨、许遗意，可想见六朝风度，非宋元诸公所能仿佛。元镇真翰墨第一人，不食烟火而登仙者矣。"徐渭、董其昌均对倪瓒书法给予很高的评价。

二、吴镇《草书心经卷》

吴镇（1280~1354年），字仲圭，自署橡林先生。嘉兴人氏，自号梅道人、梅花和尚、梅沙弥等。其性情孤傲，高尚不仕，诗书画皆有很高的造诣，绘画与黄公望、倪瓒、王蒙一起称为"元四家"。传世画作有《墨竹图卷》《渔父图》等。

吴镇书法，在元代应属别格，赵孟頫所引导的复古书风，对吴镇影响甚微。陶宗仪《书史会要》中称吴镇："草学辩光。"① 辩光为唐代僧人，其书法受高闲、怀素影响，其草书气韵贯通，收放自如。《草书心经卷》（图6-8-2）是吴镇的书法传世代表作品。

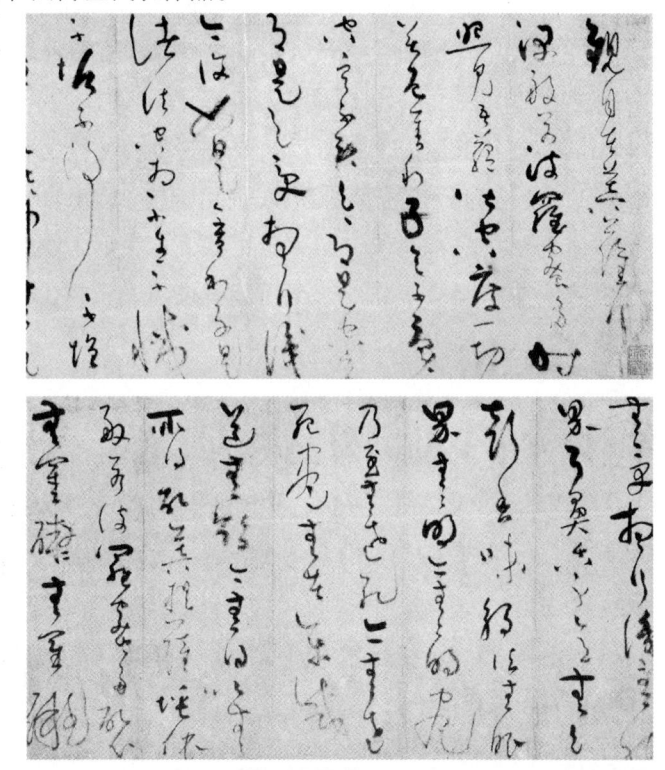

图6-8-2 元吴镇《草书心经卷》墨迹

---

① ［明］陶宗仪：《书史会要》，徐美清点校，浙江美术出版社，2012年，第298页。

三、杨维桢佛教书迹

杨维桢（1296~1370年），字廉夫，号铁崖，别号铁崖、抱遗老人、铁笛道人、老铁贞、梅花道人等，会稽枫桥人。著名文学家、书法家。

杨维桢书法取法高古，风格奇劲，特别是将章草、隶书、行书的笔意熔于一炉，具有独创精神。其书法粗看东倒西歪、杂乱无章，实际汪洋恣肆、骨力雄健，书法的抒情性和写意精神在这里得到充分的体现。

杨维桢于音乐的造诣也极深，特别是善吹铁笛，其"铁笛道人"的别号即因此而来。杨维桢在诗、文、戏曲方面皆有建树，他是元代诗坛领袖，其诗文清秀隽逸，别具一格，历来对他评价很高，"诗名擅一时，号铁崖体"，在元末文坛独领风骚40余年。他长于乐府诗，多以史事及神话传说为题材。其诗好比兴迭出，奇想联翩，纵横奇诡，眩人耳目，在明初有"文妖"之讥。但也不乏现实主义诗作，所创《西湖竹枝词》通俗清新，和者众多。他著述等身，行于世的有《春秋合题著说》《史义拾遗》《复古诗集》《丽则遗音》《东维子集》《铁崖古乐府》等近20种。

作者晚年与僧道交往频繁，经常出入于寺庙道院，《行书真镜庵募缘疏卷》（图6-8-3）特地为真镜庵募缘所撰写。此作行草相杂，且多带入章草的笔法和结体，章法跌宕起伏，结字奇正多变，字形大小悬殊，笔道粗细跳跃、墨色浓淡枯润皆反差强烈。通篇节奏跳荡、激越，气势豪放雄宕，代表了杨维桢的独特风貌。

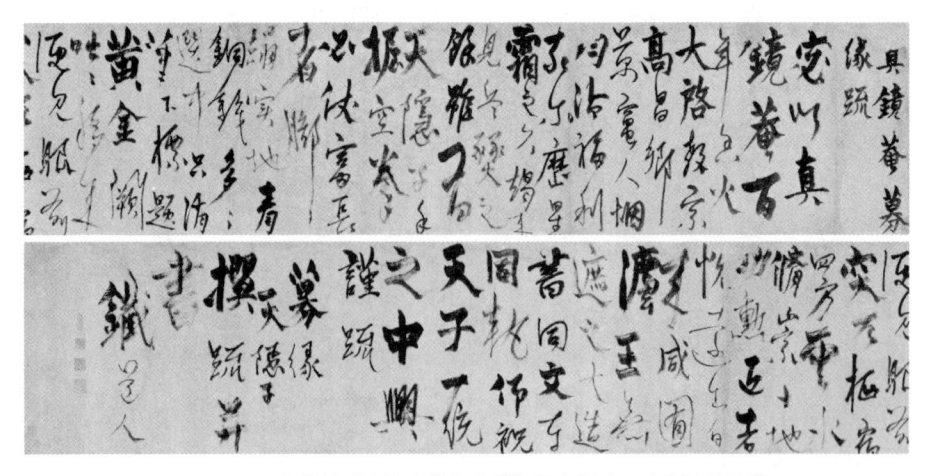

图6-8-3 元杨维桢《真镜庵募缘疏卷》纸本墨迹 上海博物馆藏

四、王蒙居士书法

王蒙（1308~1385年），字叔明，湖州（今浙江吴兴）人。号黄鹤山樵，别号香光居士，是"元四家"之一。以山水画闻名青史，其代表作有《青卞隐居图》《葛稚川移居图》《夏山高隐图》《丹山瀛海图》《太白山图》等，对明清及近代山水画影响巨大。

王蒙的外祖父赵孟𫖯、外祖母管道升、舅父赵雍、表弟赵彦征均为元代书画名家。王蒙受赵孟𫖯直接影响，能诗文、工书法，人们多关注其画作而忽略其高超的书法造诣。王蒙初曾入仕，后元末农民起义不断，政局动荡，王蒙弃官隐居于浙江松县黄鹤山，自号"黄鹤山樵"，并自作诗："我于白云中，未尝忘青山。"将其居处名曰"白莲精舍"。

行草书《梦梅花诗卷》（图6-8-4）是王蒙居士传世书法中代表之作，其诗为王蒙与杨维桢、张光弼、刘时可等名士雅集时即兴唱和之作，书承二王、赵孟𫖯之脉络，又见禅意之散淡雅逸之风。倪瓒诗赞王蒙云："笔精墨妙王右军，澄怀卧游宗少文。王侯绝力能扛鼎，五百年来无此君。"

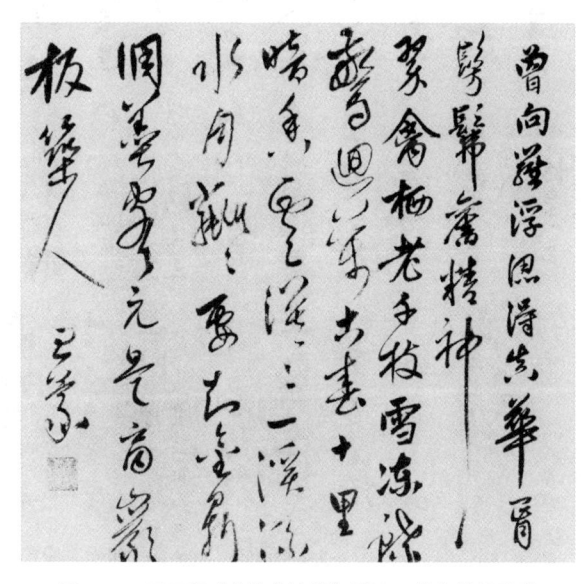

图6-8-4 元王蒙《梦梅花诗卷》墨迹 故宫博物院藏

第九节 元代的僧侣书法述要

元代的僧侣书家，知名者不多，应以溥光和明本为代表人物。

僧溥光 字玄悟，号雪庵，又称普光。俗姓李，山西大同人，中锋普应国师七世之法孙。溥光在诗、书、画及书法理论等方面均有较高的造诣。赵孟𫖯偶然见到溥光的书法，大为赞赏，称"当时书无我逮者，而此书乃过我"，并推荐于朝廷。特封溥光为昭文馆大学士，赐法号"玄悟大师"。溥光书法以大字见长，大字楷书以柳体为宗，多见于匾额。王世贞《弇州四部稿》云："雪庵善擘窠正书，元时宫殿榜署皆其笔。此纸乃与门雏者，故草草耳，然亦自有诚悬骨。"①李光暎《金石文考略》称："（溥光）好吟咏，善真、行、草书，尤工大字，与赵文敏公孟頫名声相埒，一时宫殿、城楼匾额，皆出两人之手。"②溥光存世书迹有草书《石头和尚草庵歌帖》（图6-9-1），藏于上海博物馆。另有碑刻《戒坛寺碑》，元代至大三年刻立于河南登封嵩山，楷书体，署有"特赐圆通玄悟大禅师雪庵头陀溥光撰并书"。

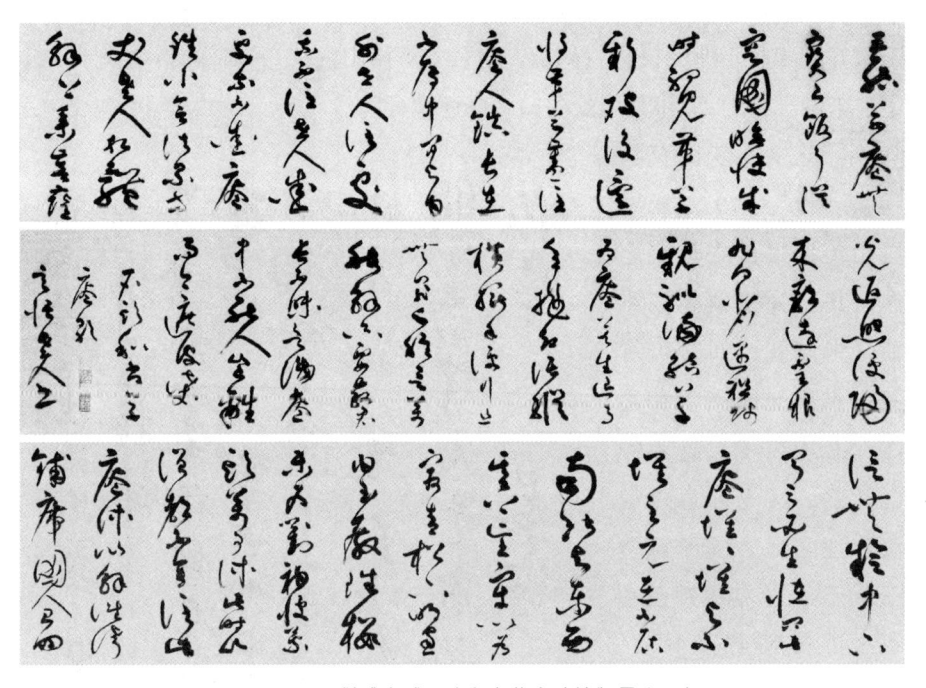

图 6-9-1　元僧溥光《石头和尚草庵歌帖》墨迹局部

溥光的书法理论有文章《永字八法变化三十二势》与《雪庵字要》。《永字八法变化三十二势》系统阐述了"永字八法"的各种笔法与特点，《雪庵字要》主要论述大字榜书的写法、包含执笔、用笔、结体、形式、工具等方面，提出榜书以神气自然为上，并论及天赋、功力、学养、创新意识对于榜

---

① ［明］王世贞：《弇洲四部稿》，引自文渊阁《四库全书》。
② ［清］李光暎：《金石文考略》，引自文渊阁《四库全书》。

书的作用，颇具见地。溥光亦有画论及诗集流传。其法弟溥圆，字人方，号如庵，书学溥光，画山水墨竹学王庭筠，亦擅诗歌。

明本禅师 即是赵孟頫的师傅"中峰和尚"。赵孟頫系列尺牍书法经典《致中峰和尚信札》即是写给明本禅师的。明本（1262~1323年），俗姓孙，杭州钱塘人，元代临济宗僧人，为天目山原妙禅师之弟子，世称"中峰和尚"。至大元年（1308年），时为太子的元仁宗赐明本"法慧禅师"号。延祐五年（1318年），仁宗皇帝又赐"佛慈圆照广慧禅师"号及锦斓袈裟，甚为敬重。明本喜用文字传法，凡来乞法语者，其往往信笔书就，明本一生著作颇丰，多由其门人北庭慈寂等弟子编录，汇集而成《中峰广录》。

明本书法，饶有情趣，惜未立于古法，多用笔随意，有"柳叶书"之称誉。明代陈继儒《书画史》评明本书法："书类柳叶，虽未入格，亦自是一家。"① 明本于元至正四年（1344年）所书《乔松疏秀七言诗轴》，现藏故宫博物院。传世书迹尚有《劝缘疏》（图6-9-2）《与济侍者警策》等。不少书迹由其时日本学问僧带回，并珍藏于日本。

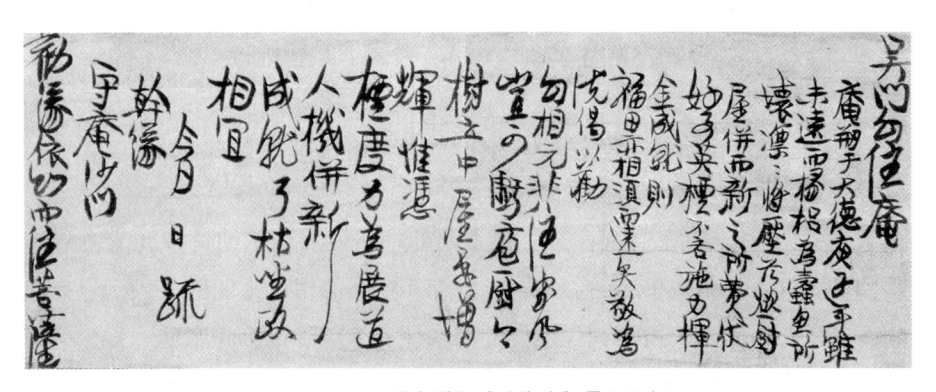

图6-9-2 元明本禅师《劝缘疏》墨迹局部

---

① ［明］陈继儒：《书画史》一卷，浙江孙仰曾家藏本。

第七章 明清佛教与书法

明清时期，官方虽将儒家理学尊为正统，但对佛教亦予以重视。书画名家文徵明、董其昌、张瑞图、王铎、傅山、金农、祝允明等均有佛教题材书法墨迹传世。清代则出现了较为单一化的《心经》书写现象，《金刚经》亦为多见。明清的僧侣书家，以担当、"四僧"（八大山人、石涛、髡残、弘仁）、虚谷为代表。僧六舟在金石传拓领域亦颇有建树。

第一节 明清佛教书法综论

1368年朱元璋在南京称帝，建立明朝。明朝书法在初期承元末书风遗韵，多受赵孟頫和康里子山影响，杨维桢、俞和等由元入明的书家仍以自己的面目进行创作。明初较有代表性的书家还有宋克、宋广和宋璲，称为"三宋"，以宋克影响较大，之后又有沈度与沈粲兄弟二人，称作"二沈"，亦较有影响。解缙在其时已负盛名，另有张弼、陈献章、李东阳、徐霖等皆于明初颇具书名。

明代中期，书法逐步形成其时代面貌。以祝允明、文徵明、王宠、陈淳为代表的吴门书派迅速崛起，在中国书法史上颇具影响，祝允明、文徵明均有佛教文化题材书迹传世。另有沈周、吴宽、徐有贞、李应祯、王鏊等，均在明代书坛有一席之地。唐寅（1470~1523年），字伯虎，号六如居士、桃花庵主、逃禅仙吏。其性格狂放，书画双绝，以"江南第一风流才子"自称，其少年即有才名，因才高招妒，仕途受阻，遂寄情翰墨，以诗书画为伴，筑室于桃花坞中，著有《六如居士集》。

"吴门书派"之后，"云间书派"亦颇为兴盛。云间，亦称华亭，即今上海市松江区，为江苏松江县之古称。明洪武年间，云间书家以陈璧最具影响；至永乐年间，沈度、沈粲兄弟，成为宫廷书家的代表人物，时称"沈体"，风靡其时，影响甚广。之后，真正将"云间书派"发扬光大的则是董其昌。董其昌在书、画、书画理论等方面均具较高成就。其信奉佛教，并以禅入书画，以禅喻书，以"清淡""淡雅"为审美标准。著有《画禅室随笔》等论著，是禅宗思想融入书法在明代的具体实践者，传世佛教书法有行书《心经》手卷等。

明代中晚期，美学思想发生了重大的变化，王阳明心学、李贽的禅宗思想和反叛精神等思潮，冲击和影响了晚明书法的发展。正如黄惇《中国书法史·元明卷》所述："祝允明也受到了禅宗思想的影响。……祝枝山书法中出现狂放不羁的情性，其源正出于禅宗。后于祝允明的徐渭，亦是一位禅宗的信徒。"[①] 晚明书家王铎、张瑞图、倪元璐、傅山、黄道周等，都受到这些思潮的影响，在书法作品上体现得较为充分，呈现出不同的个性化风格面貌。

1644 年明朝灭亡，清朝建立，一批原属明朝的士大夫由明入清，加入了清王朝的统治政权中。王铎、傅山、担当等以不同的身份和姿态，展现和活跃在清初的书法领域，然而，这种个性张扬的风格和艺术追求是不符合清初统治阶段需要的。随着清政权对思想文化领域的严厉控制，康熙之后，个性张扬、充满生机的书法思想与风格受到限制并逐步消失。康熙、雍正、乾隆三朝，大兴文字狱，使得文化学术界人人自危，学者们多不问政事，而转向考据之学，遂成时风，亦带动了清中期以后碑学理论与碑学书法的发展，产生了诸如何绍基、赵之谦、杨守敬、吴昌硕、沈曾植、康有为、梁启超等碑学书法大家。

明清时期，官方将儒家理学视为正统思想，佛教对于统治阶级而言，仍不失为一种有用的思想工具。明太祖朱元璋与群臣云："天下甫定，朕愿与诸儒讲明治道。"表明以儒治国思想。朱元璋曾经出家为僧，对佛教也较为重视。政权建立之初，每年都要在南京一些大寺院内召集名僧，举办法会。明代其他皇帝，除信奉道教的世宗外，多信奉佛教，明神宗是虔诚的佛教徒，称佛教"护国佑民"，并有楷书《佛说妙沙经》传世。

---

① 黄惇：《中国书法史·元明卷》，江苏教育出版社，2009 年，第 180 页。

进入清朝后，因清代帝室最早接触的是藏传佛教，所以首推藏传佛教的普及，现在的北京雍和宫在清代即为京城喇嘛教总寺院。对于汉传佛教，清政府亦加以支持和利用。清世祖顺治皇帝曾先后召集高僧憨璞性聪（1610~1666年）、玉林通琇（1614~1675年）、木陈道忞（1596~1674年）等入京说法，并质赐以紫衣、金印、法号等，还尊通琇为国师，命选僧1500人从他受戒，以示对汉传佛教的支持。并云："朕想前身的确是僧，今每到寺，见僧家明窗净几，辄低回不能去。"康熙皇帝崇佛，其数下江南多参寺礼僧，题字赐匾，多至千余。乾隆信奉佛教并有楷书《心经》传世。慈禧太后亦参禅念佛，并自号"老佛爷"。虽是如此，由于文化上的差异，大多数佛教宗派在明清时期已失去蓬勃生机，只有禅宗和净土思想仍在社会上有较多的传播，但只是起到了传承的作用，发展甚微。

明清的僧侣书家，明末清初以担当为代表，清中晚期又以"四僧"最有成就，四僧即原济（石涛）、八大山人（朱耷）、髡残（石溪）、渐江（弘仁），在书画上成就甚高；之后，又有虚谷较具代表性。上述僧侣书画家，在明清书画史上留下了宝贵的财富。

第二节　祝允明《北禅大兰若募修雨花堂疏卷》

祝允明（1460~1526年），即祝枝山，字希哲，长洲（今江苏吴县）人，因其右手有枝生手枝，故自号"枝山"，是明代著名的书画家。与唐寅、文徵明、徐祯卿并称"吴中四才子"。

祝允明擅诗文，尤工书法。其楷书师法赵孟𫖯、褚遂良等名家，草书师法李北海、黄庭坚、米芾等，其书法严禁中善于变化，虽属二王书风体系，但已具备明显的个人风格。

祝允明《北禅大兰若募修雨花堂疏卷》（图7-2-1），通篇以行书为主，横画左低右高呈欹侧之势，得米芾书法之笔意，气韵生动，章法变化自然有

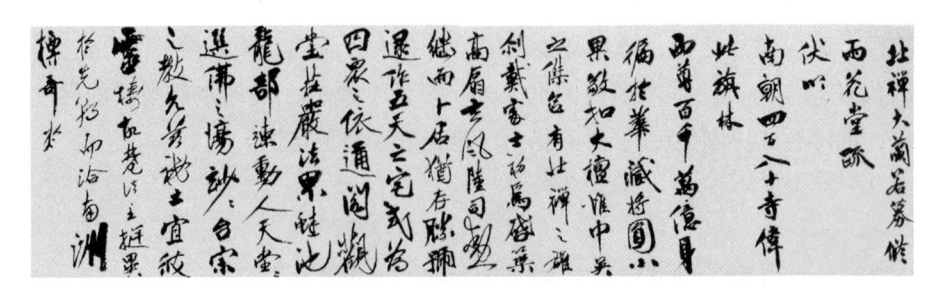

图7-2-1　明祝允明《北禅大兰若募修雨花堂疏卷》局部

序，神采奕奕。今藏于北京故宫博物院。

明代王世贞云："吴中如徐博士昌谷诗，祝京兆希哲书，沈山人南田画，足称国朝三绝。"[1]

清代王澍评祝允明书法云："有明书家林立，莫不千纸一同，唯祝京兆书变化百出，不可端倪，余见京兆书百数，莫有同者，信有明第一手也"。[2]

第三节　文徵明佛教书法墨迹

文徵明（1470~1559年），苏州人，初名壁（或作璧），42岁后以字行，更字徵仲，自号衡山。因其门第显赫，得以向诸多名士学习请教。文徵明19岁起向沈周学画，22岁时随李应祯学书，26时向吴宽学文，出处甚高。唯仕途不畅，其26~53岁曾十次赴应天府乡试，皆未中举。因其时文徵明之诗文书画已负盛名，被工部尚书苏州巡府李克诚举荐于朝廷，并于嘉靖二年（1523年）授翰林侍诏。文徵明入官后受到官廷礼仪约束，又觉阁僚排斥，党政激烈，遂无意于仕途，数次上书乞归，于嘉靖六年（1527年）三月回到苏州，以诗、文、书、画为生。与祝枝山、唐寅、徐祯卿并称为"吴门四才子"。

文徵明的书法，从宋元追溯至晋唐神韵，以行草书和小楷成就最高。文徵明传世墨迹较多，佛教题材中较有代表性的是其在嘉靖二十年（1541年）所书《般若波罗蜜多心经》（图7-3-1）。此作为纸本，纵27.5厘米，横107.8厘米，现藏于南京博物院。

此卷《心经》书法承二王之遗韵，得赵孟頫之笔意，字法娴熟，灵动飘逸，展现了文徵明深厚的书法功力，是明清时期佛教题材书法中的精品力作。

---

[1]　[明]王世贞：《弇州山人四部稿》，《四库全书》文渊阁本。
[2]　[清]王澍：《虚舟题跋·竹云题跋》，李文点校，浙江人民美术出版社，2015年。

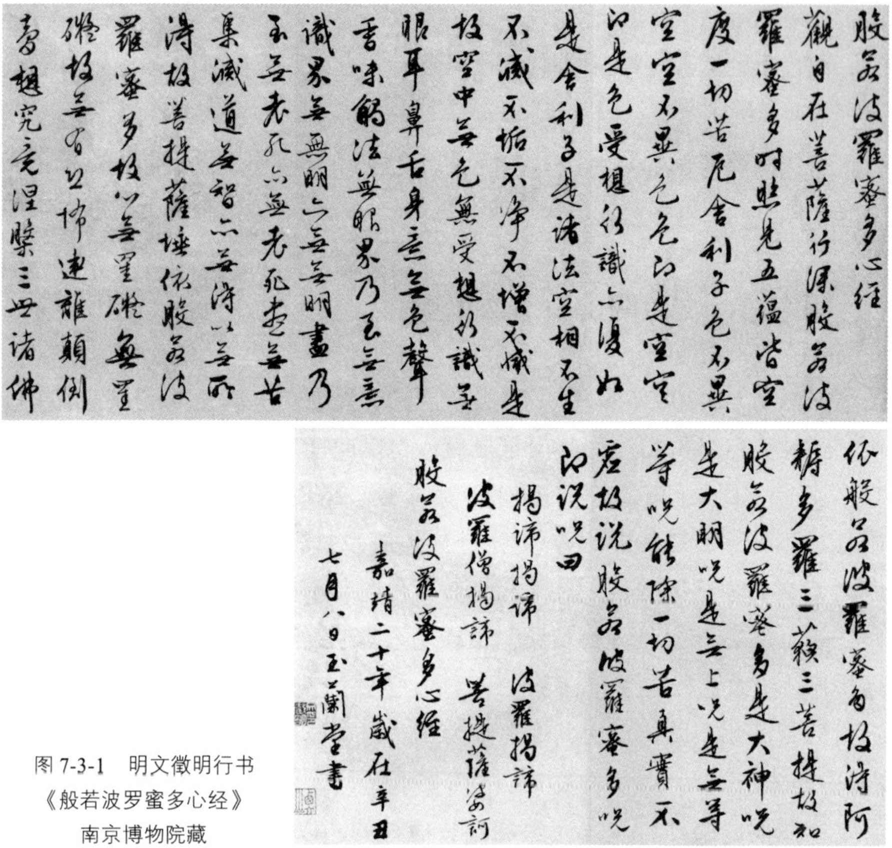

图 7-3-1　明文徵明行书
《般若波罗蜜多心经》
南京博物院藏

第四节　董其昌佛教书法及其禅宗思想

董其昌（1555~1636年），字玄宰，号思翁、思白，别署香光居士。原为松江府上海人，后改籍华亭。万历十六年（1588年），董其昌赴南京乡试及第，并为王世贞所赏识。次年赴京考中进士，会试第二，廷试第四，被选为庶吉士，入翰林院，充任太子讲官，后又任翰林院编修，又转任湖广按察司副使、福建副使。天启二年（1622年）任侍读学士，修《神宗实录》，并于次年升任南京礼部尚书，官至二品。后因朝廷党争激烈，董其昌明哲保身，请告归于故里松江，后又复出仕，任礼部尚书等职。崇祯七年（1634年），朝廷诏加其为太子太保，董其昌于其年还乡，两年后卒于松江。

董其昌书法，初师颜真卿《多宝塔》，后又学虞世南，并上追魏晋，摹写钟繇《宣示表》《力命表》《还示帖》《丙舍贴》等。董其昌书法以取法晋唐为宗旨。他在青年时结识了收藏家项元汴，得见大量晋唐书迹，云："尽发项太学子京所藏晋唐墨迹，始知从前苦心，徒费岁月。"遂着力于魏晋法帖。之后，又尚颜真卿、杨凝式、米芾之法，取得了很高的书法成就，形成了自己淡、秀、润、韵的书法风格。

董其昌的佛教题材书法，以《行书心经》（图7-4-1）《楷书心经》（图7-4-2）《行草罗汉赞》及《菩萨藏经后序》（图7-4-3）为代表。崇祯六年（1633年），岁在癸酉嘉平九月，已经78岁的香光居士董其昌在长安写下了行书《般若波罗蜜多心经》手卷。此手卷《心经》基于《集王羲之书圣教序》中所书刻《心经》之意蕴，又融入唐人法度，颇得禅静之韵，乃董其昌佛学书法的代表之作。

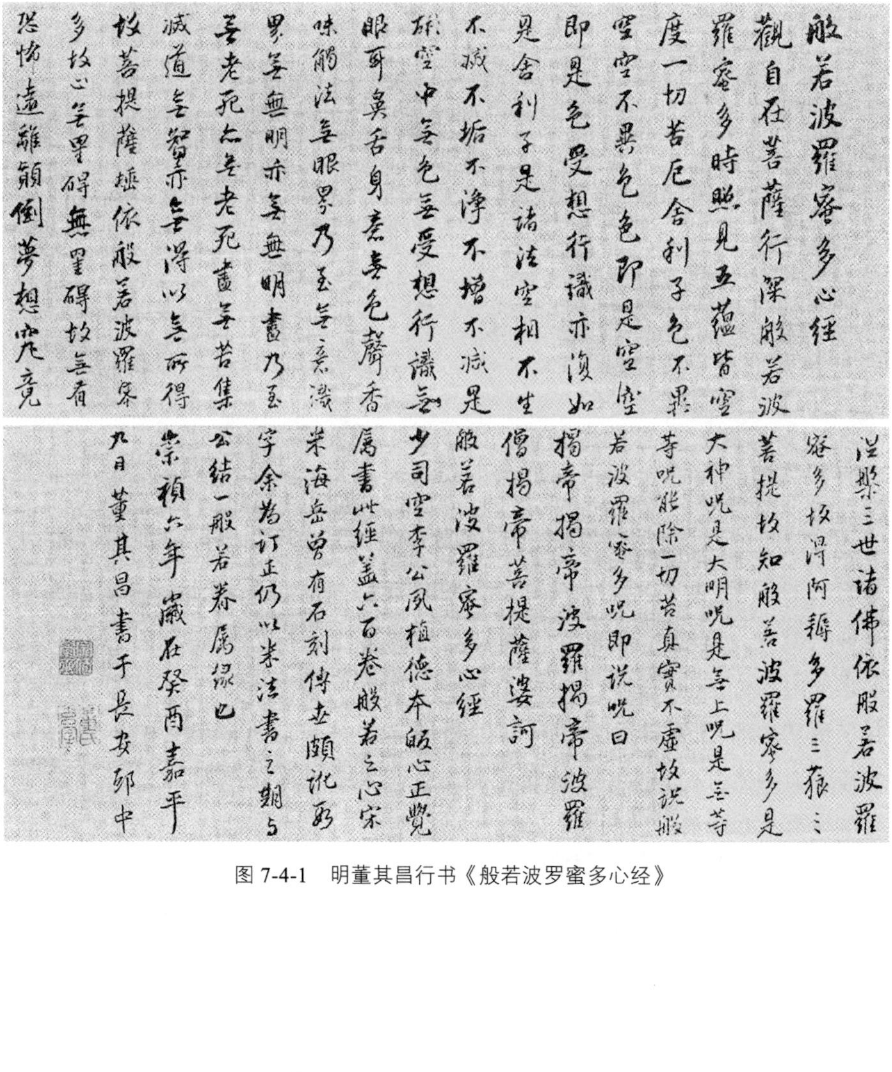

图7-4-1 明董其昌行书《般若波罗蜜多心经》

图 7-4-2　明董其昌楷书《般若波罗蜜多心经》局部

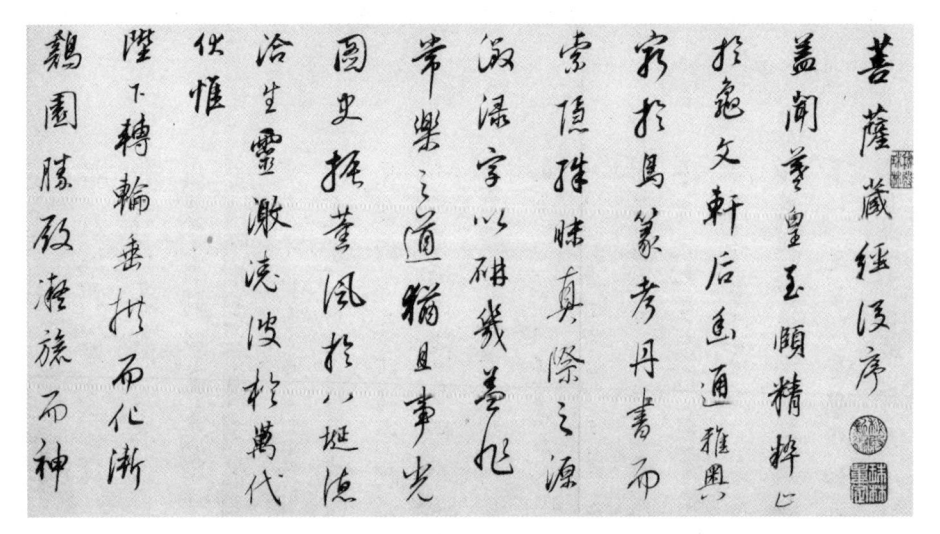

图 7-4-3　明董其昌书《菩萨藏经后序》纸本墨迹局部　台北故宫博物院藏
其书法在二王帖学的基础上，呈现出淡雅潇洒的"禅意"之风。

　　董其昌的书学思想亦同样受到佛教思想的影响。在他青年时期，即与高僧憨山（德清）及达观（紫柏真可）讨论禅学之道。其书法追求"萧散简淡"的禅宗境界，并将斋号名为"画禅室"。董其昌在其书画题跋中有诸多禅宗思想的内容，在他的题跋集《容台集别集》专门列出《禅悦》一章，集中反映了董其昌的"以禅喻书"及"以禅入书"的思想。① 并能将其思想与书法实践融为一体，相互呼应，取得了很高的艺术成就。在其《容台集》文集中，亦见较多篇章佛教"募缘疏""像赞"类别文章。

---

① 董其昌：《容台集》之《容台别集》卷一"禅悦篇"，邵海清点校，西泠印社出版社，2012年。

第五节　张瑞图《心经》墨迹两种

张瑞图（1570~1641年），晚明四大书法家之一，福建晋江人氏。时人将其与著名画家董其昌并称为"北董南张"。张瑞图，字长公，又字无画，别号有芥子、果亭山人、白毫庵主等。明万历三十五年（1607年）中探花，赐进士出身并授翰林院编修，后又升任右庶子兼翰林院侍读、詹事府少詹事、礼部尚书兼东阁大学士、少傅兼太子太傅，武英殿大学士、少师、太子太傅等官职。其入仕正值魏忠贤宦官擅权之时，张瑞图因畏魏忠贤权势而依附于魏氏门下。崇祯元年，魏氏党败，张瑞图亦受牵连入狱，后贬为庶民回归乡里，以习学悟禅，寄兴诗文书画度过余生。

清代秦祖永在《桐阴论画》中评到："瑞图书法奇逸，钟、王之外，另辟蹊径。"张瑞图用笔大刀阔斧，横笔直入，转折处一改前人帖学之圆转之态，而呈现出劲健峭利的特色，横笔多起笔后横向右上侧起笔急转，个人特色十分鲜明。其行草书在章法上多见字距紧密，连绵缠绕，且有意放宽行距，行、列间对比明显。明人倪后瞻评其书云："其书从二五草书体一变，斩方有折无转，一切圆体都皆删削，望之即知为二水，然亦从法构处见之，笔法则未也。"在晚明书家中乃至中国书史上，张瑞图都可称是一位风格独具的书家。

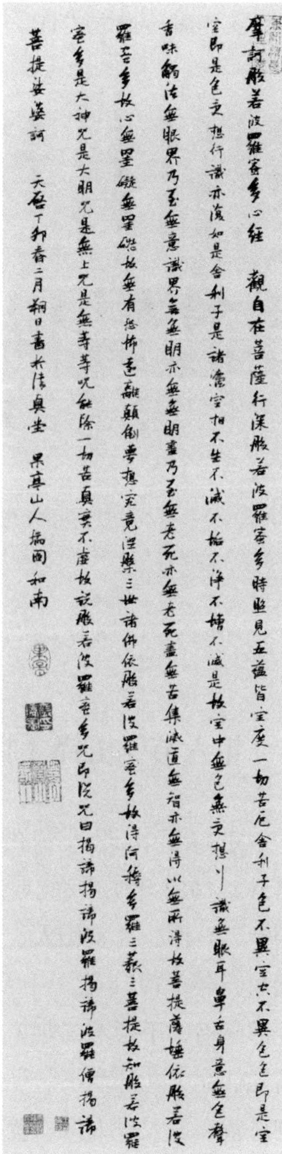

张瑞图佛教题材书法今可见二件，皆为《心经》。其一为行楷书体《心经》轴（图7-5-1），纸本墨迹，高124.2厘米，宽30.2厘米，正文及款识共六行，书写于明天启七年（1627年），今藏于上海博物馆。此件作品相对端庄

图 7-5-1　明张瑞图《心经》轴
上海博物馆藏

稳重，但在起笔和横折上仍具有很强烈的个性风格。另一件《心经》为好溪草堂藏行草书卷（图7-5-2），纵35厘米，宽709厘米，可谓长篇力作。正文计62行，后署款识四行。卷首钤朱文印"芥子亭"，款后钤白文印"兴酣落笔摇五岳"及"张瑞图"印两枚，据考据卷后跋文，可知此卷曾归岩村成允收藏。此卷《心经》书法收放自如，张弛有度，即体现出张瑞图的笔墨技巧，又展示了其不拘古法、率意而为的自信与洒脱，通篇笔墨酣畅，元气淋漓，实为其传世之力作。

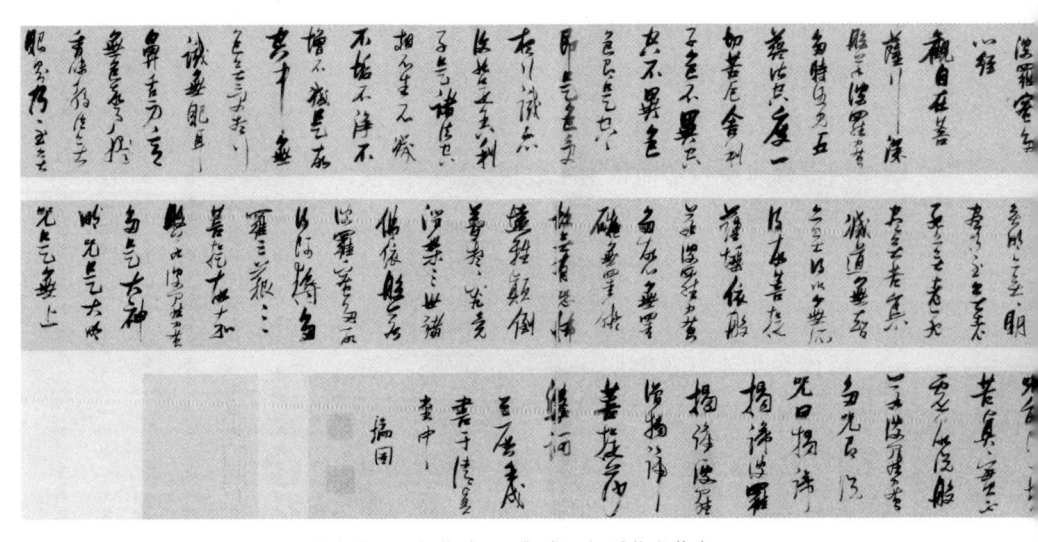

图 7-5-2 明张瑞图　行草《心经》卷　好溪草堂藏本

第六节　王铎《临圣教序》等佛教书刻

王铎是由明入清的一位在书法上取得卓越成就的书法家。王铎（1592~1652年），字觉斯，号嵩樵，河南孟津人，故又称"王孟津"。曾别署松樵、石樵、二室山人、云岩漫士、兰台外史、老颠、洛渔等号。王铎在明天启元年（1921年）中乡举，天启二年（1622年）中进士，后逐步升迁至礼部尚书，于顺治二年（1645年）在南京降清，并随清兵入北京。次年，被清廷任命为礼部尚书、弘文院学士、充明史副总裁。后又任太宗文皇帝实录副总裁，加太子太保、晋少保。清顺治九年（1652年）告老还乡，后病逝于河南孟津，谥文安。

王铎的书法成就，与佛教题材的《怀仁集王羲之书圣教序》颇有关系。

王铎认为自己是王羲之的后裔，称："吾宗舜之裔，发之晋，后分琅琊、山阴、伊洛。"① 王铎在其 13 岁时，便临习《圣教序》，今存王铎《临圣教序册页》为天启五年（1625年）临本，王铎已 40 余岁（图 7-6-1），经过多年临习已达到惟妙惟肖的境界。

图 7-6-1　清王铎《圣教序》临本节选

王铎对另一集王羲之书《兴福寺碑》亦临习尤勤，今藏于辽宁博物馆的王铎《临荐福寺碑》册页，即是王铎顺治庚寅年（1650）所书。王铎一生对集王羲之书系列佛经书法学以致用，其在题跋《永嘉马居士答陈公虞十七问卷》中写道："用《圣教序》《兴福寺》《金刚寺》三体。"（图 7-6-2）佛教书刻对王铎书风

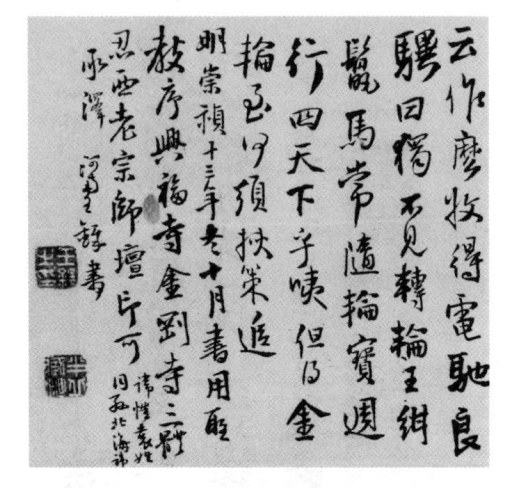

图 7-6-2　清王铎佛教题材临书题跋墨迹

---

① ［明］王铎：《与王似鹤书》，见《拟山园帖》第九卷。

的形成起到了至关重要的作用。

正是王铎对集王《圣教序》《兴福寺》等佛教书迹的不断研习和继承，加之辅以对二王尺牍及《淳化阁帖》的学习，终于化茧成蝶，在不断临古、复古、崇古的同时，蜕化成自己"墨气淋漓，奇绝跌宕"的书法风格，将二王书风开拓至一个新的领域。

王铎的佛教题材书法还有《拟山园帖》中的《延寿寺碑》（图 7-6-3）《临圣教序中堂》《临集王佛经卷》（图 7-6-4）《致大觉禅师诗卷》（7-6-5）《觉庵铭》《投谷上人诗卷》等。

图 7-6-3　清王铎《延寿寺碑》石刻局部

图 7-6-4　清王铎《临摹集王羲之书佛经卷》墨迹局部

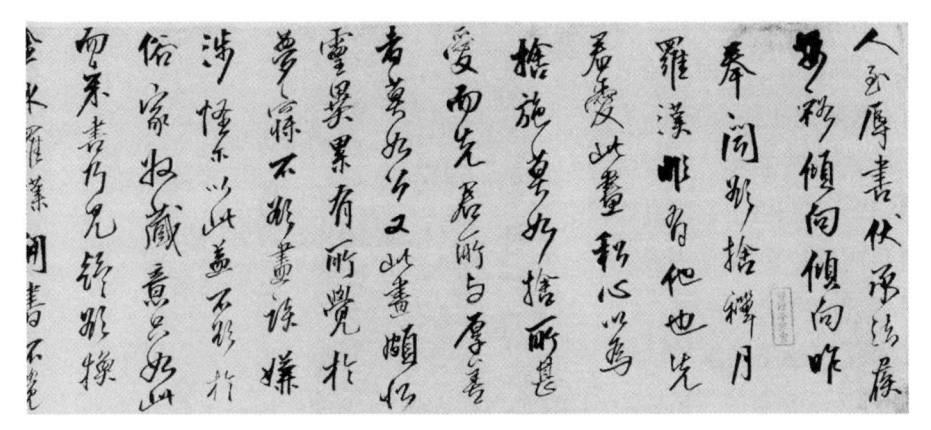

图 7-6-5　清王铎《致大觉禅师诗卷》局部

第七节　傅山与佛教书法文化

傅山（1607~1684年），阳曲（山西太原）人，初名鼎臣，字青竹，后改名山，字青主。曾用别号甚多，如石道人、丹崖翁、青草庵主、侨山、侨黄、真山、朱衣道人、观化翁、西北老人等。

傅山曾在明亡后力主反清复明，并因此被捕入狱，后被多方营救得以生还，遂退隐山林，闭门谢客并数次谢绝入仕，潜心于书画及学术研究。他对先秦诸子百家中的《公孙龙子》《墨子》等有精深的研究和阐发，许多著名学者如顾炎武、阎若璩、朱彝尊等都慕名而来，到太原傅山隐居之处拜访。

傅山所谈佛学经典甚广，包括经、律、论和诸多佛教文献。当代学者姚国瑾从《霜红龛集》《傅山全集》中分析出，傅山读过的佛典概有《楞严经》《法华经》《华严经》《金刚经》《增一阿含经》《杂阿含经》《维摩诘经》《室积经》《金光明经》《四分律》《大智度经》《瑜伽地师论》《毗婆沙论》《转识论》《明佛论》，另有《弘明集》《五灯会云》《慈恩传》《法苑珠林等》。[①]

傅山的书法，以小楷和行草书成就最高，他的楷书出自《黄庭经》《乐

---

① 姚国瑾：《傅青主墨迹小楷金刚经及其相关问题》，载中国书法家协会编《全国第十届书学讨论会论文集》，中州古籍出版社，2014年。

毅论》《洛神赋十三行》《破邪论》等，后又研习颜真卿之《颜家庙碑》，其楷书古朴自然，有晋唐古风。其行书初临颜真卿《争座位帖》，又临王羲之《兰亭序》，后又转入对《淳化阁帖》的练习。其最终为人称道的，是其连绵起伏、狂放不羁的行草书法，这亦于傅山孤傲的遗民性格及时代审美不无关系。

　　傅山的传世书法较多，佛教相关题材的有《金刚经》（图7-7-1）《般若波罗蜜多心经》（图7-7-2）《阿难岭》《青庐墨妙卷》等。傅山的写经书法，多以小楷写就，古朴厚重，一丝不苟，可见钟繇、王宠之古意，亦可观傅青主书写佛经虔诚之态。

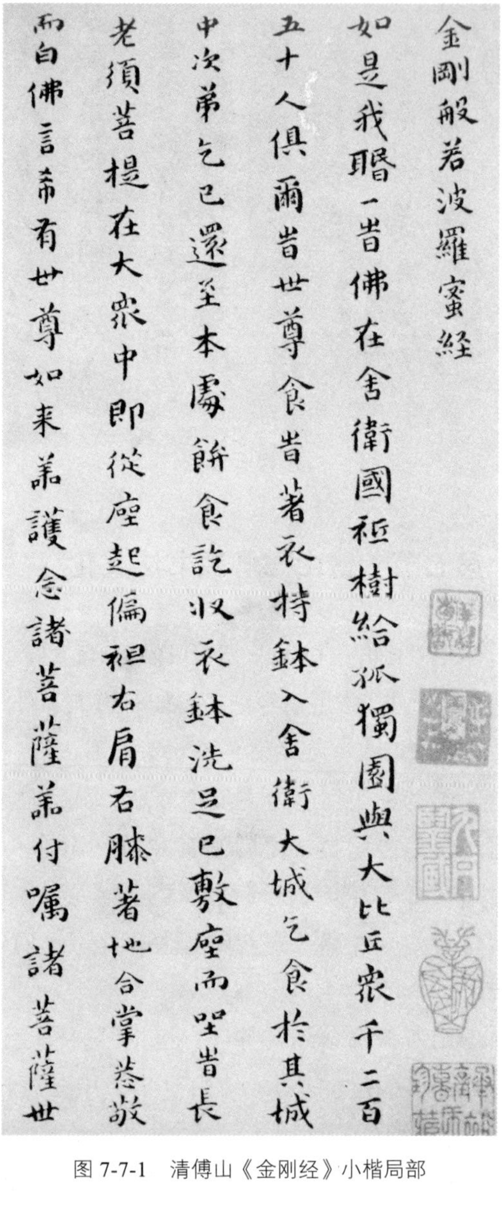

图 7-7-1　清傅山《金刚经》小楷局部

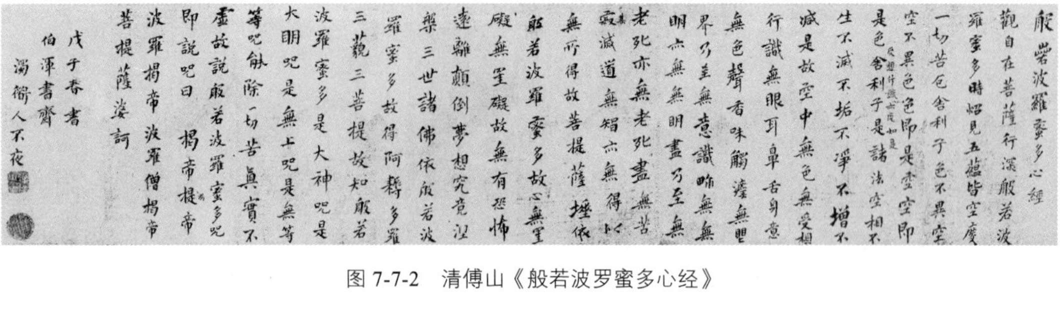

图 7-7-2　清傅山《般若波罗蜜多心经》

第八节　金农漆书《金刚般若经》

金农（1687~1763年），清代著名书画家，扬州八怪之首，钱塘（今杭州）人。字寿门、司农、吉金，号冬心先生、稽留山民、曲江外史、昔耶居士等。金农作为扬州八怪的核心人物，在诗、书、画、印、乃至鉴赏、收藏、琴曲等方面均堪称道。

金农自幼研习书文，早年即求学于学者何焯，又与"西泠八家"之一的丁敬为邻，虽博学多才，然其于仕途并不得意，故天意此间，终帛布衣。其嗜奇好古，精于鉴藏，收有金石文字千卷，擅画竹、梅、佛缘、山水、人物等，尤以墨梅见长，多呈枝多花繁，古雅自然之态。其书法以隶书和行书最具特色，并首创"漆书"，以特制浓墨书写，厚重如漆，且用笔如刷，行笔率真而无转折，类于漆工刷漆，故名"漆书"。

此卷"漆书"《金刚般若经》（图7-8-1），用笔率真，随心而为，笔墨醇厚，于不经意间，可见其高古苍茫之气，金石味十足，是佛教题材中风格独具的逸品之作。

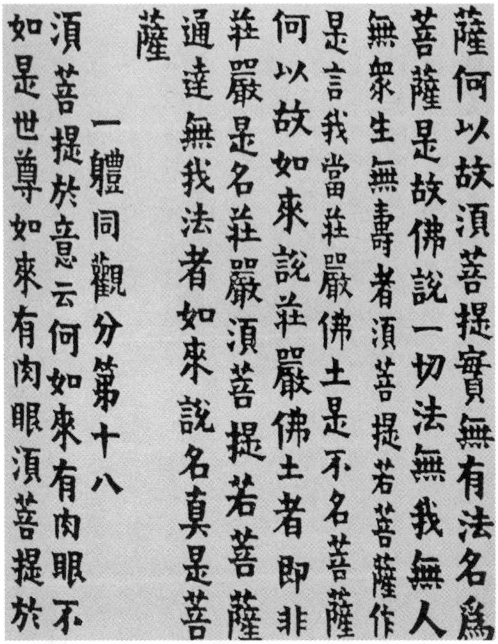

图7-8-1　清金农《金刚经》局部

第九节 清代《心经》主题佛教书迹

一、乾隆行书《心经》墨迹

乾隆（1711~1799 年），即爱新觉罗·弘历，清朝第六位皇帝，取"天道昌隆"之意，故号"乾隆"，是中国历史上实际执政时间最长、年寿最高的一位皇帝，他在书画及书法鉴赏方面亦颇有建树，御览、御批了《三希堂法帖》等多部藏帖。乾隆皇帝信奉佛教，曾从三世章嘉活佛为师修习藏密佛教。乾隆书法以二王体系为宗，得圆润流丽、雍容华贵之风，然其书法用笔变化较少，是二王书法世俗化的典型范例。

此卷乾隆所书《心经》（图 7-9-1）为绢本，书写于乾隆元年（1736 年），纵 27 厘米，横 146 厘米，前有观音画像，后绘护法天王。款署"乾隆元年丙辰元旦沐手敬书"，并钤朱文印"乾""隆"各一枚。通篇书法整体统一，不激不厉，可观乾隆书写时虔诚与从容之心态。

另有乾隆皇帝第十一子永瑆（1752~1823），封成亲王，擅书画，其所书四体《般若波罗蜜多心经》用篆、隶、楷、行四种书体写就，具有很高的艺术水准，今藏于湖南省博物馆。清代皇室中多见书写《心经》者。另外，

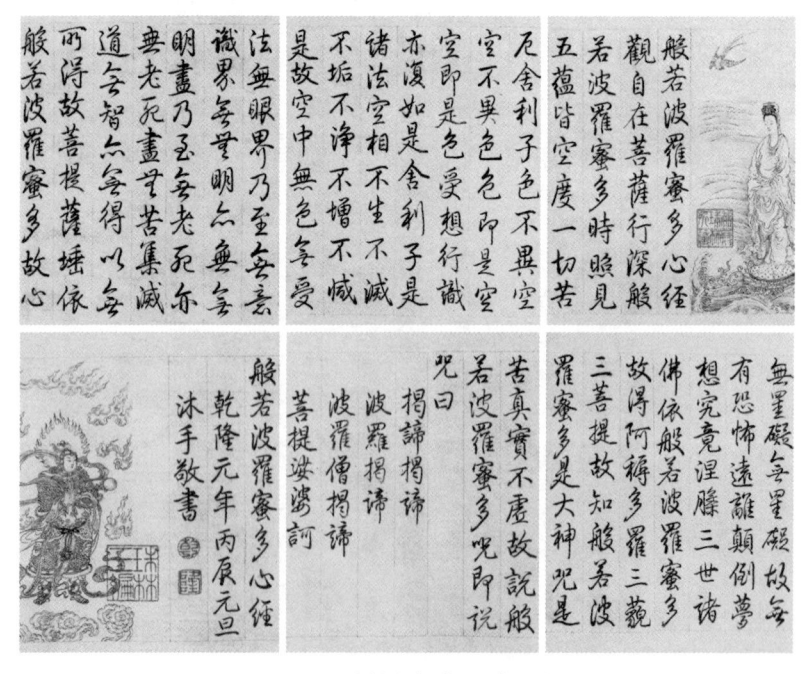

图 7-9-1 清乾隆帝《心经》局部

《金刚经》也是皇室中较多书写的题材，雍正皇帝曾书写有《金刚经》册页。

二、刘墉行书《心经》墨迹

刘墉是活跃在清代乾隆年间的一位高官及书法家。刘墉（1719~1804年），字崇如，号石庵，山东高密人。生于书香门第、官宦人家，历经清康、雍、乾、嘉四代。刘墉学养深厚，博通经史，曾充《四库全书》馆副总裁。其书法师法晋唐及宋代书家，以二王为根基，参以颜真卿、苏东坡之笔法，以丰腴厚重、墨色浓艳而得名，和擅用淡墨的清代书家王文治一起被合称为"浓墨宰相，淡墨探花"。

刘墉传世墨迹较多，此幅《般若波罗蜜多心经》（图7-9-2）可称其佛教题材书法之精品。此作品为纸本，行草书体，其书风法宗晋唐，通篇书法从容平和，刚柔并济，且书卷气十足。后署"乾隆乙卯十月十七日敬书"，

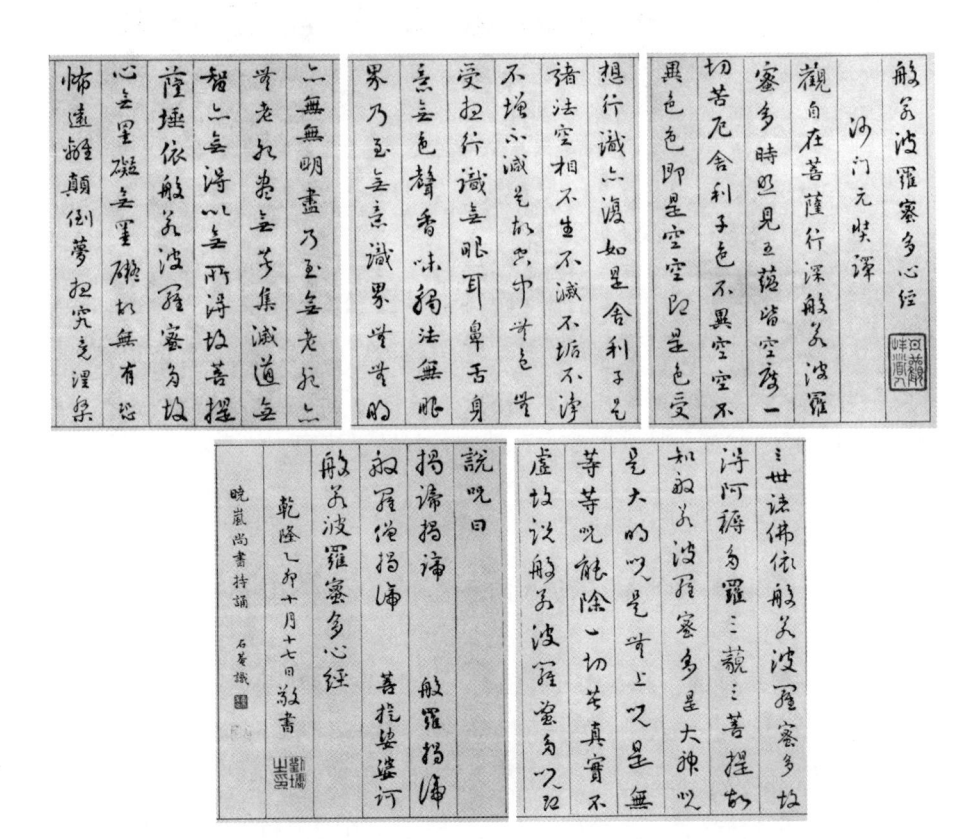

图7-9-2 清刘墉《心经》局部 日本东京国立大学藏

并署有"晓岚尚书持诵""石庵识"之落款。可知此作或为刘墉书赠纪晓岚之书迹。据载刘墉和纪晓岚关系融洽，纪晓岚常请刘墉为其题写书法，两人均有收藏砚台嗜好，除常写诗赠砚题字外，常相聚畅谈佛法，亦传为佳话。另见刘墉书《头陀寺碑文》楷书墨迹传世（图7-9-3）。

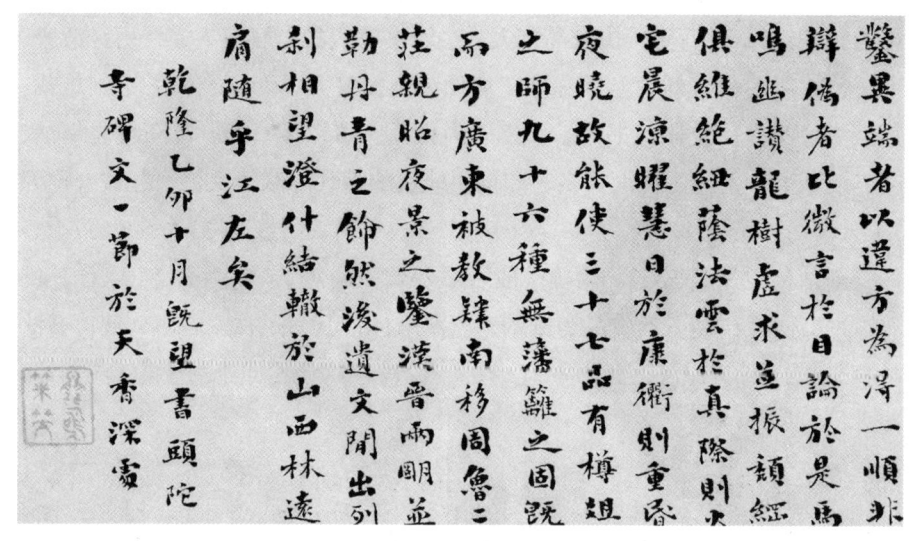

图7-9-3　清刘墉《头陀寺碑文》墨迹局部

三、吴昌硕篆书《心经》条屏

吴昌硕（1844~1927年），浙江安吉人，原名俊，又名俊卿，字苍石、昌石、昌硕等，号朴巢、缶庐、缶道人、老缶、苦铁、大聋等。近代著名书画家，"海派四杰"之一，曾任"西泠印社"社长。"诗、书、画、印"并行，且皆取得卓越之成就。其篆书专攻石鼓文，并勤于练习，终身不辍。吴昌硕自谓临《石鼓文》临气不临形，取石鼓文之高古金石之气，从而展现出书画作品的宏大气象和高古气韵。

吴昌硕篆书《心经》十二条屏（图7-9-4），单幅纵132.5厘米，横30.2厘米，作于1917年，时年74岁，此乃吴昌硕书风成熟之期得意之作。篆书《心经》十二条屏参照了邓石如《心经》八屏之意，其落款中写道："曾见完白翁（邓石如）篆心经八帧，用笔刚柔兼施、虚实并到，服膺久之。今参猎碣笔意成此，自视尚无恶态。"可见吴昌硕对此佛教题材书作较为满意。此篆书十二条屏篆法完备，古朴雄茂，气息酣畅，可谓吴昌硕晚年巅峰之作，原作现藏于日本东京国立博物馆。

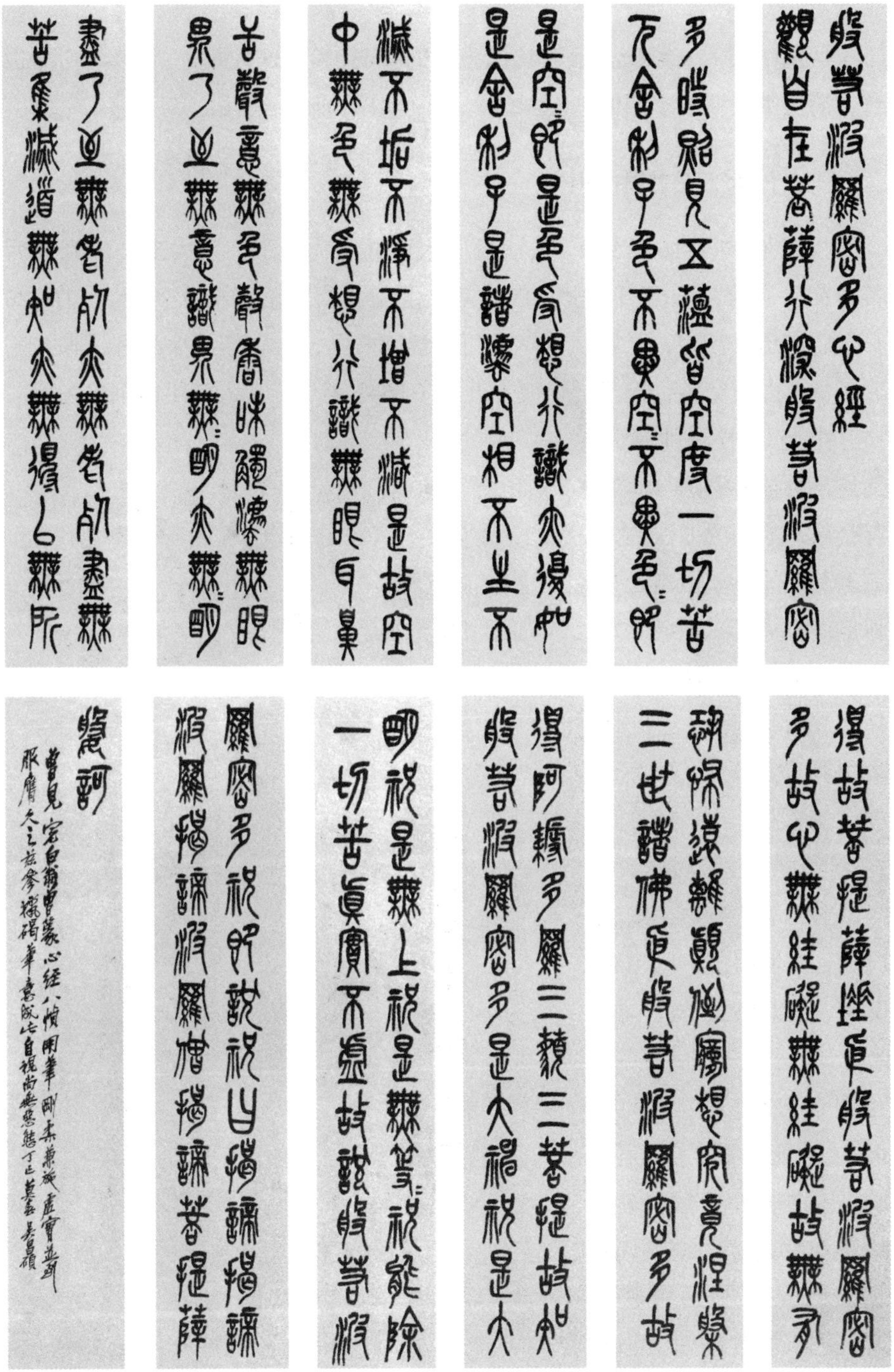

图 7-9-4　清吴昌硕《心经》条屏　日本东京国立大学博物馆藏

第十节　明清的僧侣书家

明清的僧侣书家众多，较具代表性的有明末的憨山德清，明末清初的担当，清代中晚期的"四僧"、虚谷等，都有很高的书法造诣。

一、传承二王书风的担当

担当（1593~1673年），云南晋宁人，原名为唐泰，字大来。出家之后名普荷、通荷，号担当。担当自幼随父北上，交游诸多文人名士，并在20岁之后游历于江南，并师从董其昌门下学习书画，之后结识徐霞客、陈继儒等名贤，多有交游，担当于崇祯十五年（1642年）正式入鸡足山削发为僧。

担当之书法师承董其昌，且与书家陈继儒多有交往，他们的书法均为二王书法体系。担当之书画多得董其昌、陈继儒之赞许。担当之书法，在董其昌的基础上，又见怀素之逸气，显得更为奔放自然（图7-10-1）（图7-10-2）。特别是担当的行草书，笔法精熟、章法自然、意境高古、可比肩王铎、倪元璐之格调。担当在诗、画方面也有很高的造诣，有诗集《修文集》《拈花颂百韵》等传世。传世书法有《草书大痴画诀手卷》（图7-10-3）《佛容疏散五言联》《焚香吟草书诗轴》《古雪古僧横幅》《暂寄横披》等墨迹。

图7-10-1　清担当《草书扇面》

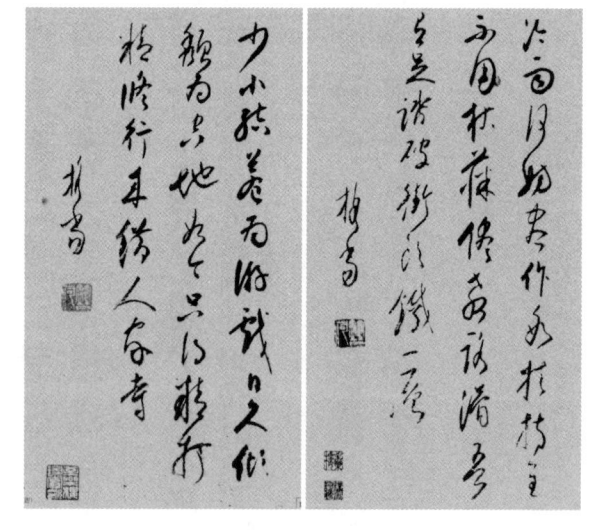

图7-10-2　清担当《行草书册》选页

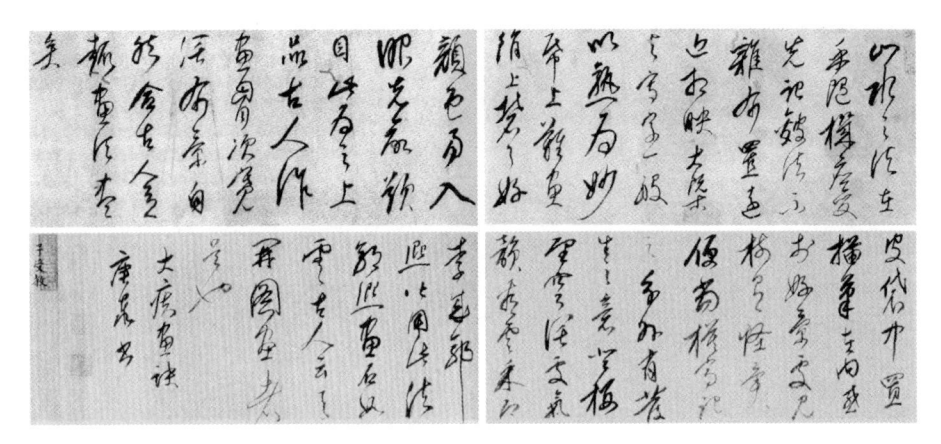

图 7-10-3　清担当《草书大痴画诀手卷》

二、各具风貌的"四僧"书法

（一）八大山人

八大山人（1626~1705年），谱号朱统鐢，名耷，号雪个、八大山人，又见用号雪士、个山、人屋、道朗、良月、个山驴等。南昌人，明代宁献王朱权九世孙。其祖辈皆善书画，朱耷受家庭影响，自幼能书善画，为其以后的书画成就奠定了良好的根基。

作为明王室后裔，朱耷对明王朝忠心耿耿，明亡后，朱耷以遗民姿态自居，并于23岁时在奉新县耕香庵落发为僧。后至南昌青云谱道院，过着自给自足的隐士生活，并以书画为寄。后又隐居南昌周边北兰寺、开元观等处以卖书画度日。

朱耷书画皆精，但以绘画之名最高，可谓"以画名掩书名"。其在山水、花鸟方面两者兼善，绘画风格古朴奇逸、雄伟孤傲，笔墨酣畅淋漓，自出机抒、满纸禅意，对于之后的大写意画派产生了巨大的影响。

朱耷书法，呈古朴之态，又拙中寓巧，自成风格。盖以魏晋书法为根基，融入篆书之笔法，故呈其书作之面目（图7-10-4）。藏熟于生，寓巧于拙，清杨宾在《大瓢偶笔》卷六云："八大山人虽指不甚实，而锋中肘悬，有钟（繇）、王（羲之）气。"朱耷传世书法作品有楷书《题自画山水》，行书《般若波罗蜜多心经》《临兰亭序》（图7-10-5）《桃花源记横卷》（图7-10-6）《弇州山人诗轴》等，草书《客自短长亭诗》《七言诗》，章草《临索靖月仪帖》等。

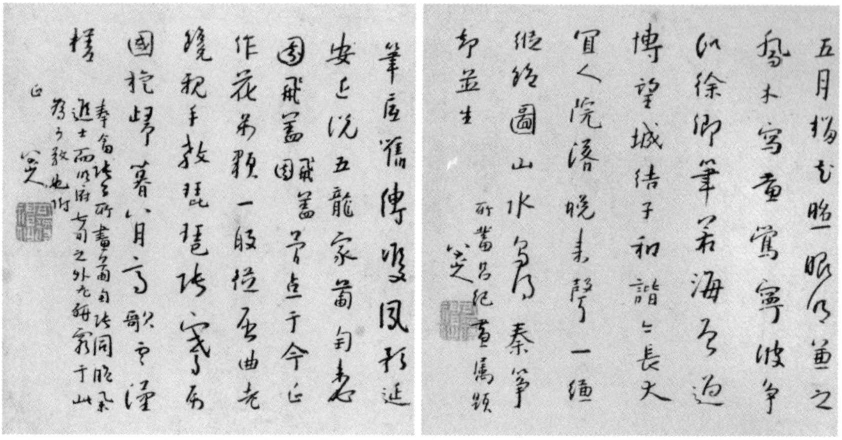

图 7-10-4　清八大山人行书诗文墨迹二种

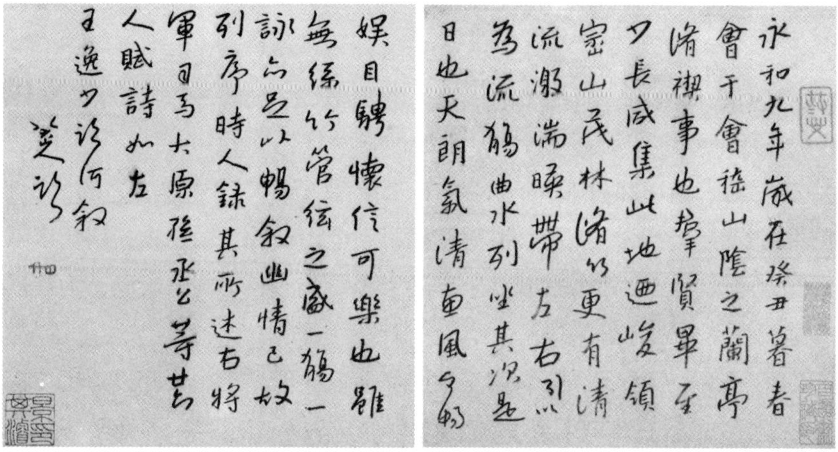

图 7-10-5　清八大山人《临兰亭序》墨迹

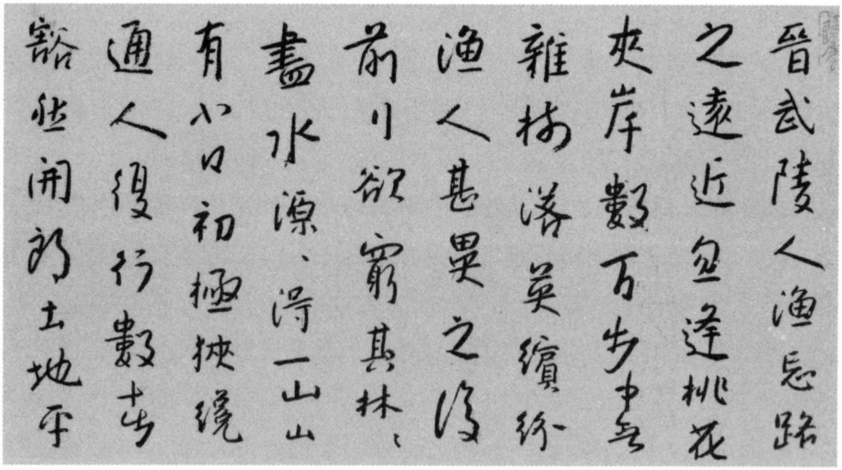

图 7-10-6　清八大山人《桃花源记》墨迹局部

（二）石涛

石涛（1643~1707年[①]），原名朱若极，字石涛，法名原济，又称元济、道济，号苦瓜和尚、大涤子等。广西全州人，明代宗室靖江王赞仪十世孙。明亡后出家为僧，云游四方，常往来于南京、扬州之间，晚年寓居扬州。石涛为明代宗室，却因明亡遭受国破家亡之痛。起伏跌宕的身世，使他的内心充满愤懑与矛盾，从而反映在其书画作品中，作品表现出鲜明的个性，旺盛而奇崛的生命力，以及立足于传统之上的创新精神，令人有耳目一新之感。

石涛负盛名于画史，故掩其书艺之光辉。清代李驎《虬峰文集·大涤子传》数次论及石涛书法：

> 临古法帖，而心尤喜颜鲁公。

> 所作书画皆用字法，布置或从行草，或从篆隶，疏密各有其体……书画皆高古有骨，间以米南宫淹润济之，而兰菊梅竹尤有独到之妙。

上述可见，石涛书法取法广泛，从二王、颜真卿、米芾、董其昌等处汲取书法营养，并书为画用，以书入画，从而得"独到之妙"。石涛也在其题画诗跋中写道：

> 画有南北宗，书有二王法。张融有言："不恨臣无二王法，恨二王无臣法。"今问南北宗，我宗耶？宗我耶？一时捧腹曰："我自用我法。"

石涛在艺术理论方面，亦有很高的成就。他在《苦瓜和尚画语录》中提出了"法于何立，立于一画"的论点，正是著名的"一画论"，强调艺术创作和感悟自然的关系，主张多元的表现方式。"盖以无法生有法，以有法贯众法也。"主张"借古而开今"，反对"泥古不化"对当时抱残守缺、死学古人的画坛之风产生了巨大的冲击。石涛又提出了著名的"笔墨当随时代"的论点：

> 笔墨当随时代，犹诗文风气所转，上古之画迹简而意淡，如汉魏六朝之句；中古之画，如初唐、盛唐，雄浑壮丽；下古之画，如晚唐之

[①] 石涛生卒，说法不一。傅抱石《石涛上人年谱》说为1630~1707年；郑秉珊《石涛研究》说为1636~1707年，徐邦达《石涛生卒新订》说为1641~1707年；谢稚柳《关于石涛的几个问题》说为1640~1707年；此处采用朱铸禹《中国历代画家人名辞典》所言1643~1707年，人民美术出版社，2003年，233~240页。

句,虽清丽而渐渐薄矣。到元则如阮籍、王粲矣,倪黄辈如口诵陶潜之句:"悲佳人之屡沐,从白水以枯煎。"恐无复佳矣。①

近现代著名书画篆刻家齐白石对石涛之书画艺术仰慕不已,他在日记中写道:"青藤、雪箇、大涤子之画,能横涂纵抹,余心极服之,恨不生前三百年,为诸君磨墨理纸。诸君不纳,余于门之外,饿而不去,亦快事也。余想来之视今,犹今之视昔,惜我不能知也。"②

石涛传世书法以题画诗、跋居多,有"楷书扇面"(图7-10-7)和《记

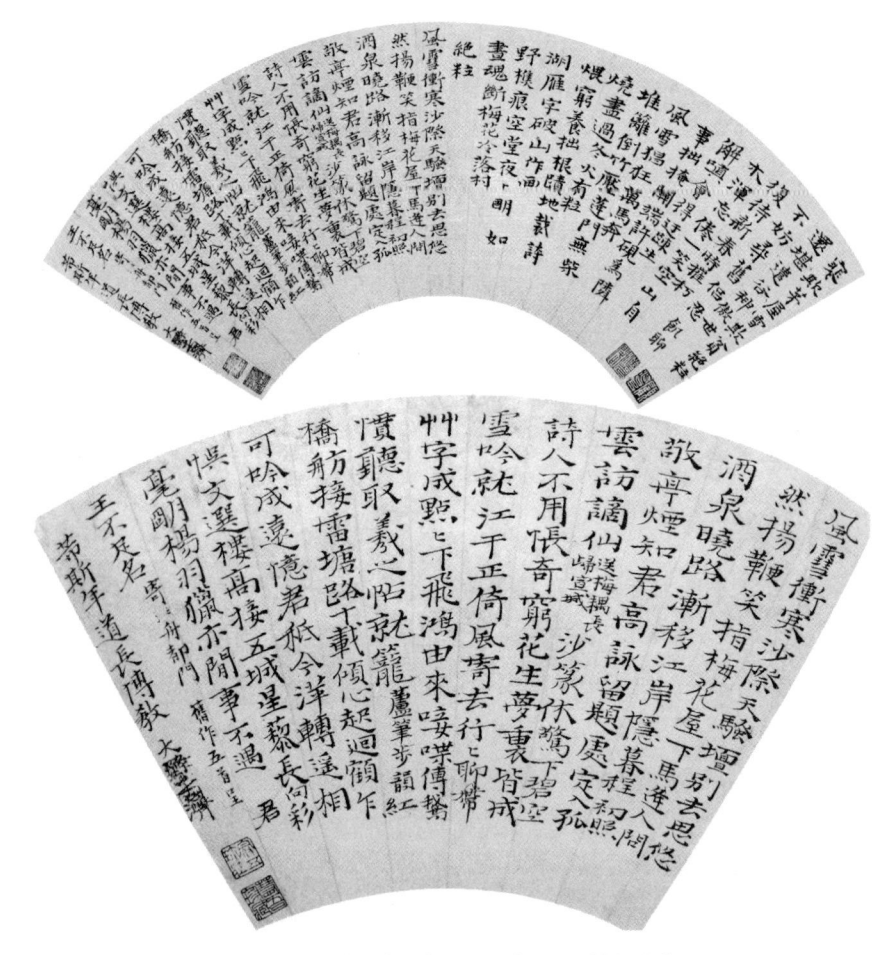

图7-10-7 清石涛行书扇面两种 上海博物馆藏

① [清]道济《石涛画语录》,人民美术出版社,2016年,第73页。
② 齐白石语,引自吴冠中《我读石涛画语录》,山东画报出版社,2009年,第88页。

雨歌帖》(图 7-10-8)《赠哲翁诗卷》(图 7-10-9)《致退翁尺牍》《一水从何受诗册》《行书七言诗轴》《题黄山游踪图》《题梅竹双清》《题锦带同心图》《题花卉图》等墨迹。

(三) 髡残

髡残 (1612~1673 年),又号石谿、石秃、石道人、残道者、电住道人等,俗姓刘,湖南醴陵人。他 20 岁时出家后云游各地,43 岁时定居南京大报恩寺,后迁居牛首山幽栖寺。与石涛一起并称为"二石"。

髡残兼擅绘画及诗书,工人物、花卉,尤以山水见长,宗法于黄公望、王蒙,并由明代谢时臣、元四家直上溯至北宋巨然。并对巨然推崇备至,云:"若荆、关、董、巨四者,得其心法,惟巨然一人。"髡残以书入画,敢于创新。黄宾虹评价髡残:"坠石枯藤,锥沙漏痕,能以书家之妙,通于画法。"

髡残多以画作传世,其书法多为画跋(图 7-10-10)。书体属二王流派,参以古拙之意,在明末遗民中亦有很高的声望。

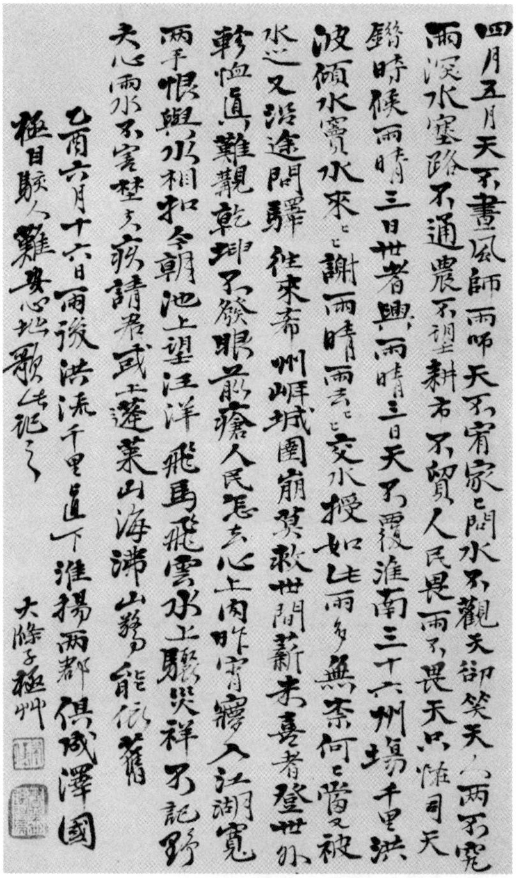

图 7-10-8　清石涛《记雨歌帖》纸本　上海博物馆藏

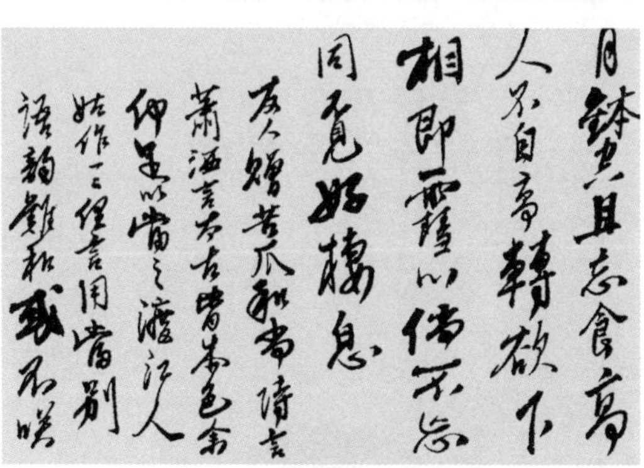

图 7-10-9　石涛行书《赠哲翁诗卷》局部　无锡市博物馆藏

（四）弘仁

弘仁（1610~1663年），清"四僧"之一，安徽歙县人。原名江涛，字六奇，又名舫，字鸥盟。明亡后，在福建武夷山出家为僧，号渐江，又号梅花古衲。以山水画著称画坛，宗法宋人，又得倪瓒、萧云从之精要，尤擅以黄山松石为题材，画作简淡清逸，禅机十足。弘仁又与查士标、孙逸、汪立端并称"新安四大家"，是"新安画派"的创始人之一。

据周亮工《读画录》记载，弘仁"喜仿云林，遂臻极境。江南人以有无定雅俗，如昔人之重云林然，咸谓得渐江足当云林"。弘仁书法亦同样受倪瓒书法影响，形成了瘦劲峭逸的风格（图7-10-11），多见于题画诗跋。

三、虚谷的书法世界

虚谷（1823~1896年），清代著名画僧，籍新安（今安徽歙县），居广陵（江苏扬州），海上四大家之一，有"晚晴画苑第一家"之誉。俗姓朱，名怀仁，僧名虚白，字虚谷。又号紫阳山民、倦鹤，室名觉非庵、古柏草堂、三十七峰草堂。（图7-10-12）

虚谷画名甚盛，花鸟、山水、人物兼擅，用笔自成风格，清劲爽利。画面充满装饰意趣和强烈的感染力，在构图上常突破常规，特别是他的花鸟画，强调虚实对比与开合，线条的动静结合，能抒发自我的感受并表现在作品中，体

图7-10-10　清髡残山水题跋书法选

图 7-10-11　清弘仁《行书风雹雨作扇面》

现内心的禅机。虚谷以描绘枇杷、梅花、葫芦、松树、菊花等题材见长，用笔以方笔为特色，下笔有力，棱角分明，敢于提炼和夸张，作品极富装饰意趣，风格鲜明，在海派画家中独树一帜。吴昌硕以"一拳打破古来今"赞誉虚谷的创新精神。

虚谷书法更具风格，多以虚笔涩行，体现空灵之感。在结构上注重开合收放对比，以独特的风格展现，符合其追求个性风格的审美意趣。虚谷传世作品以画作居多。书法以对联居多，具有代表性的有行书联"醉后挥洒写天趣，客中饮酒沾人春""暖春云碧草，乐秋水黄花"，隶书联"菊与秋烟共晚，酒随人意俱深"等，皆富个性并具有独特的艺术特点。

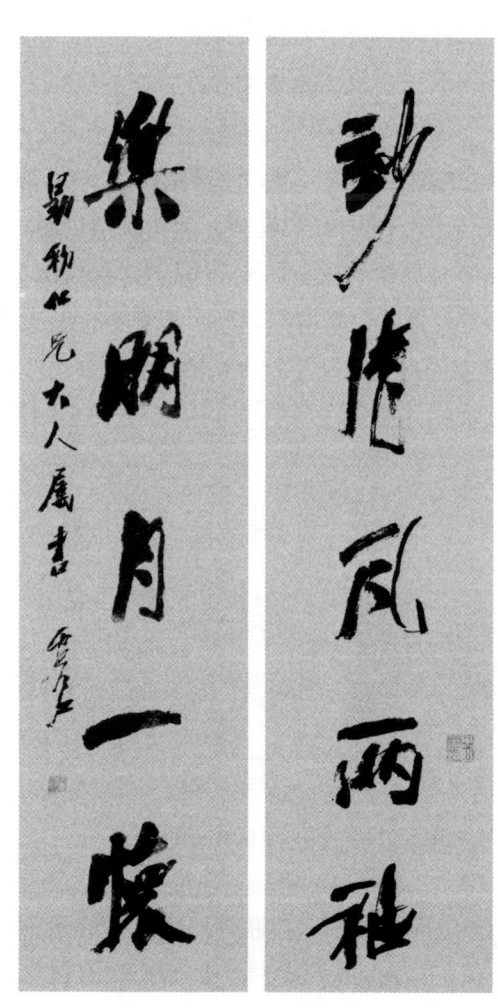

图 7-10-12　清僧虚谷对联

四、六舟与金石学

六舟（1791~1858 年），浙江海昌（今海宁）人。俗姓姚，字达受，又字秋辑，号万峰退叟、南屏退叟、慧目峰主、寒泉、同寿、小绿天庵僧、西子湖头摆渡僧等，曾用斋号有镜轩、宝素室、玉佛庵、墨王楼、小绿天庵、万峰山房等。六舟早年出家于海宁白马庙，拜松溪和尚为师，曾先后主持过潮州演教寺、杭州洋慈寺、苏州沧浪亭。

六舟是艺术上的多面手，诗书画印皆能，精鉴别，富收藏。刻竹、凿砚均负盛名于其时，特别是他在金石学，尤以全形拓一技堪称独步。阮元称之为"金石僧""九能僧"，赞誉有加。清代金石家严保庸撰联赞六舟曰：

商彝周鼎，汉印唐碑，上下三千年，公自有晴天得度。
酒胆诗肠，文心画手，纵横一万里，我于无佛处称尊。

六舟全形拓本中，拓本结合绘画的创作手法，是六舟全形拓的一大亮点，可略分为两类。一类由六舟传拓全形，再补绘以花卉，属传统清供图。另一类则是全形拓和人物画结合，具有开创性的意义。代表作品为《剔灯图》《六舟礼佛图卷》（图 7-10-13），均为六舟先以全形拓制出古器全形，画家陈庚绘制六舟形象于画中，类似连环画的形式再现了六舟礼佛塔的场景，形成生动的全形拓画面。

图 7-10-13 清六舟《礼佛图》局部 浙江省博物馆藏

六舟传世书法作品为数不少，有扇面、书轴、对联等形式。最值得称道的是六舟传世的全形拓题跋作品（图 7-10-14）。六舟题跋全形拓多以篆书题款识，以行书或隶书辅之，如阮元藏器《六舟三种全形拓本轴》《和钟全形拓本轴》《春雷琴全形拓本轴》《百岁图轴》，均以篆书题名。

六舟著述亦丰，著有《小绿天庵吟草》《宝素室金石书画编年录》《两浙金石志补》《山野记事诗》《南屏行箧录》《祖庭数典录》《六书广通》《白马神庙小志》等。

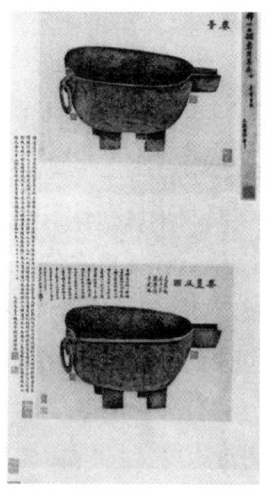

图 7-10-14　清六舟全形拓作品及题跋

五、日本僧侣良宽墨迹

在中国清代之际，日本僧人良宽，也对汉文化中国书法进行了学习和变革，并影响了近现代的日本书坛。良宽曾学习过二王、怀素、黄庭坚的草书以及小野道风的《秋荻帖》等，同时从日本假名书法中得到灵感。良宽书法看似漫不经心却充满禅机。他从中国、日本的古典书法入手，在二者的融合中，特立出自己的个性（图 7-10-15~16）。

良宽法师俗姓山本，字曲，号大愚，日本曹洞宗僧。江户时代后期（清乾隆二十三年，1758 年）出生于日本的越后国出云崎，幼名荣藏，后改孝文。良宽幼时受到良好的汉文化教育，15 岁左右就读于汉学名家大森子阳的私塾"三峰馆"，习四书五经及老庄哲学。18 岁在光照寺削发为沙门。22 岁时圆通寺国仙和尚来到越后，为其受戒，僧名良宽。后随国仙在玉岛圆通寺修行，操理

图 7-10-15　日本良宽墨迹《天上大风》

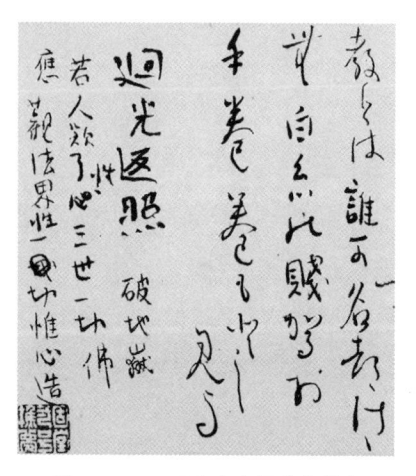

图 7-10-16　日本良宽行草书墨迹

佛事之余精研汉诗。其34岁时，国仙和尚逝世，良宽便云游四方，于1831年（清道光十七年）卒于岛崎。

良宽最不喜欢"书家的字、厨师的菜与诗人的诗"，认为这里面只有技巧而没有个性，太多流于表面文章而缺乏内蕴，过于一本正经而缺少自然而然的品质。良宽一生孤独清贫而快乐自在，虽穷居草庵之中，常乞食充饥，却能自安自信。良宽挚友解良荣重在《良宽禅师奇话》中说："与师语，顿觉胸襟清净。师不说内外经义以劝善，就厨上烧火，或就正堂坐禅。其言不涉诗文，不及道义，优游不可名状，但道义化人而已。"良宽常以诗歌及翰墨作佛事，著有《诗歌集》一卷，其诗作存有三隐布袋之遗韵，和歌带万叶风格，书风亦颇富逸趣，颇为近人欣赏。

第八章 近现代佛教与书法

近现代的佛教文化，特别是在五四运动以来，已从传统的佛教演进为具有新时代精神的佛学文化。在佛教文化领域，俗世中的学者做出了更为瞩目的成绩。近现代的中国文化在经历了西方人文科学的冲击和融合后，逐步形成了基于科学思维基础上的学术体系，佛学亦然，产生了新的思路和视角。近现代佛教文化因此呈现出较为强烈的入世性和政治色彩，这一时期的佛教文化和佛教学者书法具有鲜明的时代特征。

第一节 近现代佛教书法简述

近现代的佛教书法，在创作上呈现出学者化的倾向。一是一批研究佛教的学者，在书法上亦有很高的造诣，如章炳麟、梁启超、叶恭绰、谢无量、夏丏尊、陈寅恪、胡适、汤用彤、许地山等。二是僧侣或佛教界名人，如弘一、苏曼殊、赵朴初等，在学识上和书法上均具有很高的水平。所以，近现代的佛教书法，呈现出明显的学者化特点。参与者更多的是以学者、名士或政要的身份，潜移默化地将佛教书法融入社会之中，以"润物细无声"的方式弘扬佛教书法艺术，在佛学及书法上均取得了较高的成就。今选取具有代表性的人物，在之后章节中分而述之。

本章节介绍了一些在佛教研究领域著名学者的书法，其书写内容未必都是佛教经典相关内容，但亦彰显了近现代佛学研究者的书法修为，亦可谓近现代佛教书法的学者化特色。

第二节　近现代佛教书法代表人物及书迹

一、章炳麟的佛学研究及书迹

章炳麟（1869~1936年），原名学乘，字枚叔，后易名为炳麟，浙江余杭人，后因慕顾炎武（顾绛）而改名为绛，号太炎，世人常称之"太炎先生"。

章炳麟是清末民初著名的思想家、史学家、书法家、小学大师、朴学大师、国学大师，民族及民主主义革命者。他研究范围涉及历史、政治、小学、哲学、医学、佛学等，学术著作甚为丰厚。

章炳麟1895年参加维新运动，1897年任《时务报》编辑，宣扬维新变法，在戊戌政变后受到通缉，流亡日本。1902年和蔡元培共创中国教育会，1903年因《苏报》案被捕，1906年出狱后赴日本并参加同盟会活动，任《民报》主编。1911年南京临时政府成立，章炳麟任孙中山总统府枢密顾问，1913年参加讨袁运动，1917年参加护法运动并任军政府秘书长。九一八事变后，章炳麟极力主张抗日救国，并谴责蒋介石"攘外必先安内"的政策。

章太炎早期反对天命论，倾向唯物主义。之后受佛教思想、西方哲学和老庄思想影响，倾向于主观唯心主义体系。

章炳麟在日本期间，清王朝借兴学而毁佛教，章炳麟不顾个人安危，提倡以佛教作为行止的借鉴，救国救民应以救心为要，发表了维护佛教的《告佛教弟子书》《告白衣众书》等。之后与太虚大师在上海、苏州等地以撰文、讲学、辩论等方式弘法，直至民国六年（1936年）去世，在佛学方面的著述有《五元论》《建立宗教论》《无我论》《大乘佛教缘起论》《大乘佛教起信论辩》《章氏丛书》等。章炳麟之书法，以篆书和行书方面较有成就，其篆书取法金文，古朴严谨、典雅精修，有庙堂高古之气（图8-2-1）。

图 8-2-1　章炳麟篆书条幅

二、梁启超佛学研究与佛教金石题跋

梁启超（1873~1929年），字卓如，号任公，又号饮冰室主人，广东新会人。中国近代著名政治家、思想家，同时亦是国学大师、佛教学者、书法家。梁启超与其师康有为倡导变法维新，人称"康梁"，在戊戌变法失败后逃亡日本。辛亥革命后，以立宪党为基础组成进步党，曾出任袁世凯政府司法总长，后又支持蔡锷反对袁世凯复辟帝制，之后又出任段祺瑞政府财政总长。民国七年（1918年）之后退出政治舞台，潜心著述和讲学。

梁启超博学广识，天赋过人，著述丰厚，研究范围涵盖政治学、史学、文学、哲学、社会学、法学、经济学、新闻学、教育学、图书文献学、佛学、美学、伦理学、考古学、金石学等领域，撰写了《清代学术概论》《中国历史研究法》《先秦政治思想史》《中国近三百年学术史》《中国文化史》等重要学术著作。

梁启超在佛教方面有深入的研究，曾为武昌佛学院首任董事长、南京支那内学院发起人之一。他提倡用佛教精神改造国民、拯救国家。撰有《大乘起信论考证》《说无我》《佛教心理学浅测》《佛学时代》《论佛教与群治之关系》等，主要佛学论文收入《佛学研究十八篇》。后其著作合编为《饮冰室合集》。[①]

梁启超年轻时曾研习欧阳询、颜真卿书法，之后随着金石学的兴起及受康有为的影响，在魏碑书法上取法甚多。梁启超收藏了大量的金石拓本，从商代到民国计1300件左右，亲自题跋的拓片计120余件，也从一个侧面也反映了梁启超的书法思想、金石学的功力以及书法造诣。梁启超的书法讲稿《书法指导》深入浅出地阐明了他的书法观，指出"书法是最优美最便利的娱乐工具"，肯定了"书法的美学价值"，而且从"模仿与创造""碑帖选择""用笔要诀"等方面讲述书法之要义。[②] 梁启超书法，以楷书和行书见长，以北碑为根基，碑帖兼融（图8-2-2），加上其丰富的知识修养，使梁启超成为"学者书法"的代表人物，为近现代佛教与书法的发展做出了贡献。

---

① 杜继文、黄明信主编：《佛教小辞典》修订版，人物篇，上海辞书出版社，2006年，第191页。
② 梁启超：《书法指导》，引自郑一增编《民国书法精选》，西泠印社出版，2013年。

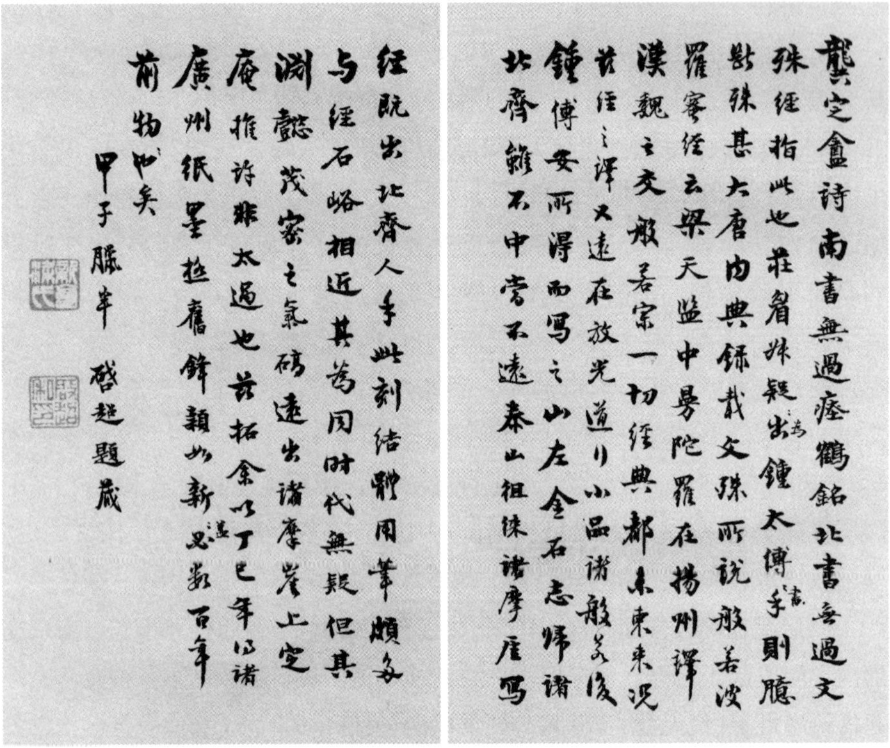

图 8-2-2　梁启超《文殊般若经跋》

三、叶恭绰对近现代佛教的贡献与书艺

叶恭绰（1881~1958年），字裕甫，一字玉甫，又作玉虎、誉虎、玉父，号遐庵，晚年别署矩园，斋号"宣室"。祖籍浙江余姚，生于广东番禺书香门第。祖父叶衍兰，字南雪，以金石书画闻名于其时。其父叶佩玱，字仲鸾，在诗书文章方面颇有造诣。

因叶恭绰生长于书香门第，承家学渊源。1902年即入京师大学堂仕学馆学习，1906年入邮传部，并被派往欧洲游学。1911年回国后历任铁路总局代局长、交通部路政司司长兼铁路总局局长等职。1920年又任交通部总长，1931年任国民政府铁道部部长。1948年移居香港，新中国成立后，回到北京，以研究书画和从事佛教活动为主，[①]1958年病逝于北京。

---

① 《佛教小辞典》修订版，上海辞书出版社，2006年，第200页。

叶恭绰在近现代佛教的发展与传承方面做出了巨大的贡献。首先是支持筹建了支那内学院。民国初年，欧阳竟无继杨仁山居士之遗志，主持金陵刻经处，校勘并刻印佛经。1918年，开始筹备"支那内学院"，但办学经费一直未能解决。1921年，叶恭绰与熊希龄、梁启超、蔡元培等人组成院董会，并利用他们在北京政界及学术界的影响力，联名上呈北京政府予以拨款建院，辗转申请到基金十万元，另申请到每月一千元作为经费，使得支那内学院在向教育部、内务部备案后，于1922年开学授课，之后内学院成为佛学研究重镇。1918年春，叶恭绰与在京佛教居士蒋维乔、蒯若木、江味农、徐蔚如等发起讲经会，邀请宁波观宗寺谛闲法师入京讲经，谛闲在江西会馆讲《圆觉经》数月，之后，叶恭绰与蒯若木居士发起捐款，让谛闲法师把观宗寺附设的佛学研究社提升为"观宗学社"，培育佛学人才。高僧仁山、宝静、倓虚、常惺、戒尘、妙真等均成学于观宗学社。1948年，叶恭绰在香港和倓虚法师在香港成立了"华南佛学院"。

除了对寺院建设的支持和贡献，叶恭绰非常重视佛教文物的保存和佛教经典的传播。1923年，他在北京影印日本《卍字续藏》。1930年，西安的卧龙寺和开元寺发现了宋版《碛砂藏》，叶恭绰在上海联合沪上居士，克服阻碍在1935年影印出宋版藏经五百余部，在佛教文献保护上做出了卓越的贡献。之后在山西赵城县广胜寺中，又发现了金代藏经，叶恭绰与周叔迦居士共同发起，将金代藏经中有关法相唯识的典籍64种，影印而成《宋藏遗珍》。叶恭绰在上海时，在上海赫德路佛教净业社"觉园"内，成立法宝图书馆，供佛教学者研究佛学之用，功德无量。

叶恭绰在书画、诗词、建筑、文物鉴藏等方面均非常精通。早在1928年，他即出任中国第一次美术展览会评审委员。1929年和朱启钤组织成立中国营造学社，与朱祖谋创立词社，与龙榆生创办《词学季刊》，并兼任故宫博物院常务理事。1948年移居香港，以书画自娱。新中国成立后回到北京，1951年出任中央文史研究馆副馆长，1953年任中国文学艺术界联合会第二届全国委员会委员、中国美术家协会常务理事，1955年任北京中国画院院长。叶恭绰是中国佛教协会发起人之一，曾担任中国佛教协会第一、二、三届理事。叶恭绰书法以楷书、行书为佳，草书亦擅，他主张取法汉魏六朝石刻以及出土简帛文字、六朝写经。书风清雅俊逸，得唐人法度，具文人气息（图8-2-3~4）。亦擅画，多为松竹梅兰，具有很高的艺术水准。

叶恭绰著作甚丰，主要有《遐庵谈艺录》《遐庵汇稿》《遐庵诗》《遐庵

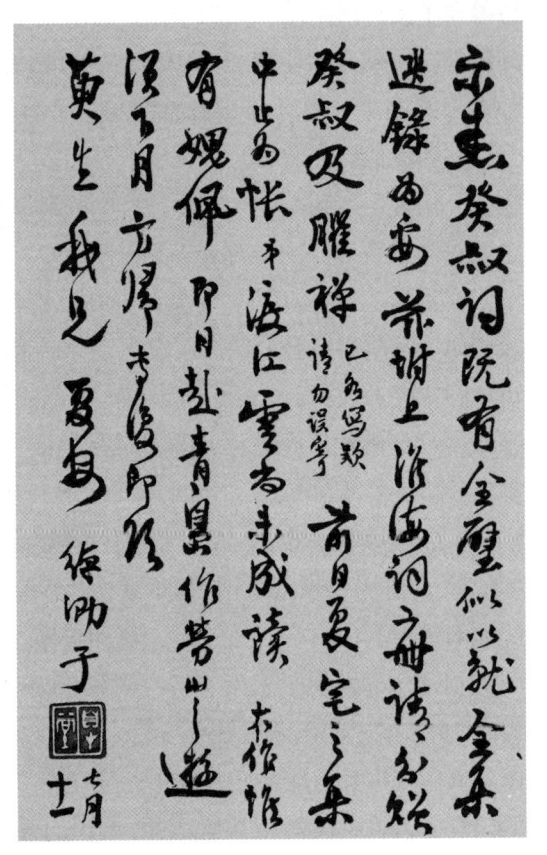

图 8-2-3　叶恭绰行书对联　　　　图 8-2-4　叶恭绰信札墨迹

词》《历代藏经考略》《梁代陵墓考》《矩园遗墨》《叶遐庵书画选集》等。

四、溥儒佛经书法墨迹

爱新觉罗·溥儒（1896~1963年），初字仲衡，后改字心畬。自号羲皇上人、西山逸士。满族人，乃清恭亲王奕䜣之孙。溥儒曾赴德国留学，其擅诗文书画，格调甚高。其绘画多见山水，亦擅花卉、人物，在书法上亦很有造诣。与著名书画家张大千合称"南张北溥"，又与吴湖帆并称"南吴北溥"。

因溥心畬为清朝皇室后裔，受教育条件十分优越。4岁即在恭王府学习书法，6岁受教，9岁能做诗，12岁能做文，接受"琴、棋、书、画、诗、酒"等教育。慈禧太后对溥心畲十分欣赏，夸赞云："本朝灵气都钟于此童。"辛亥革命后，其曾隐居于北京西山戒台寺十余年，之后迁居颐和园，以书画为营生。1924年，重回恭王府居住，并与著名画家张大千等多有交游。1928年应聘至日本京都帝国大学执教，回国后执教于北平国立艺专。其与夫人罗清媛合办画展，名满京师，被推举为"北宗山水第一人"。溥心畲遂与溥雪斋、溥毅斋、关松房、惠孝同等共同成立了著名的近现代艺术团体松风画会，此画会成为近现代京津画派的核心。1949年，溥心畲到达台湾，并于1950年执教于台湾师范大学。

因溥心畲家世渊源，其早岁即潜心经史，诗文书画皆工，其少年时即习书甚勤。其自述云："书则始学篆隶、次北碑、右军正楷，兼习行草。12岁时，先师使习大字，以增腕力，并习双钩古帖，以练提笔。时家藏晋、唐、宋、元墨迹，尚未散失，日夕吟习，并双钩数十百本，未尝间断，亦未尝专习一家也。"故溥心畲之书法作品格调高逸，出入晋唐法度。

溥儒亦喜写经卷，多以小楷书就。有《千手千眼观世音菩萨广大圆满无碍大悲心陀罗尼经》（图8-2-5）及《般若波罗蜜多心经》（图8-2-6）等。

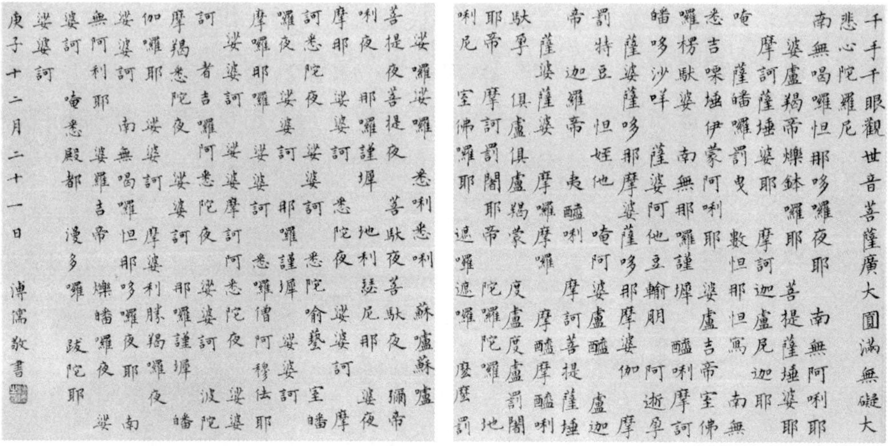

图8-2-5 溥儒《千手千眼观世音菩萨广大圆满无碍大悲心陀罗尼经》

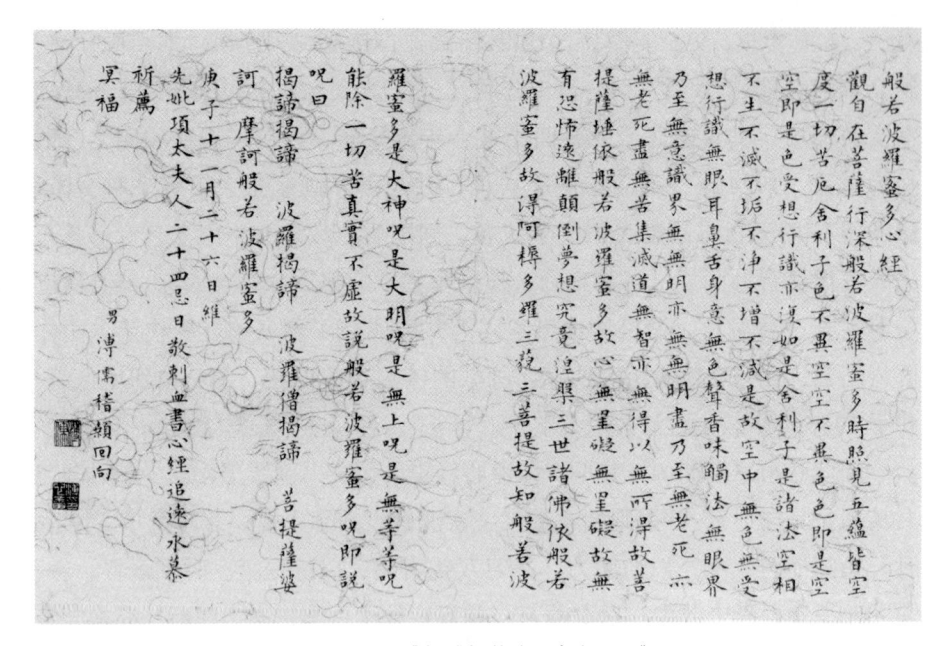

图 8-2-6　溥儒《般若波罗密多心经》

五、于右任草书《心经》墨迹

于右任（1879~1964年），陕西三原人，祖籍泾阳。原名伯循，字诱人，后以"诱人"谐音取"右任"之名，晚年自号为"太平老人"，别称"骚心""髯翁"。于右任为同盟会成员、国民党元老，近现代著名的书法家、收藏家。擅长诗词书法，尤以所创"标准草书"闻名于书坛，著有《标准草书》等书法著作，书法遗存颇丰。于右任又是一位著名的金石学者，他对北碑情有独钟，收藏了以北魏墓志铭为主的大量北朝石刻，并以其中的七套北魏夫妻墓志命名自己的斋号，为"鸳鸯七志斋"。于右任所藏金石至今多归藏于西安碑林博物院。

于右任书法，在传统帖学基础上，融入北碑的艺术元素，特别是他的草书，以碑行帖，大胆出新，碑帖兼容，形成了自己的艺术风格。于右任所书《般若波罗多蜜心经》（图8-2-7）即是一件碑帖兼容的佛教文化书法佳作。通篇以其所创"标准草书"写就，气韵畅达，笔力劲健，融碑学之笔意于帖学之中，方圆兼备且融合自然，是近现代佛教书法中不可多得的意见草书精品。

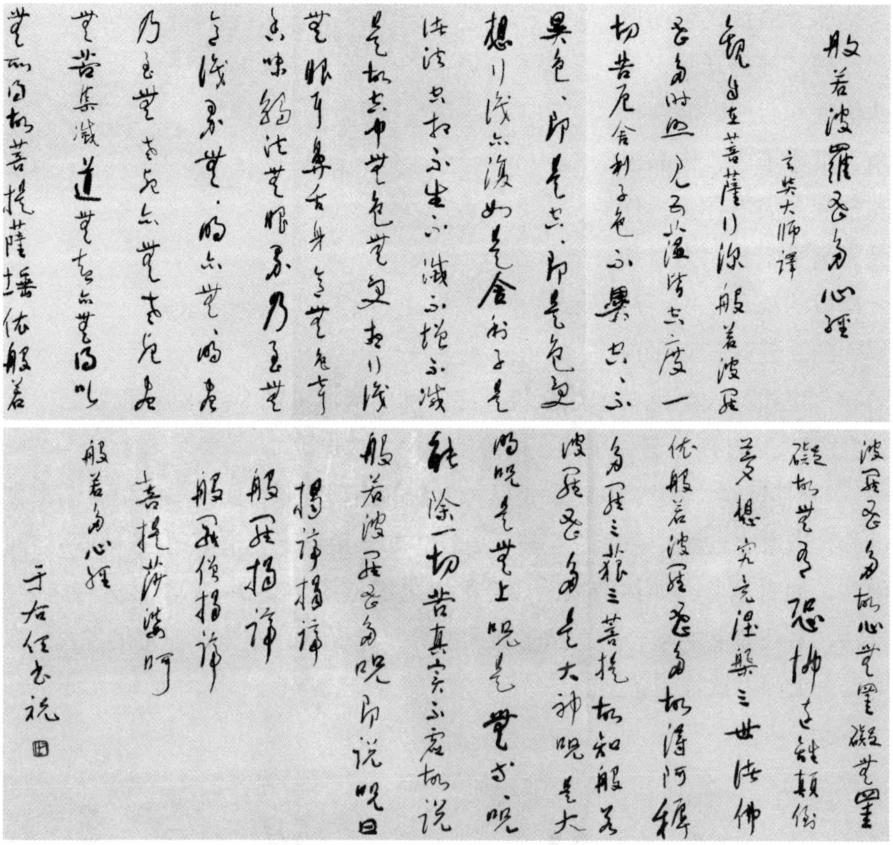

图 8-2-7 于右任《般若波罗蜜多心经》墨迹

六、弘一法师的佛学与书法境界

弘一（1880~1942年），俗名李叔同，近代著名文人、僧人。弘一俗姓李，谱名文涛，幼名成蹊，学名广侯，字叔同，别号息霜。出家之后，法名演音，号弘一。[1]

弘一法师原籍浙江平湖，清光绪元年（1880年）生于天津官宦富商之家。弘一法师是中国新文化运动的先驱，近代著名的思想家、艺术家、教育家、佛学家，是将中国传统文化与佛教文化相结合的优秀代表，是"二十文章惊海内"的大师，在诗词、书画、篆刻、文学、音乐、戏剧等多学科领域均取得较高成就。

---

[1] 《佛教小辞典》修订版，上海辞书出版社，2006年，第197页。

弘一书法,早期取法魏碑,气势开张,笔法俊逸。后期则磨合棱角,寓力于内,作品温和清润,淡泊朴素,作品充满了宁静和力量和云鹤般的淡远之境。从早期的劲健开张到平淡简净,正如其人生也曾绚烂至极,终归佛门清境(图 8-2-8)。正如弘一所言:"朽人之字所示者,平淡、恬静、冲逸之致也。"

图 8-2-8 弘一法师扇面书法

"朴拙圆满,浑然天成",是弘一书法的生动写照,弘一书法蕴含儒家之谦恭,道家之自然,释家之空灵于一身,如洋金璞玉,清凉超尘,观字如闻佛法,如对至尊,如沐清风,如至清凉之境(图 8-2-9~12)。弘一将国学、佛法、书法完美的结合,达到了新的境界,连鲁迅、郭沫若等文化名人,都对弘一大师书法推崇备至。

图 8-2-9 弘一法师绝笔书迹　　图 8-2-10 弘一法师《无上功德》对联墨迹

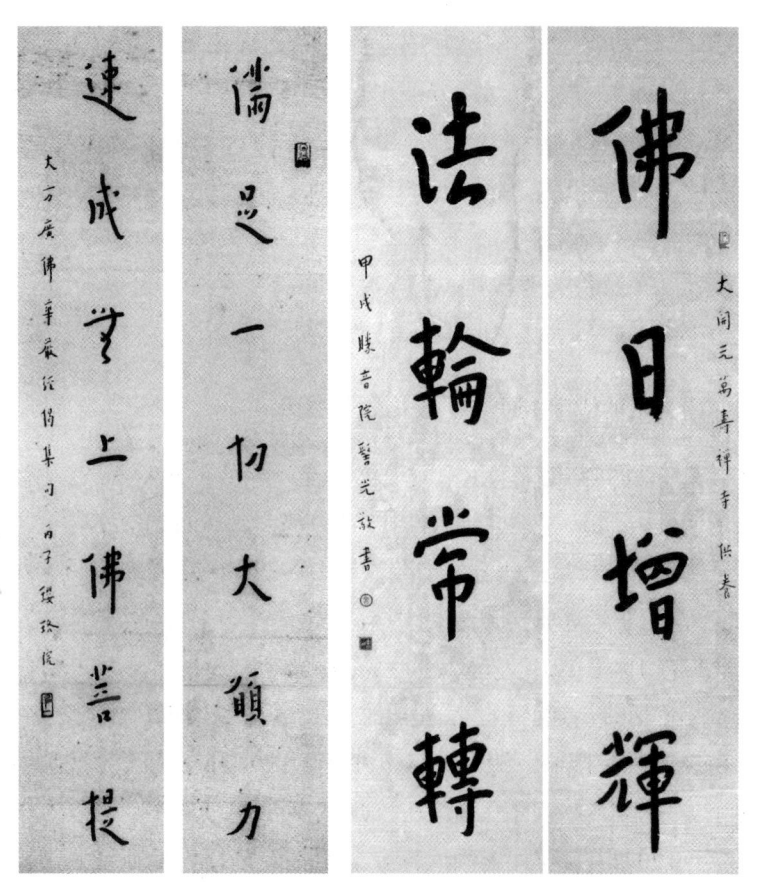

图 8-2-11 弘一法师《满足速成》对联墨迹　　图 8-2-12 弘一法师《佛日法轮》对联墨迹

弘一篆刻亦颇具造诣,在 35 岁时即加入著名的"西泠印社"。弘一制印,入手秦汉,兼取法于浙派篆刻。他在杭州虎跑定慧寺出家前,将平生篆刻作品及藏印赠与西泠印社。在西泠印社之后,弘一又亲自发起又一印学团体乐石社,并举办活动编印作品集和进行专题研究。

在诗词方面,弘一法师之成就在中国文学史上亦据一席之地,特别是他将诗词和音乐融为一体之作,更是广为传颂,最具代表性的是他的《送别》:

长亭外,古道边,芳草碧连天。晚风拂柳笛声残,夕阳山外山。
天之涯,地之角,知交半零落。一壶浊酒尽余欢,今宵别梦寒。
长亭外,古道边,芳草碧连天。问君此去几时还,来时莫徘徊。
天之涯,地之角,知交半零落。人生难得是欢聚,惟有别离多。

佛学领域，弘一大师的贡献主要体现在对律宗的研究与弘扬上，他精心研究《四分律》，并著成《四分律比丘戒相表记》《南山律在家备览略篇》，以及《在家律要》《四分律含注戒本讲义》等。弘一是近代佛教界倍受尊敬的律宗大师、著名高僧，赵朴初先生赋诗以歌其一生，诗云：

　　深悲早现茶花女，胜愿终成苦行僧。
　　无数奇珍供世眼，一轮明月耀天心。

七、谢无量的佛学成就及"孩儿体"书风

谢无量（1884~1963年），中国现代学者、诗人、书法家，在佛教研究方面著有《佛学大纲》。谢无量原名蒙，号希范，后易名沉，字无量，别署啬庵，原籍四川樟潼，后迁居至安徽芜湖。①

谢无量在4岁时随父母出四川至安徽，拜著名学者汤寿潜为师。光绪二十七年（1901年），与李叔同、黄炎培等人入南洋公学，并在课余创办翻译会社，出版《翻译世界》杂志，并结识章炳麟、邹容、章士钊等人，兼为《苏报》撰稿。清光绪二十九年（1903年）因《苏报》案受到牵连，遂东渡日本。次年回国后，在杭州、镇江教书并开始接触佛学。光绪二十三年（1907年）与太虚同入南京，至金陵刻经处祇洹精舍随杨仁山学佛。1914年赴上海任教兼任中华书局编辑，撰写了《佛学大纲》，系统论述了佛教理论，具有相当的影响。

五四运动后，谢无量积极支持新文化运动，常在《新青年》发表诗作。之后，受孙中山委任在政府任职并受聘于东南大学等多所院校。新中国成立后，历任川西博物馆馆长，四川文史研究馆馆员，中国人民大学教授，中央文史研究馆副馆长等职。谢无量的书法在近现代书坛独树一帜，虽宗法二王，却得于自然，被誉为返璞归真之"孩儿体"。（图8-2-13~15）于右任赞其书法："笔挟元气，风骨苍润，韵余于笔，我自愧弗如。"沈尹默赞曰："无量书法，上溯魏晋之雅健，下启一代之雄风，笔力扛鼎，奇丽清新。"谢无量书法源于魏晋六朝碑帖，受二王、钟繇及《张玄墓志》影响，并可见《瘗鹤铭》及六朝造像书法之迹象，综各体之长，自成流派。

---

① 《佛教小辞典》修订版，上海辞书出版社，2006年，第203页。

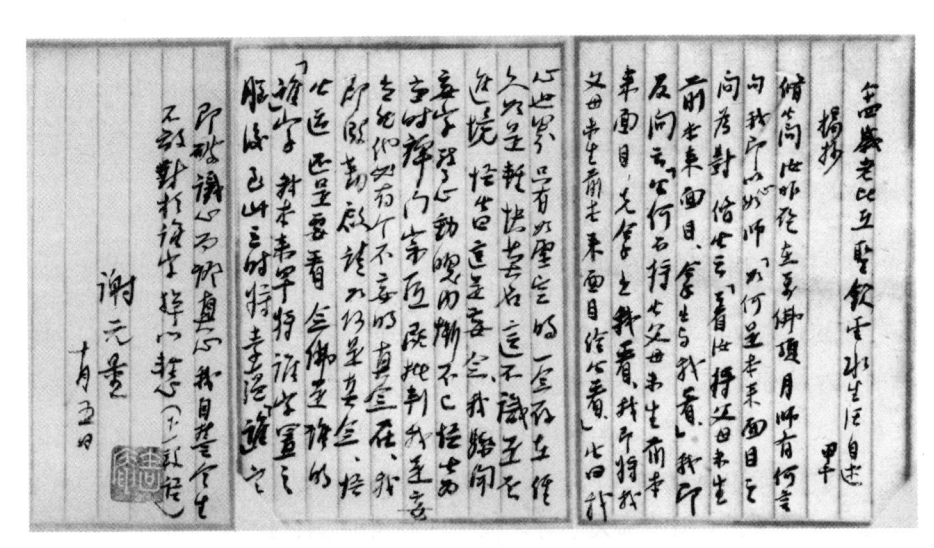

图 8-2-13　谢无量行书佛教题材手稿选页

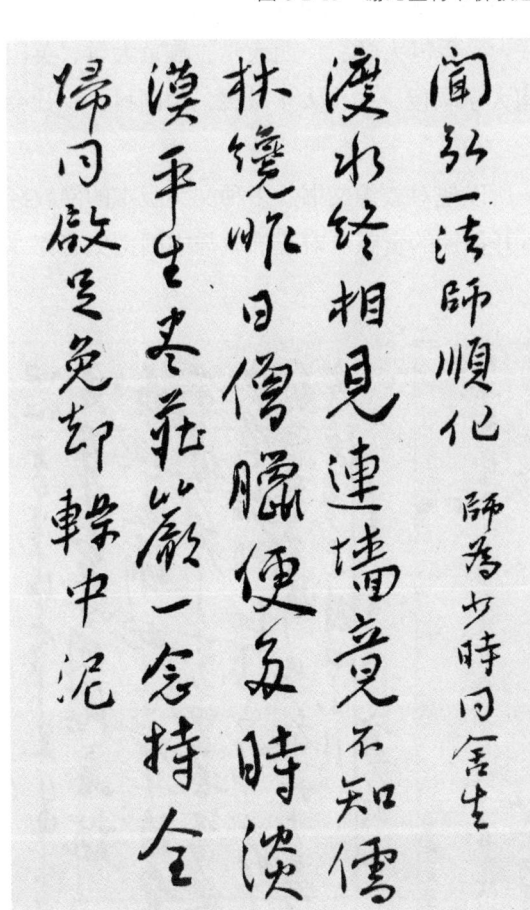

图 8-2-14　谢无量　行书《闻弘一法师顺化》诗札

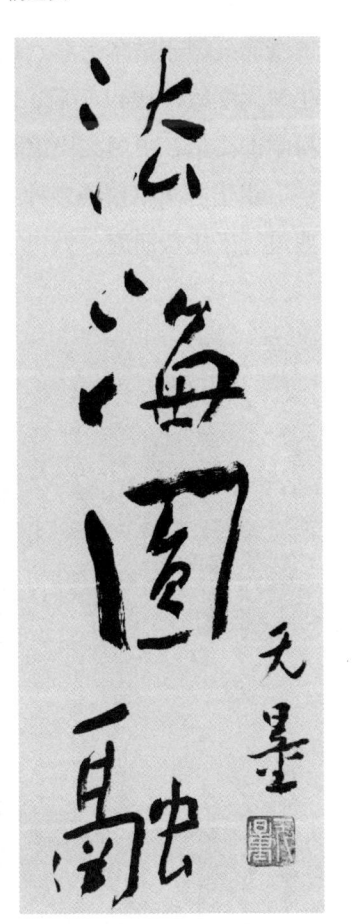

图 8-2-15　谢无量《法海圆融》条幅

谢无量一生著作丰厚，在佛学、史学、文学、经学、诗词、书法、文物等方面均卓有成就，有《佛学大纲》《老子哲学》《王充哲学》《朱子学派》《伦理学精义》《诗学指南》《诗经研究》等，诗集有《青城杂咏》，书法集有《谢无量书法》《谢无量自写诗卷》。

八、陈寅恪的佛学及书法修为

陈寅恪（1890~1969年），江西修水人。现代著名史学家、语言学家，民国时期中央研究院院士。通晓东西方多种语言，尤精于梵文、突厥文、西夏文等古文字研究。光绪二十八年（1902年），陈寅恪入日本巢鸭弘文学院留学，之后在1910至1924年间，辗转学习于德国柏林大学、瑞士苏黎世大学、法国巴黎大学、美国哈佛大学等院校。1925年回国，1926年和梁启超、王国维一起被聘为清华大学国学研究院导师，被誉称为"清华三巨头"，之后曾受聘任教于清华大学、西南联大、香港大学、广西大学、燕京大学、英国牛津大学等，1949年后，任岭南大学教授、中山大学教授，中国科学院社会科学部委员，中国文史馆副馆长。

由于陈寅恪精通多种文字，所以他对敦煌文书、多种文字版本的佛教经典进行了比较研究，做出了具有开拓性的贡献。对于佛教与中国文史著作体

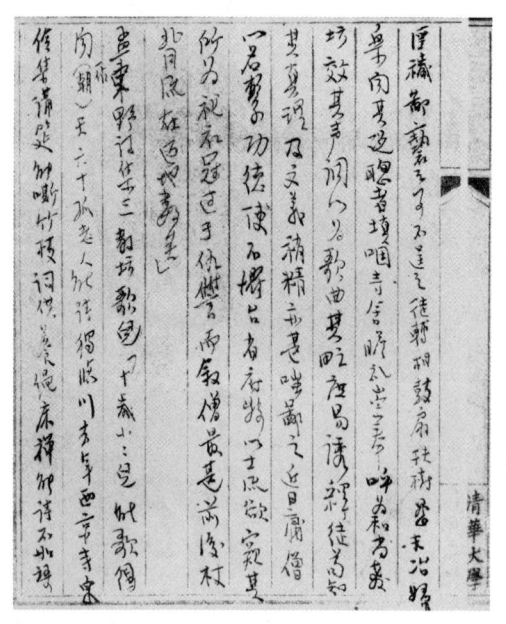

图 8-2-16　陈寅恪佛学研究手稿　　　　图 8-2-17　陈寅恪手稿墨迹

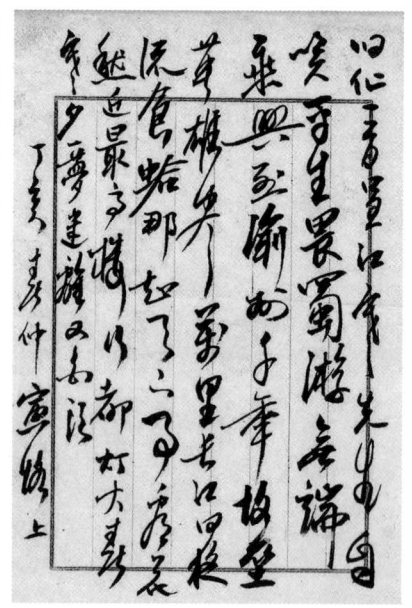

裁的影响，佛教梵呗对中国声韵学的影响等佛教问题均有新的见解。[①] 著有《隋唐制度渊源略论稿》《元白诗笺论稿》《唐代政治史述论稿》等，在魏晋南北朝史、隋唐史的研究领域内形成学术体系。

陈寅恪书法，宗法二王，得晋唐之雅韵，富书卷气及文人情怀。惜为学术盛名所掩，其书法有待书坛进一步研究与关注（图8-2-16~17）。

九、赵朴初之"佛""书"相融

赵朴初（1907~2000年），安徽安庆人，是近代卓越的佛教领袖、著名书法家、社会活动家、学者。赵朴初早年求学于苏州东吴大学，1928年后历任上海江浙佛教联合会秘书、上海佛教协会秘书、"佛教净业社"社长、四明银行行长，1938年后任上海文化界救亡会理事，中国佛教协会秘书、主任秘书等职，1945年后参与发起组建中国民主促进会，1946年后任上海安通运输公司、华通运输公司常务董事、总经理。1949年任上海临时联合救济委员会总干事、中国人民保卫世界和平委员会常委、副主席，亚非团结委员会常委，并在当年代表佛教界出席全国政协第一次全会。1950年后，出任中国人民救济总会上海市分会副主席兼秘书长，华东军政委员会（后改为人民委员会）民政部、人事部副部长，上海市人民政府政法委员会副主任。1952年发起筹备成立中国佛教协会。1953年后，出任中国佛教协会副会长兼秘书长，同时还兼任中国作家协会理事，中国红十字会副会长、名誉会长，中日友好协会副会长，中国人民争取和平与裁军协会副会长。1980年后，任中国佛教协会会长，中国佛学院院长，中国宗教和平委员会主席，中国藏语系高级佛学院顾问，中国书法家协会副主席，中国民主促进会中央常委，民进中央副主席、名誉主席。全国人大第一、二、三、四届代表，全国政协第一、二、三届委员，第四、五届常委、第六、七届副主席。1982年日本佛教大学授予名誉博士。1993年出任西泠印社第五任社长。

赵朴初出生于四代翰林的书香门第，家学渊源及勤奋好学使赵朴初具备了深厚的文学功力。加之对佛学的研究，使赵朴初的修为境界达到了更高的层次。他的书法以行楷为主，融入晋唐法度，沉稳静穆，雅俗共赏。（图8-2-18~21）国内佛教圣地，仙山名寺，多见赵朴初题名题匾及楹联之

---

① 《佛教小辞典》修订版，上海辞书出版社，2006年，第203页。

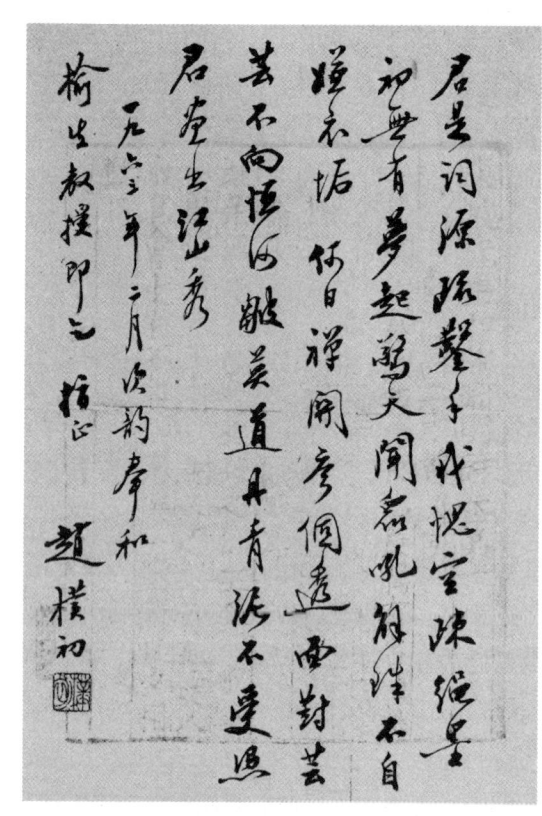

图 8-2-18　赵朴初书法信札

图 8-2-19　赵朴初吉语书法条幅

图 8-2-20　赵朴初佛教书法匾额选

作，弘扬佛教与书法之大道。亦多见其书自作诗词楹联之书法作品，诗书相得益彰，更见其文采修为。著有《佛教常识问答》《滴水集》《片石集》等。①

十、虚云法师书迹

虚云法师（1840~1959年），祖籍湖南湘乡人，生于泉州，俗姓萧，名古岩，字德清，60岁后改字幻游，号虚云，乃近代"一身而系五宗法脉"之禅宗大德。清道光年间出生，经历五帝直到中华人民共和国成立，经历120年岁月，历尽艰辛和磨难，朝五台，拜文殊，修复祖寺八十余座，修成正果。是近代禅门的泰斗、中国近代著名禅宗高僧。中国禅宗第十七代祖师，曹洞四十七代，临济四十三代，云门第十二代，法眼第八代，沩仰第八代。其禅功和苦行倍受称赞，以一身而兼禅宗五宗法脉，宗说兼通。虚云法师整修佛教丛林，兴建名刹，德高望重。1952年应邀赴上海参加和平法会，1953年任中国佛教协会名誉会长，全国政协委员。是现代中国禅宗杰出代表人物。

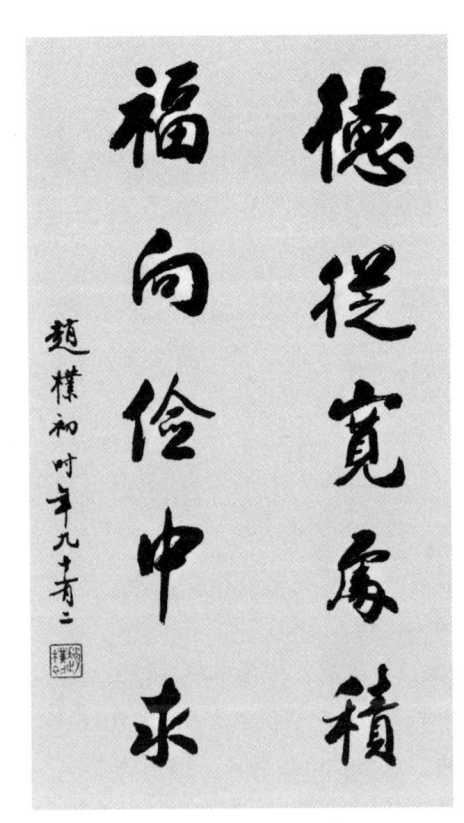

图 8-2-21　赵朴初行书楹联

虚云禅师作为近代禅门泰斗，其主要佛教界所做出的贡献除了上述恢复重兴寺院功德之外，更重要的是为禅宗复兴，选择培养和储备了大量的护法居士和弘法高僧，其门下嗣祖沙门比丘较为著名的有十余人，其中释一诚、释传印两位大德高僧先后担任中国佛教协会会长。

虚云法师的书法无意于佳、信手而为，却颇具禅意，自成风格。著有《楞严经玄要》《法华经略疏》《圆觉经玄义》《心经释》，后人辑有《虚云法师年谱》《虚云和尚全集》等。②

---

① 《佛教小辞典》修订版，上海辞书出版社，2006年，第217页。
② 《佛教小辞典》修订版，上海辞书出版社，2006年，180~181页。

参考文献

一、古代文献：

（一）古代综合文献

［晋］陈寿撰：《三国志》，［宋］裴松之注，北京：中华书局，1982年。

［南朝宋］刘义庆：《世说新语》，沈海波译注，北京：中华书局，2016年。

［南朝梁］沈约：《宋书》，王仲荦点校，北京：中华书局，1974年。

［南朝梁］萧子显：《南齐书》，王仲荦点校，北京：中华书局，1972年。

［北齐］魏收：《魏书》，唐长孺点校，北京：中华书局，1974年。

［唐］李肇：《国史补》，上海：中华书局上海编辑所，1957年。

［唐］韩愈：《韩昌黎文集校注》，马其昶校注，马茂元整理，上海：上海古籍出版社，2014年。

［唐］房玄龄等：《晋书》，吴则虞点校，北京：中华书局，1974年。

［唐］姚思廉：《梁书》，卢振华点校，北京：中华书局，1973年。

［唐］姚思廉：《陈书》，张维华点校，北京：中华书局，1972年。

［唐］李延寿：《南史》，卢振华点校、王仲荦复阅，北京：中华书局，1975年。

［唐］李百药：《北齐书》，唐长孺点校，北京：中华书局，1972年。

［唐］令狐德棻等：《周书》，唐长孺点校，北京：中华书局，1971年。

［唐］李延寿：《北史》，陈仲安点校，北京：中华书局，1974年。

［唐］魏徵等：《隋书》，北京：中华书局，1973年。

［后晋］刘昫：《旧唐书》，北京：中华书局，1975年。

［宋］李昉等：《太平广记》，北京：中华书局，1961年。

［宋］王钦若等：《册府元龟》，北京：中华书局，1960年影印本。

［宋］欧阳修、宋祁：《新唐书》，北京：中华书局，1975年。

［宋］薛居正：《旧五代史》，北京：中华书局，1976年。

［宋］欧阳修：《新五代史》，北京：中华书局，1974年。

［明］罗贯中：《隋唐两朝志传》，《四库全书》文渊阁本。

［清］董诰：《全唐文》，嘉庆十九年武英殿刊本，北京：中华书局，1983年影印。

《全唐诗》增订本，北京：中华书局，1999年。

《唐才子传》，傅璇琮校笺本，北京：中华书局，1987年。

（二）古代佛教文献

《大正藏》，大正新修大藏经刊行会，台北新文丰出版股份有限公司。

《四十二章经》，尚荣译注本，北京：中华书局，2010年。

［梁］释慧皎：《高僧传》，朱恒夫、王学均、赵益注释，陕西人民出版社，2010年。

［梁］僧佑：《出三藏记集》，北京：中华书局，2003年。

［北魏］杨衒之：《洛阳伽蓝记》，尚荣译注本，北京：中华书局。

［北魏］杨衒之：《洛阳伽蓝记》，杨勇校笺本，北京：中华书局，2006年。

［唐］道宣：《续高僧传》，郭绍林点校，北京：中华书局，2014年。

［唐］玄奘、辩机：《大唐西域记》，董志翘译，北京：中华书局，2014年。

［宋］赞宁：《宋高僧传》，范祥雍点校，北京：中华书局，1987年。

（三）古代书法文献

［唐］张彦远：《法书要录》，范祥雍点校，上海：上海书画出版社，1986年。

［唐］张彦远：《历代名画记》，秦仲文、黄苗子点校，北京：人民美术出版社，1963年。

［北宋］欧阳修：《集古录跋尾》，邓宝剑、王怡琳点校，北京：人民美术出版社，2010年。

［宋］赵明诚：《金石录》，刘晓东、崔燕南点校，济南：齐鲁书社，2009年。

［宋］苏轼：《东坡题跋》，《津逮秘书》本。

［宋］黄庭坚：《山谷题跋》，四库全书本。

[宋]黄伯思：《东观馀论》，古逸丛书本，北京：中华书局，1988年。

[宋]《宣和书谱》，王群栗点校，杭州：浙江人民美术出版社，2012年。

[宋]朱长文：《墨池编》，《中国书画全书》第一册，上海：上海书画出版社，1993年。

[宋]董逌：《广川书跋》，《中国书画全书》第一册，上海：上海书画出版社，1993年。

[宋]陈思：《书小史》，北京：中国书店，2018年印四库全书本。

[宋]佚名：《宝刻类编》，《石刻史料新编》粤雅堂本。

[明]赵崡：《石墨镌华》，清乾隆年间知不足斋正本。引自薛英群主编《中国西北文献丛书续编·西北考古文献卷》第七册。

[明]王世贞：《弇州山人四部稿》，《四库全书》文渊阁本。

[明]陶宗仪：《书史会要》，徐美清点校，杭州：浙江美术出版社，2012年。

[明]董其昌：《容台集》，邵海清点校，杭州：西泠印社出版社，2012年。

[明]都穆：《金薤琳琅》，《石刻史料新编》学古斋本。

[清]王昶：《金石萃编》，影印扫叶山房本，西安：陕西人民美术出版社，1990年版。

[清]康有为：《广艺舟双楫注》，崔尔平校注，上海：上海书画出版社，2006年。

[清]王澍：《虚舟题跋·竹云题跋》，李文点校，杭州：浙江出版联合集团、浙江人民美术出版社，2015年8版。

[清]杨守敬：《学书迩言》，陈上岷注释，北京：文物出版社，1982年；《杨守敬评碑评帖记》，北京：文物出版社，1990年。

[清]叶昌炽撰，柯昌泗评：《语石》《语石异同评》，陈公柔、张明善点校，北京：中华书局，1994年。

[清]刘熙载：《艺概》，上海：上海古籍出版社，1978年。

[清]孙星衍、邢澍：《寰宇访碑录》，北京：中华书局，1994年。

[清]顾炎武：《金石文字记》，《石刻史料新编》亭林遗书本。

[清]毕沅：《关中金石记》《中州金石记》，北京：商务印书馆，中华民国二十五年（1936年）。

[清]方若：《增补校碑随笔》，王壮弘点校，上海：上海书画出版社，1981年。

二、近现代专著

《历代书法论文选》，上海书画出版社、华东师范大学古籍整理研究室选编校点，上海：上海书画出版社，1979 年。

《历代书法论文选续编》，崔尔平选编，上海：上海书画出版社，1993 年。

汤用彤：《汉魏两晋南北朝佛教史》，上海：上海人民出版社，2015 年；汤用彤：《隋唐佛教史稿》，北京：中华书局，1982 年。

季羡林、汤一介总主编：《中华佛教史》丛书十一册，太原：山西教育出版社，2013 年。

任继愈主编：《中国佛教史》，北京：中国社会科学出版社，1985 年。

蒋维乔：《中国佛教史》，上海：东方出版社，2013 年。

任继愈总主编、杜继文、黄明信主编：《佛教小辞典（修订版）》，上海：上海辞书出版社，2006 年。

黄夏年主编：《近现代著名学者佛学文集》丛书，北京：中国社会科学出版社，1995 年。

吴　平：《图说中国佛教史》，上海：上海书店出版社，2009 年。

洪修平：《中国佛教文化历程》增订版，南京：江苏教育出版社，2005 年。

葛兆光：《禅宗与中国文化》，上海：上海人民出版社，1986 年。

荣新江：《丝绸之路与东西文化交流》，北京：北京大学出版社，2015 年。

喻汉文：《历代名人与佛教》，福建莆田广化寺内部资料，准印证号：[闽] 新出（2007）内书第 134 号（宗）。

宿　白：《中国佛教石窟寺遗迹——3 至 8 世纪中国佛教考古学》，北京：文物出版社，2010 年。

王景荃：《河南佛教石刻造像》，郑州：大象出版社，2008 年。

赖　非：《山东佛教刻经全集》，济南：山东美术出版社，2015 年。

宫大中：《龙门石窟艺术（增订本）》，北京：人民美术出版社，2002 年；《洛都美术史迹》，武汉：湖北美术出版社，1991 年。

刘景龙、李玉昆主编：《龙门石窟碑刻题记汇集》，北京：中国大百科全书出版社，1998 年。

钱士利：《宁斋藏古代石刻佛经集存》，北京：中华书局，2014 年。

周国卿：《巩县石窟北朝造像全拓》，北京：国家图书馆出版社，2008 年。

赵立春：《响堂山北朝刻经书法》，重庆：重庆出版社，2003 年。

林梅村：《丝绸之路考古十五讲》，北京：北京大学出版社，2006 年。

史善刚：《中国文化与日本》，郑州：河南人民出版社，1995年。

杨殿珣：《石刻题跋索引》，北京：商务印书馆，1940年。

施安昌：《善本碑帖论集》，北京：紫禁城出版社，2001年。

吴冠中：《我读石涛画语录》，济南：山东画报出版社，2009年。

陈振濂：《日本书法史》，中国教育学会书法教育专业委员会编，天津：天津古籍出版社，2010年；《中日书法艺术比较》，长春：吉林教育出版社，1991年。

丛文俊、华人德、刘涛、朱关田、曹宝麟、黄惇、刘恒：《中国书法史》七卷本，南京：江苏教育出版社，2009年。

郑晓华：《大师——影响中国书法发展的二十位历史人物》，北京：人民美术出版社，2013年。

华人德：《华人德书学文集》，北京：荣宝斋出版社，2008年；《六朝书法》，上海：上海书画出版社，2003年。

黄　惇：《风来堂·黄惇书学文选》，荣宝斋出版社，2010年。

殷　宪：《北魏平城书迹》，北京：文物出版社，2017年。

冀亚平、贾双喜：《梁启超题跋墨迹书法集》，北京：荣宝斋出版社，1995年。

韩天雍：《中日禅宗墨迹研究——及其相关文化之考察》，杭州：中国美术学院出版社，2008年。

沈乐平：《敦煌书法综论》，杭州：浙江古籍出版社，2009年。

毛秋瑾：《敦煌吐鲁番文献与名家书法》，济南：山东画报出版社，2014年。

王靖宪编著：《中国书法艺术·魏晋南北朝》，北京：文物出版社，1996年；《中国书法艺术·隋唐五代卷》，北京：文物出版社，1998年。

王靖宪主编：《中国美术全集·书法篆刻编2·魏晋南北朝书法》，北京：人民美术出版社，1986年。

杨仁恺主编：《中国美术全集·书法篆刻编3·隋唐五代书法》，北京：人民美术出版社，1986年。

沈鹏主编：《中国美术全集·书法篆刻编4·宋金元书法》，北京：人民美术出版社，1986年。

顾廷龙、黎鲁、刘九庵主编：《中国美术全集·书法篆刻编5·明代书法》，上海：上海书画出版社、上海人民美术出版社，1989年。

顾廷龙、黎鲁主编：《中国美术全集·书法篆刻编6·清代书法》，上海：上海书画出版社、上海人民美术出版社，1989年。

三、论文及期刊文献

阎文儒：《孔望山佛教造像的题材》，《文物》1981年07期。

张永强：《十六国甘露元年譬喻经写本考》，引自刘正成主编《中国书法全集》，北京：荣宝斋出版社，2013年。

陈根民：《张即之书艺撷谈》，引自刘正成主编《中国书法全集》第40卷，北京：荣宝斋出版社，2013年。

姚国瑾：《傅青主墨迹小楷金刚经及其相关问题》，引自中国书法家协会编《全国第十届书学讨论会论文集》，2014年。

殷　宪：《北魏平城书迹纵览》，《中国书法》2014年第4期。

张东君：《王羲之书风对统一新罗的影响》，《中国书法》2019年第1期。

（意）毕罗《从敦煌遗书看中古书法史的一些问题》，《敦煌研究》2018年第1期。

（日）内藤虎次郎：《西本愿寺的出土文物》，原载大阪《朝日新闻》，载日本橘瑞超著、柳洪亮译《橘瑞超西行记》，乌鲁木齐：新疆人民出版社，2010年。

（日）伏见冲敬：《隋龙华寺碑》，《书迹名品丛刊·隋孟显达碑龙华寺碑》册，日本二玄社，1969年。

四、译著

（日）榊莫山：《日本书法史》，陈振濂译，上海：上海书画出版社，1985年。

（日）木宫泰彦：《日中文化交流史》，胡锡年译，北京：商务印书馆，1980年。

（日）橘瑞超：《橘瑞超西行记》，柳洪亮译，乌鲁木齐：新疆人民出版社，2010年。

（英）斯坦因：《西域考古记》，向达译，北京：商务印书馆，2013年。

（美）查尔斯·兰·弗利尔：《佛光无尽：弗利尔1910年龙门纪行》，霍大为、王伊悠、李雯整理编译，上海：上海书画出版社，2014年。

（瑞典）喜仁龙：《5-14世纪中国雕塑》，赵省伟主编；辛晓敏，邱丽媛译，广州：广东人民出版社，2019年。

（法）沙畹：《北中国考古图录》，杭州：浙江人民美术出版社，2018年。

后 记

从 2011 年开始确定选题到今天专著即将付梓之际，转眼已经过去十年时间了，翻阅着手稿，不禁感慨时光易逝。

洛阳龙门古称"伊阙"，龙门石窟之南的伊川便是我的故乡。小时候父母常带我到龙门石窟游玩，多次在卢舍那大佛前对我说："看！不论你站在哪个方向看大佛的眼睛，大佛都在注视着你。"这话令我记忆深刻，终生难忘。每当撰写此书过程中遇到瓶颈或困难时，往往会想起父母的话和卢舍那大佛的目光，亦成为我继续前进的信念和动力。

从年少初学书法时临摹碑帖《龙门二十品》，到之后用功尤勤的《怀仁集王羲之书圣教序》《怀素草书千字文》，当时只是将其作为习书范本来看待。之后伴随着对书法史和书法文化的系统学习思考，发现诸多书法经典及书家都与佛教文化密切相关，遂试以佛教与中国书法合并研究的思路进行梳理，顿有豁然开朗之感。

虽然和佛教有关的书法遗存和人物内容众多，但诚如陈振濂教授所言："以风格、形式、技巧为核心的'佛教书法'，作为一个艺术史进程中的学术概念，在现在还处于一种很含糊的状态。"因此，将其归纳、整理、定义并非易事。十年来我查阅了数百种文献和上千件书法资料，并多次进行实地考察考证，数易其稿。期间，曾赴杭州跟随陈振濂教授学习，后又进首都师范大学中国书法文化研究院攻读学位，先后得到陈振濂教授及其教学团队和欧阳中石先生教学团队云志功、叶培贵、解小青、甘中流、宗成振、王亚辉等导师的悉心指教，受益良多。其后，又进入中国书协全国青年创作骨干"国学班"进行深入学习，聆听沈鹏、郑晓华、陈中浙等名家讲座，使得在撰写此书时思路逐步清晰，更加充满信心。

　　本书的出版离不开各位老师、长辈、领导、同学、朋友们的大力支持、鼓励和帮助，感谢白马寺印乐方丈，感谢文物出版社和许海意编辑的精心编校，更要感谢我的家人和亲友们一直以来对我学术研究的全力支持。

　　愿诸位方家对拙作多提宝贵意见。愿以此书广种福田，与诸君广结善缘。

刘灿辉
庚子仲夏于洛阳